Yehudis Fletcher

(K)eine von euch

Yehudis Fletcher

(K)eine von euch

Mein Leben als Rebellin in der orthodoxen Welt

Aus dem Englischen
von Erica Fischer

PIPER

Mehr über unsere Autorinnen, Autoren und Bücher:
www.piper.de

FSC
www.fsc.org
MIX
Papier | Fördert gute Waldnutzung
FSC® C014496

PRODUZIERT MIT VERANTWORTUNG

ISBN 978-3-492-07358-5
Die Originalausgabe erschien 2025 unter dem Titel *Chutzpah* bei Doubleday.

Für einen direkten Kontakt und Fragen zum Produkt wenden Sie sich bitte an: *info@piper.de*
Satz: Nadine Clemens, München
Gesetzt aus der Aldus Nova Pro
Litho: Lorenz & Zeller, Inning am Ammersee
Druck und Bindung: GGP Media GmbH, Pößneck
Printed in Germany

Inhalt

Anmerkung der Autorin

Die Namen und andere Erkennungsmerkmale der Personen in diesem Buch wurden geändert, denn welches Recht habe ich, die Geschichte einer anderen Person zu erzählen? Ich kann nur meine eigene erzählen.

Anmerkung zur Terminologie

Ich verwende den Begriff *Charedi,* um die jüdische Konfession zu beschreiben, in der ich aufgewachsen bin. *Charedi* leitet sich vom hebräischen Verb *lechared* ab, was »zittern« bedeutet. *Charedi* bedeutet wörtlich »jemand, der (vor G'tt*) zittert«. Ich beziehe diesen Begriff immer noch auf mich, auch wenn einige behaupten würden, dass *Charedi* eine Reihe von Praktiken umfasst, die beispielsweise ausschließen, lesbisch zu sein oder als Frau eine Hose zu tragen. Meine Entscheidung, mich als Teil der *Charedi*-Gemeinschaft zu verstehen, bedeutet schlicht: Ich habe sie nie verlassen, und man kann niemanden aus der eigenen Tradition hinauswerfen.

Der Begriff *Charedi* wird oft synonym für »ultraorthodox« verwendet. Mir gefällt das nicht, weil damit eine Hierarchie

* Die Schreibweise »G'tt« wird verwendet, um das vollständige Ausschreiben des Wortes »Gott« zu vermeiden. Diese jüdische Tradition basiert auf dem tiefen Respekt und der Ehrfurcht gegenüber dem G'ttesnamen, der als so heilig angesehen wird, dass er nicht direkt verwendet werden soll. Eine häufig benutzte Alternative zur Aussprache ist »Haschem«, was »der Name« bedeutet.

der religiösen Praxis unterstellt wird, die impliziert, dass einige Jüdinnen und Juden bessere Jüdinnen und Juden sind als andere.

Das sind wir nicht.

Prolog

Hände waschen

הַֽאֱנוֹשׁ מֵאֱלוֹהַ יִצְדָּק אִם מֵעֹשֵׂהוּ יִטְהַר־גָּֽבֶר׃

Ist wohl ein Mensch vor G'tt gerecht,
ein Mann vor seinem Schöpfer rein?
HIOB 4,17

Ich war sechs Jahre alt und entschlossen, herauszufinden, ob es G'tt tatsächlich gibt.

Es war Freitagabend, das Ende der Woche und der Beginn unserer wöchentlichen Sabbatfeierlichkeiten, und ich stand frontal der Möglichkeit gegenüber, dass Er mich totschlagen würde.

Im Heiligtum im Zentrum der von meinem Vater, dem Rabbiner, geleiteten Synagoge – oder *Schul,* wie wir sie normalerweise nannten – befanden sich keine Gemeindemitglieder mehr, denn sie hatten ihre Abendgebete beendet und waren bereit für das Essen.

Wie jeden Freitag war nebenan, im Saal der *Schul,* der Tisch für das Abendessen gedeckt. Das hässliche Gebäude mit Flachdach aus den 1960er-Jahren stand im krassen Gegensatz zu den hohen Buntglasfenstern und imposanten Säulen und Bögen der eigentlichen Synagoge. Woche für Woche saßen meine Eltern an der Stirnseite der beiden hölzernen Klapptische, die zu einem breiten Rechteck zusammengeschoben worden waren, und von mir und meinen sechs Geschwistern wurde erwartet, Platz zu nehmen neben einer bunt zusammengewürfelten Gruppe von Gläubigen, die nach dem G'ttesdienst zum Essen blieben. Einige waren Stammgäste, die immer wieder kamen. Andere waren hungrige Fremde aus anderen jüdischen Gemeinden, die sich eine warme Mahlzeit wünschten.

Der Zeitpunkt des Sabbats – *Schabbes* für uns – wird durch den Mond bestimmt, was bedeutet, dass sich das genaue Datum seines Beginns im Laufe des Jahres verändert. Immer jedoch beginnt er an einem Freitagabend zwanzig Minuten vor Sonnenuntergang und endet eine Stunde nach Sonnenuntergang am Samstag.

Es fühlte sich immer so an, als würde sich zu Beginn des *Schabbes* eine Decke des Friedens über uns breiten. Für die nächsten fünfundzwanzig Stunden spielte die Welt draußen keine Rolle mehr.

Wir durften nicht Auto fahren, keine öffentlichen Verkehrsmittel benutzen, weder schreiben noch Radio hören, nicht den Lichtschalter betätigen oder telefonieren und auch nicht die Heizung oder irgendeine andere Art von elektrischem Gerät einschalten.

Stattdessen beschäftigten wir uns mit der Familie, mit Freunden, Spiritualität und Gebet. Die Entschleunigung durchdrang alles, und auch wenn andere es für eine Einschränkung halten mochten, mir gefiel es sehr.

Was mir nicht gefiel, war der bitterkalte Synagogenraum, in den wir uns für die Dauer des *Schabbes* zurückzogen. Meine Mutter löste das Problem, indem sie jede Woche Schlafsäcke auf Feldbetten und dünne orange-braune Matratzen für alle neun Familienmitglieder herrichtete, weil meine kleine Schwester und ich nicht alt genug waren, um jeden Freitagabend, Samstagmorgen und Samstagabend die drei Meilen von zu Hause zur *Schul* hin und her zu laufen, um an den drei

G'ttesdiensten teilzunehmen, die die Anwesenheit meines Vaters und unserer Familie erforderten.

Der Saal hatte kalte, polierte Holzböden, über die wir uns gegenseitig schleiften, jeweils einer von uns in einen Schlafsack gewickelt, während ein oder zwei andere am Ende zogen und drehten und dann losließen, sodass wir durch die Luft geschleudert wurden. Zum Spielen war es ein großartiger Ort, zum Schlafen aber schrecklich, und mit der Zeit wurde es mir immer lästiger, so viel Zeit dort zu verbringen. Ich hasste die Kälte. Ich hasste es, wie verdammt eiskalt das Wasser war, das in den Damentoiletten aus den Wasserhähnen kam, und ich hasste es, meine Hände an den rauen, grünen Papierhandtüchern abzutrocknen, die zwischen den Fingern zu Schlamm wurden.

Das Freitagabendessen begann mit einem Segen über dem Wein, darauf folgte ein weiterer Segen über die zwei goldenen, geflochtenen *Challa*-Brote, die meine Mutter jede Woche backte und die mein Vater in Scheiben schnitt und an seine Gäste am Tisch verteilte. Doch bevor man Brot aß, musste man sich die Hände waschen. Nicht mit Seife und nicht, um Sauberkeit zu gewährleisten, sondern um die rituelle Reinheit zu gewährleisten. Die Handreinigung erfolgte je nach Anlass in einem speziellen Rhythmus, der jeweils durch religiöse Gesetze vorgegeben war. Es gab viele Gründe für das Waschen in unserem religiösen Leben, aber beim Brotbrechen wurde zweimal kaltes Wasser über die rechte und zweimal über die linke Hand gegossen. Dieses Wasser durfte nicht direkt aus einem Wasserhahn kommen; wir mussten es aus einem Becher gießen, der einen glatten Rand haben und ohne Ausgussschnabel sein musste.

Was geschehen würde, wenn man das Brot mit unreinen Händen aß, wurde mir nie im Detail erklärt. Es war nur eine von unzähligen Praktiken, von denen ich wusste, wann und wie sie auszuführen waren, eine von Tausenden Regeln, die ich auswendig aufsagen konnte. Diese Regeln infrage zu stellen, kam einem Sakrileg gleich. Aber ich habe sie infrage gestellt. Ich stellte sie die ganze Zeit in meinem Kopf infrage, schon als kleines Kind, und fühlte mich dabei wie eine Sünderin. Es war ein Gefühl, mit dem ich jeden Tag kämpfte, und genau dieses Gefühl der Unwürdigkeit trieb mich dazu, meinen Plan in die Tat umzusetzen. Wenn nichts passierte, wenn der Blitz nicht einschlug, war ich vielleicht doch kein so schlimmes kleines Mädchen. Und wenn doch? Nun, ich war der Meinung, dass es sich lohnte, dieses Risiko einzugehen.

Ich beschloss, zu testen, inwieweit G'tt sich für die kleinen Handlungen interessierte, die ich ausführte, für die kleinen Anforderungen, denen ich nachkam. An diesem Abend würde ich meine Hände nicht waschen. Ich würde das Brot unrein essen.

Ich hatte jedoch ein Problem. Ich konnte nicht lügen. Selbst wenn alles mit G'tt glattginge und er mich nicht totschlüge, würde meine Mutter es vielleicht tun, denn so gewiss, wie das Wasser, das aus diesen Toilettenhähnen kam, unter vier Grad Celsius haben würde, so sicher würde meine Mutter jeden von uns bei jeder Mahlzeit fragen: »Hände gewaschen?«

G'tt herauszufordern schien mir nichts auszumachen, aber meine Mutter anzulügen, widersprach meinem moralischen Kompass. Ich konnte sie einfach nicht anlügen. Also beschloss ich, mir die Hände zu waschen. Ich würde es aber in einer Fisher-Price-Spielzeugküche tun, deren schmutziges weißes Plastikspülbecken, abblätternde Fensterrahmen und Telefonhalterung ohne Spielzeugtelefon mir als List dienen würden. Ich würde mich unter dem vermeintlichen Wasserhahn »waschen«: für mich als Kind real und gerade ausreichend ritualisiert, um meiner Mutter zuzunicken: »Ja, ich habe mir die Hände gewaschen.«

Ich war zuversichtlich, dass mein Plan klappen würde, da man zwischen dem Händewaschen und dem Verzehren der *Challa* nicht sprechen durfte – ein Zeichen von Respekt gegenüber dem Brot und damit auch G'ttes Versorgung mit Nahrung. Jede durch Sprechen verursachte Verzögerung würde das Händewaschen ungültig machen. Ich musste mir also keine Sorgen machen, dass ich stottern oder rot werden könnte, wenn ich meine Halbwahrheit von mir gab.

Ich ging in meinem Kopf die Logistik durch. Die Spielzeugküche befand sich eine Etage über dem Hauptsaal, im Kinderzimmer, das unter der Woche mein Klassenzimmer war, am Ende des langen Korridors, der vom oberen Treppenende ausging. Ich stand da und schaute zu meiner Mutter auf, die sich in ihrem Stuhl ausruhte und diesen friedlichen Moment genoss, ehe die Gemeinde vom Gebet zurückkehrte. Das war meine Chance.

Ich musste nur noch herausfinden, ob meine Mutter mich liebte, und mir klarmachen, was ich verlieren würde, ehe ich etwas tat, was sie niederschmetternd finden würde.

»Mama«, sagte ich und schlich mich heran, wobei meine Schuhe auf dem polierten Boden quietschten.

Mama war still, ihr Gebetbuch lag offen in ihren Händen, ihre Augen waren fast geschlossen. Sie sah wunderschön aus.

»Mama«, wiederholte ich, fast wie eine Frage.

Diesmal öffnete sie die Augen. Zornige Augen. Bedauern stieg in meiner Kehle auf. Sie schrie nicht, es war eher ein Stöhnen, ein Ächzen zu dem G'tt, der ihre Gebete erhört hatte, als sie um Kinder bat, sie aber auch immer wieder daran erinnerte, wie dankbar sie für sie sein sollte.

Meine Mutter hatte ihren eigenen Ablauf der Dinge. Die Pause, bevor sie der Familie, den Gemeindemitgliedern und den Fremden das Essen reichte, was sie immer mit erstaunlicher Leichtigkeit tat, war ein Augenblick der Gemütsruhe.

Woche für Woche zog sie in dieser Zeit die schwarzen Pantoletten aus, die sie und jede andere religiöse jüdische Frau ihres Alters trug – mit einem so kleinen Keilabsatz, dass er überhaupt keinen Sinn ergab –, und setzte sich auf den einzigen Sessel, den mein Vater für sie bereitgestellt hatte. Sie hielt ihr kleines Gebetbuch in der Hand, aus dem sie manchmal betete, und wärmte ihre bestrumpften Füße an einem der vielen Gasheizkörper, die den Raum nicht vor der beißenden Kälte schützen konnten. In diesen Augenblicken sah ich meine Mutter als Königin, gelassen und eingehüllt in eine Wolke aus Wärme und Gebet. Ich wünschte mir dieses Maß an Wissen und Gewissheit, die sie in ihrem Glauben hatte. Ich musste sie auch haben.

»Kannst du mich nicht fünf Minuten in Ruhe lassen?«, kam ihre müde, enttäuschende, wenn auch nicht ganz überraschende Antwort. Ich ließ sie in Ruhe und machte weiter.

Jeden Augenblick würde mein Vater mit seinen Gläubigen aus der *Schul* zurückkommen, und meine Gelegenheit würde sich bald einstellen. Noch einmal schaute ich auf meine strahlende Mutter, die immer noch an derselben Stelle saß, und folgte dem Flur im Erdgeschoss, vorbei an den kalten Damentoiletten, lief die Treppe hinauf, an der Hochzeitssuite oben vorbei und den Korridor hinunter ganz bis zum Ende. Ich erreichte die hölzerne Klassenzimmertür mit den Fenstern aus kreuz und quer verlaufendem bruchfestem Glas, durch das ich, weil zu klein, nicht richtig hindurchsehen konnte. Ich drückte die Klinke hinunter und öffnete die Tür zum Zimmer, einem schwarzen Abgrund voller Spielzeug, der mir zwar vertraut war, aber in der Dunkelheit unheimlich wirkte. Nur ein Nachtlicht im Flur warf einen schwachen Lichtstrahl durch die trübe Glasscheibe. Ich stolperte über die Gummikante der Matte, auf der ich im Unterricht mit meinen Klassenkameradinnen im Kreis saß, und fing mich wieder, wobei ich meinen Schatten an der Wand bemerkte. Dadurch fühlte ich mich weniger allein. Ich war mir der Uhr an der Wand sehr bewusst, die schneller und lauter tickte, als ich sie je zuvor gehört hatte.

Unten konnte ich die Gruppe hören, die vom Gebet zurückkehrte, und stellte mir vor, wie die Ruhe meiner Mutter ein Ende fand. Ich wusste, dass mein Vater uns alle bald zum *Kiddusch* rufen würde, dem Gebet, das über dem Wein gesprochen wird. Ich musste bis dahin unten auf meinem Platz sein, was bedeutete, dass ich vielleicht zwei Minuten Zeit hatte, um meine Aufgabe zu erfüllen. Nach dem Wein, wenn alle anderen ihre Hände waschen gingen, würde ich herumschlendern, als würde ich es ihnen gleichtun, und dann wie sie zu meinem Platz zurückkehren.

Im Klassenzimmer tastete ich mich durch die Dunkelheit voran, wieder quietschten meine Schuhe, als ich sie über die Fliesen schob, um nicht zu stolpern. Mein Kopf schmerzte. Ich bewegte meine kleinen Finger vor mir und schob meine Brille auf der Nase nach oben, dann krempelte ich meine Ärmel hoch, um sie vor dem Spielwasser trocken zu halten, das gleich aus den Spielhähnen strömen würde. Ich drehte sie beide voll auf und stellte mir vor, wie das Wasser kräftig herausschoss. Kurz hielt ich inne, weil es keinen Becher ohne Ausgussschnabel gab, aber ich hatte keine Zeit zu verlieren. Ich kam ohne zurecht und bewegte beide Hände unter dem Wasserstrahl aus Nichts. Zweimal mit der rechten Hand, zweimal mit der linken.

Als ich einen Schritt zurücktrat, stand die Luft um mich herum still. In mir rauschte die Ungeheuerlichkeit der Sünde, die ich gerade beging. Ich konnte die Hitze meines Blutes spüren, das durch meinen Körper pumpte. Ich drehte mich um, rannte aus dem Kinderzimmer, ließ die Tür weit offen und stürmte durch den Korridor zurück. Ich huschte in den Saal und verlangsamte beim Eintreten mein Tempo. Ich konnte mein Herz schlagen hören und fragte mich, ob auch die anderen es hören konnten. Meine Mutter hatte nicht bemerkt, dass ich fort gewesen war, und mein Vater, den es danach drängte, anzufangen, bedeutete mir, mich hinzusetzen. Wortlos. Ich fand einen Platz weit weg von ihm.

Ich war stolz auf meine Schlauheit. Tatsächlich drohte sich sogar ein Lächeln auf meinem Gesicht auszubreiten. Mein Experiment sollte meine Angst vor G'tt auf die Probe stellen und sie zu einem natürlichen Ende bringen. In meiner Familie wurde G'tt nicht nur verehrt, Er war die Grundlage für alles, was wir taten. G'tt war kein Glaubenssystem, Er war der Rhythmus unseres Heims, unseres Lebens. Ich hatte gelernt, dass mein Glück nur daran gemessen wurde, ob G'tt mit mir zufrieden war. Meine eigenen Erfahrungen oder Gefühle waren unerheblich. G'tt war der ultimative Elternteil, dessen Anerkennung ich brauchte. Da G'tt jedoch theoretisch war, konnte ich mir auch, wenn nötig, Seine Reaktionen und Seine Zustimmung vorstellen, wenn ich mich allein mit ihm unterhielt. Mit meiner Fisher-Price-Mutprobe hatte ich eine Grauzone gefunden, in der ich mir Seine Billigung vorstellen konnte.

Meine größte Sorge galt nun meinen Eltern. Wenn sie mich erwischten oder meine Geschwister es ihnen erzählten, müsste ich meine Halbwahrheit gestehen, und das machte mir Angst.

Als ich mich an den Tisch setzte, war ich mir sicher, dass ich jederzeit zur Rede gestellt werden konnte. Hatte ich mich etwas verspätet? Hatte ich ein bisschen zu lange gebraucht? Ich stellte mir vor, wie mein Vater meine List durchschauen und mich vor allen für eine Sünde bloßstellen würde, die ich nicht einmal zu Ende gebracht hatte. Würde er mich hungrig und frierend von seinem Tisch verbannen? Oder würde er, schlimmer noch, meine Sünde überhaupt nicht ernst nehmen, als würde es auf mich, die ich zu klein und unbedeutend war, überhaupt nicht ankommen?

Ich stellte mir vor, wie der alles sehende, allwissende G'tt mich bloßstellen würde, wie er den Boden unter meinem Sitz öffnen, mich verschlucken und zerstören würde. Meine eigene Auffälligkeit war mir unangenehm bewusst. Ich spürte, wie sich mein Gesäß auf dem Stuhl bewegte, dessen schwarze Vinylbespannung ein leichtes Furzgeräusch erzeugte, wenn jemand sich hinsetzte. Ich war mir sicher, dass mein Vater gemerkt hatte, dass etwas nicht stimmte, als er mir das Zeichen gab, mich zu setzen. Ich weiß nicht, was er dachte, dass ich getan hatte, aber sein Blick machte mich nervös. Es wäre so einfach gewesen, nachzugeben, aufzustehen und beschämt davonzulaufen wie ein Kind. Aber ich wollte bleiben. Ich wollte glauben.

Bewaffnet mit meiner Halbwahrheit, meiner Halblüge, hörte ich ihm zu, wie er den Wein segnete, G'tt dankte und dann alle hinausführte, damit sie sich die Hände unter dem eisigen Wasser wuschen – in den Herren- und in den Damentoiletten, in den riesigen Waschbecken in der Industrieküche oder in dem kleinen Aluminiumbecken im Schrank des Hausmeisters. Alle zerstreuten sich in unterschiedliche Richtungen. Niemand schenkte mir auch in den besten Zeiten viel Aufmerksamkeit; an diesem Abend war ich ausnahmsweise einmal dankbar für meine Unsichtbarkeit. Ich passte auf und kehrte zum Tisch zurück, setzte mich neben alle anderen und war bereit, meine Sünde zu Ende zu bringen.

Jeder Augenblick, der verging, war eine Ewigkeit. Mein Vater nahm als Letzter seinen Platz ein. Stille. Er deckte die beiden geflochtenen Brote, golden von der Eimischung, mit der sie bestrichen waren, ab und hob beide an. Er sprach den Segen mit geschlossenen Augen, um zu verhindern, dass er beim Gebet etwas Unanständiges sah: »Gesegnet seist Du, G'tt, unser G'tt, König des Universums, der das Brot aus der Erde hervorbringt.«

Er begann zu schneiden – das rechte Brot vor dem linken, denn der Talmud, der Kanon der rabbinischen Lehren, die uns sagen, wie wir nach dem zentralen Text des Judentums, der Tora, zu leben haben, sagt uns, dass wir es so tun sollen –, und zwar auf seine eigenwillige Art, die mich schon damals ziemlich auf die Palme trieb. Immer noch sprach niemand. Meine Mutter liebte diese Zeit – die einzige Zeit, in der sie nicht gestört wurde. Ich glaube, mein Vater verlängerte sie für sie. Die Stille füllte meine Ohren überall dort, wo mein pochender Herzschlag noch Raum ließ. Der Brotkorb wurde am Tisch herumgereicht, zuerst an meine Mutter, dann an die Gäste, dann an die Kinder, in der Reihenfolge ihres Alters.

Ich saß als Zweitjüngste am Tisch neben meinen fünf älteren Geschwistern: Miriam und Dov Ber, den Zwillingen, einem Mädchen und einem Jungen im Alter von fünfzehn Jahren; meiner Schwester Lea und meinem Bruder Schmuel, die sieben und sechs Jahre älter waren als ich; unserem Bruder Elchanan, der damals neun Jahre alt war; dann gab es mich, die Sechsjährige, und meine kleine Schwester Debora, die drei war. Ich hielt meine Scheibe in der Hand und war mir bewusst, dass ich das Brot so schnell wie möglich essen sollte, um Verzögerungen und Respektlosigkeit zu vermeiden, da meine roten Wangen und mein rotes linkes Ohr mich verrieten. Ich wusste nicht, wer es erraten oder wer es sehen würde, weil ich verzweifelt versuchte, keinen Augenkontakt aufzunehmen. Was es bedeutete, meine Eltern herauszufordern, geschweige denn G'tt, war mir nicht bewusst, und die unbestimmte Möglichkeit, eine schreckliche biblische Strafe zu erhalten, war für mich genauso real wie die Zeichnungen, die ich ausmalte, in denen Männer in den Geschichten des Alten

Testaments für ihre irreligiösen Handlungen vom Erdboden verschluckt oder vom Feuer aufgezehrt werden.

Mein Moment der Wahrheit war gekommen. Mohnsamen fielen aus der Brotkruste, als ich das Brot zum Mund führte. Ich kratzte sie mit den Zähnen ab, aber ich biss nicht hinein, noch nicht. Bis zu meinem ersten Bissen blieb meine Sünde unvollständig. Die Samen fühlten sich auf meiner Zunge rau an. Ich drückte meine Zähne auf beiden Seiten meiner Scheibe zusammen, biss hinein und zwang ein kleines Stück des teigigen Inneren in meinen Mund, vorbei an dem Kloß in meinem Hals. Meine Knie verkrampften sich, und ich riss mich hoch, um zu schlucken. Nichts passierte.

Ich nahm einen weiteren Bissen. Nichts. Und noch einen. Immer noch nichts.

Ich konnte hören, wie mein Vater mit unseren Gästen über den Wochenabschnitt aus der Tora sprach und ihnen die Bedeutung der Bibelstelle erläuterte, die er am nächsten Tag in der Synagoge vorlesen würde. Dann sah ich, wie meine Mutter Scheiben von *Gefilte Fisch* verteilte, ein Gericht aus pochiertem Schellfisch und Wittling, mit Klecksen des Lieblingsgerichts unserer Familie, Avocadopüree mit gekochten Eiern und Knoblauch. Sie hatte einen grünen Salat auf den Tisch gestellt und Schüsseln mit Mayonnaise und *Chrein* – einer Soße aus Meerrettich und Roter Bete –, um die sich meine Brüder stritten. Es war wie an jedem anderen Freitagabend. Niemand wusste etwas.

Ich hatte Brot mit unsauberen Händen gegessen, und nichts hatte sich geändert. Jetzt war ich unbesiegbar. Die Verbotsschichten fielen ab und wurden durch etwas ersetzt, das sich für mich als Sechsjährige wie eine unendliche Möglichkeit und Chance anfühlte. Ich hatte gerade erst mit der Schule begonnen, aber ich wusste schon, dass man rebellieren konnte – genau dort, wo ich saß.

Eins

Hoch soll sie leben, Teil eins

אִוֶּלֶת קְשׁוּרָה בְלֶב־נָעַר שֵׁבֶט מוּסָר יַרְחִיקֶנָּה מִמֶּנּוּ׃

Steckt Torheit im Herzen des Knaben,
die Rute der Zucht vertreibt sie daraus.
SPRÜCHE 22,15

Meine Entstehungsgeschichte begann damit, dass ich meine Mutter fast umgebracht hätte. Zumindest hat sie mir oft erzählt, wie sie bei meiner Geburt am 28. August 1987 im Rutherglen Maternity Hospital in der Stonelaw Road in South Lanarkshire fast gestorben wäre.

Ich war ein dickes, rosiges Baby, das in ein Haus mit drei Schlafzimmern, einer Sandsteinterrasse und einer angebauten Küche, die nach hinten abfiel, gebracht wurde. Ich teilte mein Zuhause mit meinen Eltern, fünf älteren Geschwistern und einem ständigen Strom von Gemeindemitgliedern meines Vaters.

Babys werden natürlich vollkommen und frei von Sünde geboren. Aber meine Familie glaubte an die orthodoxe Lehre, die besagt, dass, sobald ein Mensch, selbst ein Neugeborenes, schläft, ein Sechzigstel seiner Seele den Körper verlässt und beim Aufwachen die Unreinheit des Todes zwischen seinen Fingern ruht. Das bedeutet, dass ich noch keinen Tag alt gewesen war, als mein Vater seine weißen Hemdmanschetten hochkrempelte, mich unter den Arm klemmte und meine kleinen, von der neuen Erfahrung der Geburt noch durchscheinenden Fäustchen zum ersten Mal über dem kleinen Porzellanwaschbecken auf der Krankenstation wusch.

Sie gaben mir den Namen Yehudis, hebräisch für Judit, gefolgt vom zweiten Namen Gittel, was auf Jiddisch »gut« bedeutet. Wir sprachen nicht den alten europäischen Dialekt, aber meine Mutter war, wie andere extrem orthodoxe Juden auch, diesbezüglich nostalgisch. Meine Brüder nannten mich Little Gittel. Wenn meine Mutter mit mir zufrieden war, nannte sie mich Judy Trudy. Wenn ihr mein Verhalten nicht gefiel, war ich Dirty Girty. Oft sprach sie über mich, nicht zu mir.

Als kleines Mädchen war ich das perfekte Abbild einer orthodoxen jüdischen Kindheit. Ich trug Polyesterkleider mit blickdichten Strumpfhosen, die von zu viel Waschen fusselig geworden waren, und kein Zentimeter meines Fleisches, der über meine Ellbogen oder mein Schlüsselbein hinausging, war dem sündigen männlichen Blick ausgesetzt, selbst als ich ein kleines Mädchen war nicht. Ich hatte unbeholfen wirkende, große Vorderzähne, einen kräftigen kleinen Körper und eine hellblaue Plastikbrille mit winzigen weißen Streifen, die ich seit meinem dritten Lebensjahr trug. Mein Haar fiel mir in groben semitischen Locken vom Kopf, kastanienbraun mit einem schweren, widerspenstigen Pony, den meine Mutter selbst schnitt, während ich in der Badewanne stand, wobei sie ein Stück Tesafilm über meinen Augenbrauen als Wasserwaage verwendete.

Was jedoch meine Persönlichkeit anging, so war ich eine alte Seele, die Verantwortung direkt und eindringlich erlebte, weil mein Wert und meine Nützlichkeit innerhalb meiner großen Familie davon abhingen. Die sieben Geschwister des

Fletcher-Haushalts wurden in zwei Gruppen aufgeteilt: die älteren fünf, die innerhalb von fünf Jahren geboren wurden, und die jüngeren zwei, ich und Debora. So war ich die Älteste der Kleinen; eine De-facto-Anführerin, von der erwartet wurde, dass sie Debora alles gab, was sie haben wollte, nie mit ihr stritt und immer nachgab. Mir wurden nie die Privilegien gewährt, die man als Nesthäkchen der Familie genießt. Unsere Familie nannte mich »Professorin im Taschenformat« und Debora die »Mundgerechte«. Sie lachten über Deboras Witze, meine jedoch wurden als altklug und nervig abgetan. Wenn Debora weinte, kümmerte sich meine Mutter um sie. Wenn ich weinte, sagte sie: »Dreh den Wasserhahn zu!«

Meine Familie wusste nicht wirklich, was sie mit mir anfangen sollte. Ich war nicht respektlos oder unverblümt genug, um bestraft zu werden, mein Verhalten war aber auch nicht sittsam, wie man es von einem orthodoxen jüdischen Mädchen erwartete. Aus diesem Grund wurde ich abwechselnd ignoriert und zurechtgewiesen.

Manchmal hatte ich es satt, zu schweigen. An einem Freitagabend, als ich sieben Jahre alt war und die Gäste ihr gekochtes Hühnchen verzehrten, hörte ich zu, wie die Erwachsenen über die Rolle von Frauen im Judentum diskutierten. Unsere Gäste meinten, dass man Frauen gering schätzen würde, und meine Mutter stammelte eine Rechtfertigung. Ich mischte mich in das Gespräch ein.

»Mr Howard«, meldete ich mich zu Wort. »Wenn Sie das sagen, dann ignorieren Sie die Leistungen von Frauen wie Berurja und Debora.« Berurja war eine Weise, die in der Antike zusammen mit den Männern die Tora studierte; Debora war eine Prophetin. Beiden eiferte ich nach, hätte aber am finsteren Blick meines Vaters erkennen müssen, dass er es nicht billigte, wenn ich mich in das Gespräch von Erwachsenen einmischte.

Als ich aufwuchs, bestand meine Welt aus meinem Zuhause, der *Schul* und der Schule, wobei die beiden letzteren sich im selben Gebäude befanden. An manchen Donnerstagabenden packte Mama gekochte Eier und gebratene Fischbällchen ein, damit wir als besonderen Hochgenuss unser Abendessen im örtlichen Park einnehmen konnten, und gelegentlich gab es zu besonderen Anlässen einen Ausflug zu einem Schloss. Ansonsten blieb meine Welt eher klein.

Das Haus war der Herrschaftsbereich meiner Mutter. Wie andere religiöse Frauen trug sie den *Scheitel* – eine Perücke, die ihre Sittsamkeit bewahrte und ihr echtes Haar sorgfältig vor den Augen aller Männer außer ihrem Ehemann verbarg. Ihr Haar war kurz, brünett und im Pagenstil geschnitten. Aber weder meine Mutter noch mein Vater waren in einem so religiösen Haus aufgewachsen wie dem, das sie jetzt führten. Sie stammten aus koscheren, jüdischen Haushalten, in denen die Einhaltung der Regeln eher kulturell als vorgeschrieben war: *Schabbes*-Essen am Freitagabend, aber Fußball am Samstagnachmittag. Papa hatte nicht studiert, doch Mama hatte einen Abschluss als Englischlehrerin. Beide fanden erst, nachdem sie Anfang zwanzig waren und ein Auslandsjahr in Israel verbracht hatten, zu ihrer strengeren Orthodoxie. Sie beschlossen, ihre eigene Familie in einer kleinen, malerischen Gemeinde großzuziehen, die der extremsten Auslegung des jüdischen Rechts folgte, und trachteten danach, uns vor säkularen Einflüssen abzuschirmen. Zu diesen Einflüssen gehörten die liberaleren jüdischen Familien, die in unserer Nähe wohnten, auch die, die mein Vater betreute und die ein freieres und weniger strenges Leben führten als wir.

Unser Haus hatte immer einen hefigen Geruch, der vom häufigen Brotbacken durch meine Mutter herrührte, einschließlich ihrer *Challa*-Brote am Freitagabend. In ruhigen Zeiten konnte man aus der Küche das Summen von Radio 4 hören, eine der wenigen weltlichen Unterhaltungen, die sie sich genehmigte. Wenn sie glücklich war, sang sie die Titelmelodie von *The Archers* und erfand dabei einen Strom von Nonsens-Texten, während sie den Teig für das Brot knetete, das sie für unsere Sandwiches fürs Mittagessen bereitete.

Meine Mutter kochte auch anderes Essen, aber Brot war unser Grundnahrungsmittel, ein Genuss, wenn es warm aus dem Ofen kam. Wir neun lebten von dem Gehalt eines Rabbiners und waren, was man als »arme Mittelschicht« bezeichnen könnte: Wir hatten Stabilität, besaßen ein Haus und ein Auto, aber alles war abgenutzt, und die Essensportionen wurden sorgfältig berechnet. Es muss für meine Mutter anstrengend gewesen sein, alles so mager zu verteilen, und ihre Müdigkeit war nicht zu übersehen. Ihre Stirn war ständig in Falten gelegt. Normalerweise aßen wir eine warme Mahlzeit am Tag; der Rest bestand entweder aus Weetabix-Keksen oder Brot, das zweimal in der Woche von Proteinen begleitet wurde: einem Rollmops-Hering oder einer dünnen Scheibe Cheddarkäse pro Kind. Diese ziemlich eintönige Ernährung bedeutete, dass ich für den Käse lebte. An den anderen Tagen gab es die Würzpaste Marmite, Erdnussbutter (salz- und zuckerfrei), Marmelade, Sonnenblumenbutter oder Margarine und ihre ewig gleiche, zu wenig gesalzene Gemüsesuppe, die am Montag gekocht und bis Donnerstag aufgewärmt wurde. Der Verzehr dieser Suppe fühlte sich wie eine Niederlage an, weshalb ich sie verweigerte.

Bananen waren täglich verfügbar und wurden uns nahegelegt, aber immer halbiert, sodass wir jemand finden mussten, mit dem wir sie teilten. Mama aß oft Ryvita-Cracker und benutzte ihren Bananenstumpf, um die Krümel aufzusammeln. Wenn ich sie fragen hörte: »Möchte jemand eine Banane mit mir teilen?«, ergriff ich die Chance für einen zärtlichen gemeinsamen Augenblick. Auswärts aßen wir nie – nirgendwo in Glasgow war es koscher genug. Nur am *Schabbes,* wenn wir unsere Synagogengäste empfingen, wurde etwas mehr geschlemmt. Den Freitag verbrachte meine Mutter damit, Hähnchen zu kochen, und füllte riesige Tupperbehälter mit warmer, hausgemachter Hühnersuppe, die vor Fettblasen nur so glitzerte. Diese stapelte sie in den Fußraum des kupferbraunen Space Cruiser meines Vaters, der sie dann zur Synagoge transportierte.

Ich teilte mir ein Zimmer mit meinen älteren Schwestern Miriam und Lea. Lea war sieben Jahre älter als ich und zu beschäftigt, um mich überhaupt wahrzunehmen. Sie verbrachte die meiste Zeit damit, alles nur Erdenkliche zu tun, um sich die Gunst unserer Mutter zu sichern. Miriam hingegen, das älteste Kind und das Mädchen des Zwillingspaars, stritt sich mit Mama. Zwischen Miriam und mir lagen neun Jahre; wir hatten beide dunkles Haar und eine große Klappe. Trotz des Altersunterschieds war sie meine Verbündete und ich ihre. Aber abgesehen davon fühlte ich mich in unserer Familie ungeliebt. Meine Mutter sagte mir zwar, dass sie mich liebte, aber das zeigte sich selten in Taten. Ich war immer auf der Suche danach – nach Liebe – und verriet mich selbst, um sie mir als Anerkennung zu verdienen, wenn schon nicht als echte Zuneigung.

An uns alle wurden religiöse Anforderungen gestellt, und es gab unterschiedliche Regeln für Mädchen und Jungen, die in ein kompliziertes System einflossen, das vorschrieb, wie wir uns in jedem wachen Augenblick verhalten sollten. Miriam war fromm, wie man es von ihr erwartete, aber wir hatten beide ein tiefes Bedürfnis nach Gerechtigkeit und ein gemeinsames Verständnis von der Welt als Abenteuer. Ich verließ mich darauf, dass sie mich bemutterte und auf eine Weise wertschätzte, wie andere es nicht taten, und dafür verehrte ich sie.

Es war mein Vater, der sich am meisten um meine praktischen Bedürfnisse kümmerte. Als ich noch sehr klein war, war er es – ein schlanker, großer Mann mit einem vollen, kurzen, dunkelbraunen Bart und der Alltagsuniform eines Rabbiners aus schwarzem Anzug, dünner, dunkler Krawatte und weißem Hemd –, der mir die Haare bürstete, die Zähne putzte und mich bettfertig machte. Bei diesen Verrichtungen sprach er eigentlich nie mit mir, aber er sang lustige Lieder über das Einhalten der Gebote oder die Vorbereitung auf die heiligen Tage, die zu Melodien wie *Jingle Bells* oder Fußballsprechchören gesungen wurden, die wir natürlich noch nie gehört hatten. »*Glory, glory,* Geschirr gespült gar flink/Wir alle folgen Mamas Wink.«

Dienstags gab Papa in unserem Esszimmer einen Tora-Kurs für die Männer aus der Gegend. Ich klopfte an die Tür und durfte eintreten. In meinem blassblauen, langärmeligen, schlichten Nachthemd sagte ich Gute Nacht und gab ihm einen Kuss, obwohl er selbst mich nie küsste. Nur einmal in der Woche küsste er mich auf den Kopf, nachdem er den Kindersegen über mich gesprochen hatte. »Mögest du wie Sara, Rebekka, Rachel und Lea sein«, flüsterte er, hielt seine Hände nacheinander wie ein Schutzdach über seine Töchter und bat G'tt, unsere Zukunft als Ehefrauen und Mütter zu sichern, wie bei unseren biblischen Ahnfrauen.

Manchmal, wenn meine Mutter beschäftigt war, begleitete ich ihn zur Synagoge, wo wir durch das riesige, gewölbte und von römischen Säulen gestützte Tor ins Foyer traten. Die Synagoge war ein imposanter und natürlich heiliger Anblick. Mit ihren romanischen rosafarbenen Ziegeln, dem gewölbten Atrium und der hohen Doppeltür war sie ehrfurchtgebietend. Ursprünglich war sie einer großen barocken *Schul* in Amsterdam nachempfunden und wurde um die Jahrhundertwende erbaut, als die Anglojuden beschlossen, dass sie solche prächtigen G'tteshäuser benötigten. Im Inneren gab es Platz für Hunderte Menschen, aber bei den meisten G'ttesdiensten waren nur etwa zwanzig Mitglieder unserer Provinzgemeinde anwesend.

Wenn niemand in der Nähe war, nahm mich mein Vater in den Gebetsraum mit, in das Heiligtum, wo er von der erhöhten Plattform in der Mitte, der *Bima,* die G'ttesdienste leitete. Als Mädchen durfte ich eigentlich nicht dort sein, vor allem nicht während der Gebetszeit. Es war ein Ort für Männer, prächtig mit marineblauen Samtsitzen und vergoldeten Verzierungen. Frauen beteten auf dem Balkon darüber und beobachteten von ihren Sitzen aus das Geschehen, getrennt von den Männern, die sie sonst von ihrem Gebet ablenken könnten. Während der G'ttesdienste saß ich neben meiner Mutter und schaute auf die Männer hinunter, unschlüssig, ob ich mich glücklich schätzen sollte, nicht aufzutreten, zu singen und zur Schau gestellt zu werden, oder verärgert, weil ich von den wichtigen Vorgängen ausgeschlossen war. Meiner Mutter war das alles recht – sie saß dort, wo sie mit meinem Vater Blickkontakt aufnehmen konnte, wenn er einen Vers vorlas, den beide für bedeutsam oder lustig hielten.

Die gelegentliche stillschweigende Erlaubnis meines Vaters, den Gebetsraum zu betreten, reichte nicht aus, um meinen Wunsch nach Zugehörigkeit zu stillen. Bei jeder Gelegenheit – wenn er im Büro einen Anruf entgegennahm oder sich um andere Angelegenheiten kümmern musste – schlich ich dorthin und schüttete mein Herz aus. Ich stand vor dem reich verzierten Marmorschrein, der zwölf Meter hohen heiligen Enklave am Ende der *Schul,* in der die Torarollen aufbewahrt wurden, und drückte meine Hände gegen den Samtvorhang, den nur Männer berühren durften – er war majestätisch, wie das Inventar in einem Märchenschloss. Wenn mein Vater mich erwischte, nahm er an, dass ich spielte. Aber ich betete.

Ich suchte verzweifelt nach Antworten auf die vielen Fragen, die ich zu meinem Leben hatte, das für andere fest gefügt und voller Regeln erschien, sich für mich aber so ungewiss anfühlte; ich suchte nach Erklärungen, die die Frustrationen, die ich zu Hause empfand, möglicherweise lindern konnten; nach Liebe. Dieser Ort war für mich das Zentrum der Macht, und dort wollte ich sein. Wenn ich nur mehr Zeit hätte, konnte vielleicht meine Seite der Geschichte erhört werden.

»G'tt hört immer zu, Yehudis Gittel«, sagte meine Mutter immer, wenn sie meinen Ehrgeiz, mehr zu begreifen, wahrnahm. »Manchmal lautet die Antwort ›nein‹. Du musst bereit sein, das zu hören.«

Wenn meine Gebete nicht erhört wurden, weinte ich. Ich weinte über die Ungerechtigkeit, die ein kleines Mädchen empfindet – wenn Debora ein größeres Stück Käse bekam oder wenn meine Mutter mich rügte. Ich weinte auch, weil niemand meine Fragen zur Bibel beantwortete. Wie konnte es für die Matriarchin Rebekka in Ordnung sein, im Alter von drei Jahren verheiratet zu werden? Wie konnte sie schwere Wasserkrüge heben und all diese Kamele allein füttern? Niemand nahm meine Fragen ernst. Tatsächlich hörte ich meine Eltern oft predigen, dass religiöse Fragen eindeutig von Menschen gemacht seien. Es gab Antworten auf alles, und ich musste nur akzeptieren, dass die, die sie gaben, die richtigen waren.

In den seltenen Fällen, in denen sie Fragen beantworteten, befriedigten mich ihre Antworten nicht.

»Ich leide«, sagte ich meiner Mutter.

»Ich bete für dich«, antwortete sie.

»Aber G'tt erhört deine Gebete nicht, Mama. Ich leide immer noch.« Ich weinte noch mehr.

Ich bat G'tt in diesem Bereich um viele Dinge. Er sagte immer Nein.

Die Synagoge war eine Erweiterung unseres Zuhauses. Dort verbrachte ich jeden Tag von neun bis sechzehn Uhr im eiskalten Klassenzimmer über dem Saal, inmitten des Geruchs von Reinigungsmitteln und Wachsmalstiften. Es gab kaum zwanzig Schüler – nur mich und meine Geschwister und eine Handvoll anderer Kinder aus der Gegend, die wie wir zu religiös für die örtlichen staatlichen Schulen waren. Selbst die einzige jüdische Schule in der Gegend galt als zu lasch für die Standards unserer Familie. Unsere Schulleiterin, Mrs Silver, war eine große, dünne Frau mit einer synthetischen, drahtigen schwarzen Perücke und der allerweichsten Haut. Mrs Silver trug dicke beige Strumpfhosen unter Sandalen, egal bei welchem Wetter, und brachte uns Mädchen bei, genau wie die Jungen Toraverse zu lesen und vorzulesen, eine Seltenheit an einer so orthodoxen Schule. Im Nachhinein verstand ich, dass sie eine der ersten orthodoxen jüdischen Feministinnen war, die ich kennengelernt hatte. Wir fuhren nicht mit dem Bus zur Schule. Meine Mutter unterrichtete die Mädchen in Englisch und mein Vater die älteren Jungen im Talmud, dem jüdischen Gesetz, sodass wir mit ihm im Space Cruiser dorthin fuhren, während andere Schüler und Schülerinnen vom klapprigen blauen Sechzehnsitzer-Minibus abgeholt wurden, den meine Mutter für ihre eigenen Kinder für zu unsicher hielt. Er wurde von Mrs Levy gefahren, die im Kindergarten arbeitete; jedes Kind entlang der Strecke kletterte hinein und suchte sich einen Sitzplatz oder einen Platz auf den Holzbrettern, die über den Gang gelegt waren, um so viele Sitzgelegenheiten wie möglich zu schaffen. Der Minibus fuhr durch das Stadtzentrum von Glasgow, vorbei an den alten Mietshäusern und der Vermittlungsstelle von British Telecom. Die Lehrerinnen, die ebenfalls im Minibus mitfuhren, hatten Sitzplätze und stapelten Babys auf ihrem Schoß, bürsteten den Kindern die Haare und löffelten ihnen das Frühstück in den Mund, während der Bus durch den morgendlichen Verkehr holperte und den steilen Hügel zur *Schul* hinauftuckerte.

Ich wäre nur zu gern mit meinen Freundinnen im Bus gefahren. Stattdessen traf ich sie im Kinderzimmer-Klassenzimmer mit der Fisher-Price-Küche. Die Wände waren mit unseren Kunstwerken und Postern geschmückt, die uns lehrten, welche Gebete wir wann sprechen sollten: Segnungen vor dem Verzehr verschiedener Lebensmittel oder das Dankgebet nach dem Toilettengang; das Segensgebet bei Blitz und Donner und die scharfe Zurechtweisung, die wir aufsagen sollten, wenn wir einen Regenbogen sahen, eine Erinnerung G'ttes, nie wieder in die Tiefen der Verderbtheit hinabzusteigen, die Seine biblische Sintflut verursacht hatte. An einer Wand war eine bunte Holzrutsche angebracht, an einer anderen befanden sich eine Spielecke und Kleiderhaken, und in der Mitte die Matte, über die ich auf dem Weg zu G'tt gestolpert war. Zur Mittagszeit packte ich mein Lunchpaket aus – Sandwiches mit vier Scheiben von Mamas selbst gebackenem Brot mit Marmite oder Erdnussbutter. An Käsetagen öffnete ich die Sandwiches und toastete die Scheiben auf derselben Gasheizung, die Mama zum Wärmen ihrer Füße benutzte. Freitags, im tiefen Winter, wenn es bereits um fünfzehn Uhr dreißig dunkel wurde, beendeten wir die Schule früher, um uns auf den *Schabbes* vorzubereiten, und jede von uns erhielt von unserer Lehrerin ein Bonbon als Anerkennung für diesen besonderen Tag. Ich hielt es während des ganzen Heimwegs in der Hand und raschelte mit den Fingerspitzen an der Verpackung, wobei sich die scharfen Plastikwindungen in meine Handfläche bohrten. Zu Hause angekommen, nahm ich Blickkontakt mit meiner Mutter auf und tat dann, worum ihre Augen mich baten: Ich ließ es in den frisch geleerten Mülleimer fallen, wofür ich eine Dörrpflaume und ihr Lob erhielt.

»Zucker lässt die Zähne verfaulen«, sagte sie uns immer. »Gute Eltern lassen nicht zu, dass ihre Kinder den Körper ruinieren, den G'tt ihnen gegeben hat.« Ich tat, was meine Mutter wollte, weil mir ihre Anerkennung lieber war als die Süßigkeit, und gemeinsam genossen wir die Überlegenheit, die wir gegenüber anderen Familien empfanden, die sich nicht so vernünftig ernährten wie wir.

Die Klassengrößen in der *Schul* waren variabel und richteten sich nach den Bedürfnissen der Gemeinde. Der Kindergarten kümmerte sich um Babys und Kleinkinder, darunter Debora, während die »Kleinen« zusammen in einer Klasse, bestehend aus fünf Kindern, lernten – mir, zwei anderen Mädchen und zwei Jungen. Meine älteren Schwestern und Brüder waren auf Klassen mit ungefähr gleichaltrigen Kindern verteilt, die ab dem Alter von etwa sechs Jahren in Jungen und Mädchen aufgesplittet wurden: nämlich dann, wenn die Jungen begannen, religiöse Texte zu studieren, die für Mädchen nicht vorgesehen waren – denn der Talmud sagt: »Wer seine Tochter die Tora lehrt, lehrt sie Verwerfliches.«

Die anderen Mädchen in der Schule trugen billige Mary-Jane-Plastikschuhe, ich jedoch hatte rote Lederschuhe mit einer weißen Naht und dicken cremefarbenen Schnürsenkeln. In meiner Gemeinde hieß es, nur Jungen trügen Schnürschuhe, aber meine Mutter wollte, dass meine Füße gesund und meine Knochen stark waren.

»Lauf, um in ihnen Gutes zu tun«, sagte sie, als sie sie mir bei Alan Mickel, dem Schuhgeschäft im schickeren Teil der Stadt, kaufte.

Ich hatte außer einem Jungen namens Yoel keine guten Freunde. Ich interessierte mich mehr für Gespräche mit Erwachsenen als für kindisches Geplapper, aber die Erwachsenen interessierten sich nicht für mich. Ich entwickelte mich zu einem Streberkind. Mit sieben Jahren war mir bereits sehr bewusst, was alle anderen taten und sagten. Und ich kommentierte es – so sehr, dass ich alle um mich herum ständig zu irritieren schien, insbesondere meine Eltern.

Im Unterricht lernten wir mithilfe von kleinen Plastikkarten das hebräische Alphabet, den Wochenabschnitt der Tora oder die sechshundertdreizehn Gebote des jüdischen Rechts auswendig. Die Lehrerin maß die Zeit, dic wir zum Lesen des Hebräischen benötigten. Wer seine Seite mit den hebräischen Buchstaben innerhalb von sechzig Sekunden fertig hatte, konnte sich einen Aufkleber von ihrem Bogen aussuchen. Darauf waren weitere hebräische Buchstaben, und Yoel und ich wetteiferten um das einzige *Jod,* das Äquivalent zum englischen Y, dem Anfangsbuchstaben unserer Namen. Zu meinem Glück war er keine große Konkurrenz. Den Rest der Zeit sollte ich mit Puppen oder der Spielzeugküche spielen und nicht allzu sehr über das Gelernte nachdenken. Während die Jungs fleißig sein sollten, sollten wir Mädchen unbeschwert sein, doch mein Wissensdurst und die Leidenschaft meiner Mutter für Englisch führten dazu, dass ich schon lange vor den anderen englische Texte las und die Sprache besser beherrschte als Hebräisch. Meine Mutter ermutigte mich, die Bücher zu lesen, die man uns zu den jüdischen Festen schenkte, und missbilligte es nicht, wenn ich Geschichten aufschrieb, die ich mir in meiner Fantasie ausdachte: »Veröffentliche, Dudis, veröffentliche«, sagte sie dann und nannte mich bei dem Kosenamen, der ihr seit meinen ersten Versuchen, »Yehudis« auszusprechen, im Gedächtnis geblieben war. Schließlich begann ich, Gefallen daran zu finden, die Sprache anderer zu korrigieren. »Ich kann dich antworten«, sagte ein älteres Mädchen.

»*Dir* antworten«, kritisierte ich sie pedantisch.

Von den Lehrerinnen, meiner Familie und meinen Klassenkameraden wurde ich als klug abgetan, und das war nicht gerade freundlich gemeint; ich dachte zu viel nach, und das wurde als unangenehm empfunden. Ich ärgerte die Leute.

Als ich fünf war und meine Klassenkameraden noch das ABC lernten, gab mir meine Lehrerin Ausgaben von *Der geheime Garten* und *Die Eisenbahnkinder* mit, die ich immer und immer wieder hinten im Klassenzimmer las. Ich las immer und alles – die Aufschrift auf der Shampooflasche, wenn ich auf der Toilette saß, die Rückseite eines Mehlsacks, ja sogar die Bücher, mithilfe derer meine Mutter Bräuten beibrachte, gute Ehefrauen zu sein.

In unserem Haus waren nur religiöse oder religiös angehauchte Texte erlaubt, also quoll es über von alten jüdischen Romanen, Biografien von heiligen Leuten und Geschichten über wundertätige Rabbiner, die kranke Witwen heilten. Die Ausnahme bildeten die *Tim und Struppi*- und die *Asterix*-Bücher, die meine Brüder aus der Bibliothek ausleihen durften. Es gab absolut keinen Grund, warum diese Bücher erlaubt waren und alles andere nicht, aber mein Leben war durchzogen von Normabweichungen. Was sie nicht lesen durften, waren die *Hardy Boys*-Bücher, weil die gewalttätig waren, aber sie besorgten sie sich trotzdem und versteckten sie hinter der Leiter zum Dachboden, sodass auch ich sie durchlas. Ich verstand nicht, wie die Jungs zu »den Jungs« wurden. Sie hatten Taschengeld, das meinen Schwestern und mir nicht zugestanden wurde. Sie konnten meinen Eltern gegenüber Chuzpe zeigen, indem sie zu spät zum Abendessen kamen oder Widerworte gaben, und wurden nicht gerügt, während ich zusehen musste, wie Miriam Ärger bekam, wenn sie sich genauso verhielt. Und natürlich galten für uns Mädchen strengere Sittlichkeitsregeln, die von uns verlangten, unseren Körper von den Ellbogen bis zu den Schlüsselbeinen und Zehen zu bedecken, selbst als Kinder.

Am Morgen war ich am Frühstückstisch erst willkommen,

wenn ich meine Gebete gesprochen hatte. Jeden Tag ging ich zielstrebig die Treppe hinunter und achtete darauf, dass mich jemand dabei sah, wie ich mein Gebetbuch aufhob und wieder nach oben brachte. In der Privatsphäre meines Zimmers legte ich es vorsichtig auf ein Kissen und setzte mich auf mein Bett, weil es uns nicht erlaubt war, aus Respekt vor dem Namen G'ttes auf derselben Fläche wie ein heiliges Buch zu sitzen. Fünfundzwanzig Minuten lang, die ich als angemessene, unverdächtige Zeitspanne zum »Beten« berechnete, ignorierte ich mein Gebetbuch und las etwas anderes. Ich lebte in der Angst, dass jemand nach mir sehen würde, oder noch schlimmer, dass man fragen würde, ob ich gebetet hätte, denn ich hätte nicht leugnen können, dass ich es nicht getan hatte. Wenn ich wieder nach unten ging, murmelte ich inbrünstig vor mich hin: »Bitte lieber G'tt, bitte lieber G'tt, lass nicht zu, dass mich jemand dabei erwischt.« Aber es war nicht G'ttes Zorn, den ich fürchtete, sondern den meiner Mutter.

In unserem Haus gab es nur wenig Schnickschnack. Abgesehen von der Geburt meiner jüngeren Schwester, die wir auf der Krankenstation mit koscherem Eis und Limonade feierten, waren Geburtstage in meiner Familie alles andere als ein Grund zum Feiern. Schließlich war der einzige Geburtstag, der in der Tora erwähnt wurde, der des Pharao, und der war nicht einmal Jude. Sie wurden normalerweise mit einem »*Masel tov*« und Karten von meinen beiden Omas begangen, die in Manchester lebten – Oma J. väterlicherseits und Oma G. mütterlicherseits –, während Urgroßmutter Dolly einen Fünf-Pfund-Schein schickte. Eine Torte gab es normalerweise nicht, weil meine Großmutter Diabetes hatte. Als ich also an meinem achten Geburtstag von der Schule heimkam und Miriam über die Theke in unserer winzigen Küche mit den avocadofarbenen Fliesen gebeugt antraf, wie sie auf Pergamentpapier eine Acht aus dunkler Schokolade ausrollte, die sie für mich allein angefertigt hatte, konnte ich mein Glück kaum fassen.

Es war der letzte Montag im August 1995. Inzwischen waren wir in ein anderes Haus gezogen, das sechs Autominuten entfernt lag und näher an den drei anderen Familien, die genauso religiös waren wie wir. Hier teilte ich den größten Teil des Mädchenschlafzimmers mit meinen Schwestern, der Rest war durch eine Rigipsplatte abgetrennt, wodurch ein kleiner Raum entstand, groß genug für ein Einzelbett, in dem Gäste übernachteten. Unser Haus war koscher, und jede religiöse Person auf der Durchreise durch Glasgow war willkommen. Rabbiner, meine Oma G. und ein Schmuckverkäufer, der uns als Onkel Shimon vorgestellt wurde, schliefen oft auf der anderen Seite dieser Rigipswand.

Miriam legte das Geschenk zu meinem achten Geburtstag auf den ovalen weiß-braunen Melaminteller unserer Mutter – kein Wochentagsteller, aber auch nicht das beste Porzellan. Sie trug ihn von der Küche durch das Wohnzimmer – das wir aus irgendeinem Grund so nannten – mit seinen brechend vollen orangefarbenen Sofas und den Bergen an Unordnung ins Esszimmer. Ich ging hinter ihr her und starrte auf den Gürtel an der Rückseite ihres Kleides. Miriam schaute zu mir herüber, als sie den Teller auf den Esstisch stellte. Noch nie zuvor war mein Geburtstag im Esszimmer gefeiert worden. Der schwere Holztisch verlangte nach Anstand und Konformismus. Hier hatte mein Vater tausend Predigten geschrieben, und hier versammelten sich die Gäste, um zu essen oder vom Rabbi und seiner Frau zu lernen.

»Warum hast du das getan?«, fragte ich.

»Weil ich es will – für dich.«

Ich hielt Miriams Hand – ihre stark und weich, meine ebenso, nur kleiner – und rannte dann nach oben, um mich in mein grünes *Schabbes*-Kleid zu werfen – hochgeschlossen,

Ärmel bis unterhalb der Ellbogen, ein zu dicker Stoff für den Sommer, aber passend für eine Feier. Ich steckte mir ein Blumenstirnband in mein lockiges braunes Haar, das jetzt bis hinunter zum Kinn gewachsen war, und betrachtete mich im Spiegel des hohen Schranks, in dem wir unsere Kleidung aufbewahrten. Ich fühlte mich gut. Ich schloss die Augen, stellte mir meine Acht vor und zählte die bunten koscheren Smarties ab, die auf der glänzenden Oberseite der Torte verteilt waren. Was für ein Luxus! Ich fühlte mich wie eine Königin.

Unten saß mein Vater wie immer am Kopfende des Tisches und meine Mutter am Fußende, wir anderen um sie herum. Wir alle kannten unseren Platz, im wörtlichen und im übertragenen Sinne. Normalerweise wies mich meine Mutter an, in Türnähe zu sitzen, damit ich leicht aufstehen konnte, um beim Servieren und Abräumen zu helfen. An diesem Tag wurde mir die Ehre zuteil, neben meinem Vater zu sitzen.

Eine Ausgabe des Talmuds – mehr oder weniger die Gesamtheit des jüdischen Rechts und der jüdischen Legende – starrte mich vom Hauptbücherregal aus an. Der Tisch war mit einem weißen Tuch gedeckt. Wenn ich mir Fotos ansehe, strahlt die Freude aus meinem elektrisierten Lächeln mit der Zahnlücke immer noch aus dem gedruckten Bild.

Ich war es überhaupt nicht gewohnt, neben meinem Vater zu sitzen. Ich war ein Kind, das sich an den Rändern dessen, was von mir erwartet wurde, aufrieb, ein Kind, das immer mehr Liebe brauchte und sich danach sehnte, als ihm angeboten wurde, und aus diesem Grund hielt mich mein Vater auf Distanz.

Man sollte meinen, dass ich inzwischen daran gewöhnt war, die Erwartungen meines Vaters nicht zu erfüllen, aber an diesem Nachmittag, als die Sonne langsam die Schokolade weich werden ließ und meine Familie *Happy Birthday* sang, brach mir die Missbilligung meines Vaters das Herz. Ich kann mich nicht erinnern, etwas Falsches oder Unartiges getan zu haben, aber als sie zu *Hoch soll sie leben* kamen, verdrehte mein Vater die Worte.

»Hoch *wird* sie leben«, sang er mit weit geöffnetem Mund und falscher Heiterkeit.

»Hoch *wird* sie leben«, hörte ich ihn wieder singen. Und wieder.

Ich hörte auf zu singen, meine baumelnden Beine kamen abrupt unter dem Tisch zum Stillstand. Sollte ich nicht schon jetzt hochleben? War es nicht eine ungeschriebene, allgemein anerkannte Regel, dass jeder Mensch an seinem Geburtstag genau dafür gefeiert wird, was er ist?

Meine Freude verflog. Mein Herz schmerzte. Ich musste mich verhört haben. Vielleicht störte ihn meine Lautstärke? Oder meine überschwängliche Eigenwerbung? Vielleicht war es doch nicht als Tadel gemeint. Ich schaute mich am Tisch um, um zu begreifen. Meine Mutter und meine Brüder stimmten in seinen Text ein.

»Hoch *wird* sie leben«, sangen sie, wenn auch ernster als mein Vater.

Debora lutschte leise an ihren beiden Mittelfingern. Lea und Miriam schwiegen; Mädchen, die älter sind als zwölf, ist es nicht gestattet, ihre Stimme zum Gesang zu erheben, selbst nicht vor ihrem eigenen Vater, denn, wie die Lehre sagt, *kol be-ischa erwa*: »Die Stimme einer Frau ist ihre Blöße.« Das wusste ich, aber ich tat so, als sei ihr Schweigen Ausdruck ihrer Solidarität mit dem stechenden Schmerz, den ich verspürte. Niemand schaute mich an. Vielleicht dachten sie, dass ich mich dann weniger schämen würde. Vielleicht stimmten sie ihm zu. Hinter meiner Brille bildete sich ein Tränenfilm. Alles, was ich sehen konnte – damals wie heute –, ist, dass sich niemand für mich einsetzte. Die Worte rauschten durch meine Ohren. Vielleicht lächelte er, um meine Geschwister und meine Mutter davon zu überzeugen, dass es in Ordnung war, normal, die Gefühle seines kleinen Mädchens zu verletzen, ihren Geist zu brechen und sie zu beschämen. Mir liefen die Tränen die Kehle hinunter. Mein grünes Kleid fühlte sich eng und heiß an, und meine Haut kribbelte unter dem Acryl.

Ich fühlte mich verpflichtet, seine Zurechtweisung anzunehmen und ihm dafür zu danken. Diese Verpflichtung spüre ich immer noch. Also lächelte ich, immer und immer breiter. Ich würde es niemandem gönnen, mich an meinem Geburtstag zum Weinen zu bringen. Ich konzentrierte mich auf die Acht. Miriam wusste, dass ich hochlebte. Bei den anderen war die Liebe, die ich an diesem Tag und an vielen weiteren erhielt, immer mit Ablehnung verbunden.

Zwei

Das Wunder, du zu werden

לֹא בַשָּׁמַיִם הִוא ... כִּי־קָרוֹב אֵלֶיךָ הַדָּבָר מְאֹד ...

Es ist nicht im Himmel ...
Nein, das Wort ist ganz nah bei dir ...
DEUTERONOMIUM 30,12–14

Ich war schon über eine Stunde wach, als meine Mutter gegen sieben Uhr morgens herunterkam und mich dabei vorfand, wie ich mir am Esstisch Bücher ansah. Ich war neun Jahre alt. Es war Winter und draußen noch dunkel, aber ich war vor allen anderen aufgewacht.

Meine Mutter lehnte an der niedrigen hölzernen Anrichte, auf der das Royal-Doulton-Porzellan stand, das wir am *Schabbes* für Fleischgerichte verwendeten, und das zweitbeste Royal Doulton, das für milchige, nicht erhitzte Speisen am Samstagnachmittag vorgesehen war, wenn wir zu Hause einen *Schabbes*-Lunch ausrichteten. Das jüdische Gesetz erlaubt es nicht, Fleischiges und Milchiges zu mischen.

Mama stand mit dem Rücken zu mir, als sie mich fragte: »Yehudis Gittel, weißt du, wie viele Löcher du in deinem Po hast?«

Jetzt wusste ich, warum sie mir den Rücken zuwandte.

»Zwei«, sagte ich.

»Nein«, korrigierte sie. »Es sind drei.« Ihr Ton war knapp und sachlich, als wäre sie genervt, dass es ihre Pflicht war, dieses Gespräch zu führen. Mich allein vorzufinden, bot ihr jedoch Gelegenheit, es hinter sich zu bringen.

»Das dritte nennt man Vagina, und die befindet sich zwischen den beiden, die du bereits kennst«, fuhr sie fort und sprach in die andere Seite des Raums. »Der Grund, warum du sie hast, ist, dass sie dir eines Tages dabei helfen wird, Kinder zu bekommen.«

Das war interessant.

Sie erklärte, dass ich monatlich bluten würde, um mich darauf vorzubereiten, und drehte sich um, um mir ein dünnes Buch mit einem lilafarbenen Einband zu überreichen, auf dem die Zeichnung eines sittsam gekleideten blonden Mädchens zu sehen war, das auf eine Pusteblume pustete: *The Wonder of Becoming You: How a Jewish Girl Grows Up* von Dr. Miriam Grossman. »Das Wunder, du zu werden«. Ich sah mir das Buch genau an.

»Wirst du das mit mir lernen?«, fragte ich. Ich stellte mir vor, wie sie neben mir saß und mich unterrichtete, wie sie es mit ihren Bräuten tat.

Mama sah mir kurz in die Augen und erklärte sich einverstanden – sie hat ihr Versprechen nie eingelöst. Ich war jedoch aufgeregt angesichts der Aussicht auf eine brandneue Information und las das Buch noch am selben Abend nach der Schule von vorn bis hinten durch. Und am nächsten Abend. Und am nächsten. Das Buch erklärte, dass meine Gebärmutter birnenförmig war, dass ich während meiner Periode Hampelmänner machen sollte, um die Schmerzen zu lindern, und dass das Einsetzen der Periode mir bestätigte, dass ich Kinder bekommen konnte. Wenig überraschend hatte ich danach mehr Fragen als vorher und begann überall nach Antworten zu suchen. Hinter der Treppe zum Dachboden, wo die hineingeschmuggelten *Hardy Boys* versteckt war, bewahrten wir ein Exemplar der *Encyclopaedia Britannica* auf, deren dicken Bände eine der einzigen Quellen für weltliche Informationen im Haus waren. Ich suchte nach allem, was ich über die Periode und über Babys finden konnte. Wenn ich Oma J. in Manchester besuchte, blätterte ich in ihren Stapeln des *Reader's Digest*, die sie auf einem Korbregal im Wintergarten aufbewahrte, bis ich einen Artikel fand, in dem das Wort »Sex« vorkam. Natürlich hatte ich keine Ahnung, was dieses Wort bedeutete, aber der Kontext des Artikels deutete darauf hin, dass es relevant war, also schaute ich das, sobald ich nach Hause kam, im *Oxford English Dictionary* meiner Mutter nach. Was ich entdeckte, entgeisterte mich so sehr, dass ich diese Informationen nicht für mich behalten konnte.

Am nächsten *Schabbes* berief ich eine Dringlichkeitssitzung des Privaten Gesprächclubs ein, einer Geheimgesellschaft, die ich mit drei Mädchen aus der Schule gegründet hatte. Zeit in den Häusern anderer Mädchen zu verbringen, war eine der wenigen akzeptierten sozialen Aktivitäten, an denen ich teilnehmen durfte. Diese besonderen Zusammenkünfte fanden auf dem Dachboden meiner Freundin Mindy statt. Wir waren noch nicht einmal oben auf der Stahlleiter angekommen, als die Worte aus mir heraussprudelten.

»Sex ist, wenn ein Mann seinen Penis in die Vagina einer Frau steckt«, platzte ich heraus, als wir hektisch die Leiter hochzogen, um vor meiner Ausgangssperre weiter auf meinen Knaller einzugehen. Mindy war elf, ihre Schwester Feigy dreizehn. Tehila, das dritte Mädchen, war ein Jahr jünger als ich. Sie waren verblüfft.

Für uns war Sex das größte Geheimnis. Jungen erfuhren etwas davon im Talmud, wenn auch nur in abstrakter Form. Weder Jungen noch Mädchen sollten etwas darüber wissen, bis wir verlobt waren. Dann bekamen wir in den Tagen vor der Hochzeit Unterricht, in der Art, wie ihn meine Mutter in ihrer Rolle als Frau eines Rabbiners erteilte, um uns auf unsere Hochzeitsnacht vorzubereiten. Das war die gesamte Sexualerziehung, die wir jemals erhalten würden. Bis es so weit war, verstärkte das Fehlen jeder Information nur das gesteigerte Gefühl, dass es etwas Heißes und Aufregendes war. So ist es natürlich für die meisten Kinder, doch von uns wurde erwartet, dass wir uns wesentlich mehr Mühe gaben, das Tabu nicht zu brechen. Für uns sollte das Schweigen so lange anhalten, bis wir bereits verlobt waren, und selbst dann wurde uns vielleicht immer noch nicht gesagt, dass der Vollzug ein notwendiger Bestandteil der Vereinbarung war.

Feigys Mund stand immer noch offen, als Mindy sprach: »Ich kann mir vorstellen, dass Sheindy das mit ihrem Ehemann macht«, sagte sie und meinte ihre ältere Schwester, »aber Beila nicht.« Beila, eine weitere Schwester, die außergewöhnlich sittsam war, hatte fünf Kinder. Also schlussfolgerten wir schockiert, dass sie mindestens fünf Mal Sex gehabt haben musste.

Am folgenden Montag wartete meine Mutter auf mich, als ich von der Schule nach Hause kam.

»Was hast du getan, Yehudis Gittel?«, fragte sie entnervt. »Ich verstehe, warum du losgezogen bist, um dir diese Informationen zu beschaffen, aber konntest du sie nicht für dich behalten?« Sie führte nicht aus, um welche Informationen es sich handelte.

Mein linkes Ohr begann zu brennen. Ich hatte Mama beschämt.

Am Dienstagmorgen wartete eine Frau namens Mrs Abramowitz darauf, mit meiner Klasse ein Gespräch über Sex zu führen – ein beispielloser und widerwilliger Versuch der Schadensbegrenzung, der notwendig wurde, weil ich meine große Klappe nicht halten konnte. Mrs Abramowitz war keine unserer üblichen Lehrerinnen. Sie trug Parfüm und High Heels, und ihre Perücke war zu einem fetten, glamourösen Bob geföhnt.

Zu diesem Zeitpunkt war unsere Schule in die oberste Etage einer anderen *Schul* gezogen – kein ungewöhnliches Ereignis, wenn man die Formlosigkeit unseres Bildungssystems bedenkt –, doch die Klassen und das Personal blieben gleich. Wir genossen ein wenig weltliche Bildung, wenn es die Zeit erlaubte – etwas Geografie und Englisch, Französisch, ein wenig Naturwissenschaften, solange niemand dem Kreationismus widersprach. Zu diesem Zeitpunkt waren wir schon von den Jungen getrennt, weil wir zu kurz vor der Pubertät standen – und also nach jüdischem Recht Erwachsene waren –, um uns zu mischen.

Mrs Abramowitz war eine Frau aus der Gegend, bei der ich manchmal freitags zum Abendessen zu Besuch war. Zu den seltenen Anlässen, wenn meine Eltern nicht in der Synagoge zum Essen einluden, wurde die Einladung von Freunden und Gemeindemitgliedern erwidert. Ich hatte sie in schwarzen Satinpumps mit flauschigen Bommeln gesehen, war mir also sicher, dass sie alles über Sex wusste. Jetzt, da sie in meinem Klassenzimmer stand, war ich entzückt, dass meine Fragen endlich beantwortet werden würden. Auch die anderen Mädchen schienen davon begeistert zu sein, dass wir die Macht gehabt hatten, den Lauf der Dinge zu ändern, und das bei einem so pikanten Thema. Aber anstatt näher auf das einzugehen, was ich herausgefunden hatte, brachte sie uns nur Folgendes bei: Sex sei heilig und mache eine Ehe zu etwas Besonderem. Ich war bitter enttäuscht – wenn auch ein wenig beeindruckt von meiner Fähigkeit, die Erwachsenen in einen solchen Zustand der Panik zu versetzen.

In den nächsten Jahren, als ich in mich der Pubertät näherte, begann sich das Leben um mich herum zu verändern.

Zu Hause heirateten meine beiden älteren Schwestern und zogen aus, zuerst Miriam, dann Lea. Dass Miriam ging, als ich noch nicht einmal ein Teenager war, machte mich besonders unsicher. Ihr Mann war sieben Jahre älter als sie, trug einen langen schwarzen Bart, der ihm bis zur Taille reichte, und war für mich eine Person, die sich zwischen mich und sie stellte. Er war jetzt für sie der wichtigste Mensch, und ich hatte sie nicht mehr, um mir Halt zu geben. Immer wenn wir zusammen waren, überlegte ich mir banale Fragen, die sie ihm stellen sollte – um mich in ihre Beziehung einzuschmeicheln und als Ausrede, um mit ihr zu reden. Als Lea ein Jahr später ging, wusste ich schon, womit ich zu rechnen hatte – was es mir erleichterte, die sich verändernde Familiendynamik zu verstehen. Miriam war zu diesem Zeitpunkt bereits schwanger, und die Aussicht auf Babys als Ergebnis der Heirat meiner Schwestern sorgte zumindest für etwas Aufregung, da es einige süße Kinder geben würde, um die ich mich kümmern und mit denen ich spielen konnte.

Mit zehn Jahren war ich bereits Tante eines Neffen. Das verschaffte mir einen gewissen Status, näher an die Mutterrolle konnte ich vorerst nicht kommen. Manchmal, wenn meine Eltern verreisten, meistens nach Israel, ließen sie Debora und mich für ein paar Wochen am Stück bei Miriam, ihrem Ehemann und dem Baby in Stamford Hill, im Herzen der orthodoxesten jüdischen Gemeinde Londons. Die dortige Gemeinde praktizierte eine noch strengere Version des Judentums als wir. Miriam und ihr Mann unterhielten sich auf Jiddisch, und ich lernte es. Ich wechselte meinem Neffen die Windeln und ging mit ihm im Kinderwagen spazieren, vorbei an den riesigen Reihenhäusern aus der Zeit Eduards VII., wo Stoßstange an Stoßstange die siebensitzigen Autos der dort wohnenden großen religiösen Familien am Straßenrand standen.

Als ich einmal bei ihr war, entdeckte ich ein Exemplar von *Schwangerschaft und Geburt: Alles, was Sie wissen müssen* und setzte meine autodidaktische Bildung fort, fand das Buch aber klinisch und unbefriedigend. Ich blieb unzufrieden und weiterhin neugierig – etwas, was ein anständiges jüdisches Mädchen bekämpfen sollte. Ich tat es nicht.

Wenn Mädchen zwölf Jahre alt wurden und Jungen dreizehn, begann für sie ein Leben der völligen Geschlechtertrennung, die bis zur Ehe dauern sollte. Mit Ausnahme der Geschwister lebten Männer und Frauen in anderen Welten, schien es. Alles erfolgte für die beiden Geschlechter getrennt: ihre sozialen Kontakte, ihre Partys, ihr Unterricht und sogar ihre Schwimmstunden. Männer arbeiteten, um den Lebensunterhalt zu verdienen, und studierten die Tora, während die Frauen in unserer Gemeinde nicht einmal Auto fahren und die damit verbundene Freiheit genießen durften. Obwohl einige als Teilzeitlehrerinnen arbeiteten, waren die Frauen überwiegend im Haus tätig. Beim *Schabbes*-Essen saßen sie am anderen Ende des Tisches als die Männer und bedienten diese zuerst. Mädchen und Jungen besuchten nicht die Geburtstagsfeiern der jeweils anderen, und selbst bei Hochzeiten aßen und tanzten sie getrennt.

Mit zwölf Jahren feierte ich also meine Bat-Mizwa, meinen Eintritt ins jüdische Frauenalter. Während die Bar-Mizwas meiner Brüder große Feiern mit Gästen aus dem ganzen Land gewesen waren, sagte mir meine Mutter, dass Bat-Mizwa-Partys für weltliche Mädchen waren, die etwas zu beweisen hatten, nicht für Leute wie uns. Die Aufmerksamkeit auf ein Mädchen zu lenken, sobald es »volljährig« war, war unangemessen, und orthodoxe Familien sahen im Erreichen der weiblichen Reife keinen Anlass zum Feiern. Dennoch schlug Mama für mich ein kleines Treffen vor, was mich überraschte und erfreute. Es fühlte sich an, als würde sie ihr Licht auf mich richten, mir zeigen, dass sie mich kannte und wusste, was mir gefallen könnte, zumindest ein wenig. Wir luden sechs Mädchen in unser Esszimmer ein – Klassenkameradinnen und Freundinnen aus der jüdischen Jugendgruppe – und aßen Kartoffelpuffer. Mir wurde ein Gebetbuch überreicht, in dessen brauner Hülle mein Name in Gold graviert war. Mit meinen Freundinnen am Tisch zu sitzen hätte mich mit Stolz erfüllen sollen, aber der Gedanke schreckte mich, wie viel mehr Verantwortung ich in meinem »erwachsenen« Leben würde tragen müssen.

Bald sollte ich erfahren, dass meine Bat-Mizwa vor allem meinen Rückzug aus der Öffentlichkeit markierte, womit die Erwartung einherging, dass ich meine mir zugewiesene Rolle als Frau vor G'tt mit stiller Stärke annehmen würde. Wie meine älteren Schwestern würde ich nicht mehr am Tisch singen, ich würde regelmäßig beten und zu jeder Zeit meine Ellbogen und Knie bedecken. Bisher war alles nur Übung gewesen. Jetzt würde man mich für jeden Verstoß verurteilen.

Meiner Mutter zufolge begann nun die eigentliche religiöse Arbeit. Es war an der Zeit, reifer zu werden – eine kleine Frau, die die nächsten Schritte in Richtung ihres Lebenszwecks unternimmt: Heirat und Babys. Ich musste lernen, meine Begeisterung für die Welt zu zügeln und keine Aufmerksamkeit mehr auf mich zu lenken, obwohl ich nie aufhörte, mich danach zu sehnen.

Mit der Bat-Mizwa durfte ich nun an den religiösen Fastentagen teilnehmen, die ich zuvor nur beobachten konnte. Diese Erfahrung, die ich mit Begeisterung statt Ablehnung aufnahm, würde mich G'tt näherbringen. Außerdem wurde ich in die geheime Frauenwelt meiner Mutter eingeführt, eine Welt, in der sie BHs »Brillen« und Damenbinden »Vorräte« nannte, um die Männer um uns herum vor der bloßen Vorstellung von weiblichen Körpern abzuschirmen. Ich half mehr im Haushalt, um mich auf meine Rolle als Ehefrau und Mutter vorzubereiten. Obwohl ich kein Interesse an Häuslichkeit hatte, sah ich darin eine wertvolle Verbindung zu meiner Mutter. Ich unterstützte sie bei Gemeindeaktivitäten, wurde ihre rechte Hand und fühlte mich geehrt, gelegentlich an ihrer Seite zu sitzen.

Obwohl ich mein Bestes gab, um meinen neuen religiösen Pflichten nachzukommen, fiel es mir immer noch schwer, die Unruhe zu unterdrücken, die in mir brodelte, seit ich das erste Stück *Challa* mit ungewaschenen Händen gegessen hatte. Während meiner Kindheit hatte ich das Gefühl, sowohl mit meiner Mutter als auch mit G'tt Verstecken zu spielen, meine Verfehlungen zu verbergen und mich gleichzeitig danach zu sehnen, erwischt zu werden. Ich setzte meine täglichen Gebete weiterhin nur zum Schein fort und tat so, als hätte ich mir die Hände gewaschen, wann immer ich wusste, dass ich es mir erlauben konnte. Am *Schabbes* saß ich in der Synagoge neben meiner Mutter und verfolgte den G'ttesdienst in meinem Buch des Alten Testaments mit dem rechten Zeigefinger, während ich mit der linken Hand explizite Anspielungen auf Unanständiges und Vulgäres suchte – von denen es reichlich gab.

Durch meine privaten Prüfungen hatte ich gelernt, dass ich meine eigene Beziehung zu G'tt hatte, abseits der Regeln und Erwartungen meiner Eltern. Spätestens als ich zwölf wurde, hatte ich erkannt, dass G'ttes Missbilligung und die Missbilligung meiner Mutter zwei völlig verschiedene Dinge waren, und G'ttes Missbilligung war nicht die, die ich fürchtete.

Mein Glaube an die Existenz G'ttes stand nie infrage. Tatsächlich war es mein Glaube an Ihn, der mich so hart daran arbeiten ließ, die Wahrheit hinter all den Regeln zu finden, die zwischen uns standen. Von der Schule wurde ich nach Hause geschickt, weil ich gegenüber meinen Lehrerinnen

Zweifel an ihrer Interpretation der Bibel äußerte. Meine Eltern seufzten, wenn sie mich mitten am Tag durch die Haustür kommen sahen. Es störte sie weniger, dass ich eine eigene Meinung hatte, als dass ich sie weiterhin laut äußerte.

»Ich gebe dir ein kleines Notizbuch, in das du alles schreiben kannst, was du sagen willst, und danach kannst du mich fragen«, sagte meine Mutter. Ich machte mir nicht die Mühe, diesem Rat zu folgen, weil ich von ihr ebenso wenig Antworten erwartete wie von den Lehrerinnen.

Zu Hause strich ich mit der Hand über die Buchrücken der schweren, in Leder gebundenen religiösen Texte und fragte mich, ob sie die Antworten auf meine theologischen Fragen enthielten. Ich wollte diese verdammten Bücher tatsächlich lesen, was mir als Mädchen verboten war. Außerdem hätte sich niemand die Mühe gemacht, mir Aramäisch beizubringen. Wir hatten jedoch einige Bücher auf Englisch, die meine Mutter für ihren Unterricht verwendete, ich nahm mir also *The River, the Kettle and the Bird: A Torah Guide to Successful Marriage* (dt. »Der Fluss, der Kessel und der Vogel: Ein Tora-Leitfaden für eine erfolgreiche Ehe«) heraus oder eine Broschüre über den wöchentlichen Tora-Abschnitt und suchte dort nach Antworten. Der Inhalt verstärkte nur meine Verwirrung. Alles an unserem Glaubenssystem wurde mir als endgültig verkauft, aber ich hatte bereits selbst herausgefunden, dass es darum ging, was meine Eltern und Lehrerinnen von mir wollten, und nicht darum, was G'tt erwartete. Das war ein weiteres Paradoxon in meinem jungen Leben, das mich frustrierte.

Die anderen Mädchen um mich herum erlebten ähnliche Unsicherheiten in ihren Teenagerjahren, sie stellten G'tt jedoch nicht auf die gleiche Weise infrage. Der Private Gesprächsclub hatte seinen Namen in »Cliquenaktivitäten« geändert, was irgendwie gesitteter klang. Wir erfanden Sprechchöre und einen Tanz, den wir sorgfältig choreografierten, doch die anderen Mädchen scheuten sich, sich zu nah an die Themen heranzuwagen, die unsere Familien als unangemessen ansahen. Ich wurde es leid, ihnen nicht sagen zu können, was ich wirklich dachte, und verlor langsam das Interesse am Umgang mit ihnen. Die Wahrheit war, dass ich mir zwar Freundschaften wünschte, es aber in meinem Freundeskreis keine anderen Menschen gab wie mich. Es fühlte sich an, als wäre ich ein einsames Lamm, das den Rest der Herde infrage stellte.

Meine einzige wirkliche Freundin war Dina. Wir wurden in der Schule in eine Klasse gesteckt, und ich spürte, dass die von ihrer Mutter erlaubten Aktivitäten und Gesprächsthemen entspannter waren als die meiner Mutter. Sie war eine der wenigen Personen, mit denen ich so offen sprechen konnte, wie es mir gefiel. Sie brach für mich Tabus und normalisierte Dinge, für die ich gelernt hatte, mich zu schämen. Als ich bei ihr zu Hause meine Periode hatte, wofür ich mich schämen sollte, machte sie sich darüber lustig, wie ich versuchte, es vor ihr zu verbergen. Sie schlug vor, einen Spaziergang am Bach entlang zu machen, der am Ende ihrer Straße lag, und die Vorstellung, etwas nur zum Vergnügen zu tun, war für mich überwältigend. An den Wochenenden und nach der Schule trafen wir uns bei uns zu Hause, experimentierten in der Küche oder lagen auf unseren Betten und plauderten über unsere kleine Welt. Dina wurde meine beste Freundin, aber ich stellte fest, dass mich die Wärme unserer Freundschaft jede Gelegenheit genießen ließ, mich ihr auch körperlich zu nähern, wie etwa, wenn sie darum bat, mit ihr Händchen zu halten oder ihr zu helfen, ihre Ohrringe aus den Haaren zu lösen, was häufig vorkam.

Bei einer dieser Gelegenheiten, einige Wochen nach meiner Bat-Mizwa, lagen wir im Zimmer meines Bruders auf dem Bett und beschlossen, für den Augenblick zu üben, an dem wir einen Jungen küssen würden – natürlich ohne Zunge. Ich weiß nicht mehr, wer mit dem Vorschlag ankam. Dieser kurze Druck ihrer Lippen auf meinen war elektrisierend. Sie zog sich zurück, ich jedoch ließ mir zu lange Zeit, und meine Augen flitzten voller Begeisterung über ihr Gesicht zu ihrem Mund. Ich hatte keine Ahnung, dass dieser Moment mir einen Blick in die Kristallkugel ermöglicht hatte, der mir vermittelte, wer ich wirklich war. Ich wusste noch nicht, dass es diese Art von Frau überhaupt gab. Ich erwartete, einen Mann zu heiraten, und akzeptierte das als Tatsache, ebenso wie ich wusste, dass der Himmel blau war. Es sollte Jahre dauern, bis ich beginnen konnte, meinen vorbestimmten Weg tatsächlich infrage zu stellen.

Wie bei allen Teenagern ermöglichte mir das Erwachsenwerden, meine Welt zu erweitern. Obwohl in meinem Fall in weitaus geringerem Maß, genoss ich jede neue Gelegenheit, die sich mir bot.

Im Sommer nach meiner Bat-Mizwa durfte ich erstmals an einem Sommercamp teilnehmen, da ich nun volljährig war. Das Sommercamp war legendär – ein Ort im schottischen Montrose, an dem Teenagermädchen aus extrem orthodoxen Gemeinden aus ganz Großbritannien eine ungewohnte Freiheit genießen konnten, da es keine Männer gab. Für die Eltern war es eine koschere Möglichkeit, uns zu beschäftigen. Für die Mädchen war diese begrenzte Freiheit im Camp sozial wichtig und wurde in vollen Zügen genossen. Der einzige Mann im Camp war ein Gastrabbiner, der sich nach den Gebeten am Morgen verabschiedete.

Wir genossen die männerfreie Zone, spielten Mannschaftsspiele und hatten Spaß. An diesem neuen Ort hatte ich das Gefühl, mich auf eine Weise entfalten zu können, wie es mir nie zuvor möglich gewesen war, aber ich wusste immer noch nicht genau, wie ich mich in diese neue Welt einfügen sollte.

In Glasgow war ich die Tochter des Rabbiners. Hier jedoch war ich ein Kleinstadtmädchen aus einer winzigen Gemeinde. Ich war plötzlich unter Mädchen, die aus großen, blühenden jüdischen Gemeinden in Manchester und London kamen und noch nie von meinem Vater oder der Synagoge gehört hatten, auf die ich so stolz war. Ich hatte ein neu entdecktes Bewusstsein für meinen Platz in der Welt und war mir nicht sicher, ob mir das gefiel. Selbst in meiner Emanzipation war ich irgendwie immer noch eine Außenseiterin.

Meine einzige Rettung war Penina, ein Mädchen, das am ersten Tag zu mir kam, weil unsere Brüder befreundet waren. Sie lud mich in ihren Schlafsaal ein, wo sie stapelweise Essensvorräte und ein Mobiltelefon hatte, mit dem sie Radiosender anrief und sie bat, Lieder für einen Jungen in London zu spielen. Das hat mich absolut umgehauen – eine ganz neue Dimension von ungezogenen Dingen, die ich tun konnte und die mich maßlos schockierten und begeisterten.

Als ich nach Glasgow zurückgekehrt war, rief ich Penina vom Festnetzanschluss meiner Eltern auf ihrem Handy an und hoffte, dass diese ihre überhöhte Telefonrechnung nicht bemerken würden. Ich stöberte den alten Pager meines Vaters in einer Schublade auf und befestigte ihn an meinem Rockbund, wobei ich nur Penina die Nummer gab, damit sie mich jederzeit erreichen konnte. Meine Welt war wieder ein wenig größer geworden, und Penina sollte eine meiner engsten Vertrauten werden.

Die ersten Jahre meiner Jugend hatten sowohl Gutes als auch Schlechtes mit sich gebracht. Obwohl ich diese Nähe zum Erwachsensein und zur Welt meiner Eltern liebte, stieß ich, je mehr ich lernte, immer mehr an die Grenzen meiner Existenz. Jeder Hauch der großen weiten Welt steigerte mein

Gefühl, eingesperrt zu sein. Selbst in den entlegensten Winkeln meiner Gemeinde hatte ich nicht das Gefühl, wirklich dazuzugehören. Ich ahnte nicht, dass ich wenige Jahre später an einem Ort sein würde, an dem ich mich fremder fühlen würde als je zuvor.

Drei

Milzbrand

שׁוּחָה עֲמֻקָּה פִּי זָרוֹת זְעוּם יְהוָה יִפּוֹל־שָׁם׃

Der Mund fremder Frauen ist eine tiefe Grube;
wen der Herr verdammt, der fällt hinein.
SPRÜCHE 22,14

Am Tag vor meinem vierzehnten Geburtstag landeten wir auf dem Ben-Gurion-Flughafen von Tel Aviv, und die hübsche blonde Grenzpolizistin mit gebräunter Haut schaute von ihrem Pult auf mich herunter, um mir zu gratulieren.

»*Masel tov,* Yehudit«, sagte sie mit einem rollenden Akzent und betonten Silben, die meinem Namen einen neuen, härteren Klang gaben.

Es war August 2001, und Mama und Papa hatten Debora und mich mitgenommen, damit wir in Israel ein neues Leben begannen. Zu diesem Zeitpunkt waren meine älteren Geschwister alle verheiratet oder studierten weit weg von zu Hause, sodass sie sich bereits etwas weniger in die Familie eingebunden fühlten. Jetzt waren wir nur noch zu viert. Tel Aviv, wo wir gelandet waren, war säkular, aber unser neues Leben sollte in einer Gemeinde stattfinden, die orthodoxer war als jede in Großbritannien. Die Auswanderung ins Heilige Land wird *Alija* genannt, was übersetzt »nach oben« bedeutet, und wir waren vom unheiligen, aber grünen Glasgow in die erhabenen, braunen Judäischen Berge gezogen, wo die

Sonne des Nahen Ostens brannte und ich, die Tochter des Rabbi, plötzlich das am wenigsten religiöse Mädchen weit und breit war. Ich hoffte auf meine Chance, meinen Status als Auswärtige abzulegen und mich auf eine Weise in eine größere jüdische Gemeinschaft zu integrieren, wie es mir im Sommercamp nicht gelungen war.

Unsere erste Aufgabe im neuen Land war, unsere Gasmasken abzuholen, eine notwendige Alltäglichkeit für Zivilisten eines an Krieg gewöhnten Landes. Als wir in der Schlange standen, nahm meine Mutter von mir Abstand. »Dein Schlüsselbein ist zu sehen. Ich schäme mich, neben dir zu stehen«, wies sie mich zurecht und rückte weinend von mir ab. Ich war verwirrt. Ich trug ein unauffälliges langärmeliges Oberteil, das noch vor vierundzwanzig Stunden als vollkommen akzeptabel gegolten hatte. Wir befanden uns jetzt in Israel, dem Heiligen Land. Es stand viel auf dem Spiel, die Regeln waren strenger – zumindest in dieser Gemeinde –, aber niemand hatte uns erklärt, wie das genau auszusehen hatte.

Die endlosen und verblüffend genauen Regeln irritierten mich fast augenblicklich. Ich durfte keine Kapuzenpullover oder Oberteile mit Slogans oder Markenzeichen tragen. Meine Kleidung musste aus dickerem, gewebtem Stoff bestehen, damit weder eine Rundung noch eine Brustwarze zu erkennen war. Wo cremefarbene Wollstrumpfhosen von Tesco in Glasgow ein Zeichen für Sittsamkeit waren, galten in unserer neuen Nachbarschaft in Bet Schemesch, einer überfüllten Stadt, die sich die Hänge westlich von Jerusalem hinunterzog, nur dicke, hautfarbene Strumpfhosen oder blickdichte, knielange Strümpfe, die hoch über der Saumlinie getragen wurden, als konservativ genug. Unter der Woche trug ich mein Haar in einem langen, keuschen Zopf, der den Rücken hinabhing, aber am *Schabbes* durfte ich es nicht flechten, weil das als »Arbeit« galt.

Meine Eltern dachten, uns Kindern mit der *Alija* einen großartigen Gefallen zu tun. Mein Vater hielt jeden Schritt im Heiligen Land für eine Leistung für die »zukünftige Welt«. Aber dieses Versprechen war mit keiner Anerkennung dafür verbunden, wie schwer es sein würde, zum ersten Mal an einem neuen Ort oder in einer richtigen Schule zu sein. Wir würden Hebräisch sprechen, eine Sprache, die ich mein Leben lang geschrieben und gelesen hatte, von der ich aber keine Alltagskenntnis hatte. Zu allem Überfluss beherrschte auch meine Mutter kein Hebräisch, sie konnte mir also nicht helfen. Ich war mit der englischen Sprache aufgewachsen und verstand von meinen Aufenthalten bei Miriam ein wenig Jiddisch, das in meiner neuen Nachbarschaft zumindest teilweise gebräuchlich war, aber ohne Hebräisch fiel es mir schwer, mich zu verständigen, geschweige denn, mich eingehend zu unterhalten. Abseits des Trubels in meinem Elternhaus, wo Besucher aus und ein gingen, fühlte ich mich bald einsam.

Meine Eltern entschieden sich für israelische Schulen für uns anstelle der internationalen Schule für Ausländer, sodass ich in eine Highschool-Klasse mit dreißig Mädchen kam, mit denen ich mich nicht wirklich unterhalten konnte. Ich wusste nicht, wie ich mit diesen Mädchen umgehen sollte, die in den Pausen Seil sprangen und noch stärker in ihrer Kindheit verhaftet schienen als ich. Ich hingegen betrachtete mich im stolzen Alter von vierzehn Jahren als erwachsen, und ihre Unschuld langweilte mich. Stattdessen verbrachte ich den Großteil meiner Freizeit allein, saß an meinem Schreibtisch, kritzelte oder beobachtete die Leute, war fasziniert von ihren Cliquen, gehörte aber nicht dazu. Nach so langer Zeit an der winzigen *Schul* war ich überwältigt von dem riesigen Campus, auf dem ich mich nicht zurechtfand, und ich hatte noch nie einen Stundenplan gehabt und mir bisher auch keine unterschiedlichen Bücher für verschiedene Fächer merken müssen. Ich hatte das Gefühl, immer zur falschen Zeit am falschen Ort zu sein und die falsche Ausrüstung zu haben. Meine Unfähigkeit, mich anzupassen, enttäuschte mich. Ich war endlich in dieser größeren Welt, aber ich konnte mich nicht zurechtfinden, und niemand zeigte mir, wie es ging.

Der Lehrplan war staatlich, es gab also sowohl weltlichen als auch religiösen Unterricht. In meiner *Schul* hatte der Schwerpunkt auf den religiösen Fragen gelegen, sodass meine neuen Klassenkameradinnen in Fächern wie Mathematik und Biologie viel weiter waren als ich und ich mich komplett aus dem Unterricht verabschiedete, da ich ihm nicht folgen konnte. Die einzige Unterrichtsstunde, die mir Spaß machte, war Englisch für Englischsprachige, die ich einmal pro Woche besuchte. Es war die einzige Gelegenheit in der Schule, bei der ich mitmachen konnte. Außerhalb der Schule wurde ich einmal pro Woche zu einer Nachhilfelehrerin geschickt, einer jungen, frisch verheirateten Frau, die Englisch mit amerikanischem Akzent sprach und deren Aufgabe es war, mich bei meinen Schularbeiten auf den aktuellen Stand zu bringen. Natürlich schaffte ich es ohne Anleitung nie, die richtigen Bücher aus der Schule mitzubringen, sodass wir stattdessen in dem rudimentären Hebräisch, das ich aufbringen konnte und das hauptsächlich aus Slang bestand, ein Plauderstündchen abhielten. Obwohl wir nichts für die Schule lernten, war es schön, jemanden zum Reden zu haben. Es war das einzige Mal in meinem neuen Leben in Israel, dass ich das Gefühl hatte, über so etwas wie Freundschaft zu verfügen. Selbst zu Hause fühlte ich mich isoliert, und die Spannungen in der Familie nahmen von Tag zu Tag zu.

Seit wir in Israel angekommen waren, waren wir alle zerstritten. Mein Vater war high von der berauschenden Mischung aus religiösem Spiritualismus und heißem Wetter, aber er hatte keine Ahnung, wie die Dinge in diesem Land funktionierten, sodass er häufig die Rechnungen nicht bezahlte und einmal sogar eine Woche lang unser Telefon abgeschaltet wurde. Meine Mutter hingegen hatte Glasgow eigentlich nie wirklich verlassen wollen. Ohne Leute, die sie treffen, oder eine Gemeinde, um die sie sich kümmern konnte, ging sie tagelang nicht aus dem Haus. Mein ältester Bruder, Dov Ber, lebte mit seiner Frau und seinem Baby in Jerusalem, und wir besuchten sie oft am *Schabbes*, doch meine Mutter hatte bei diesen Zusammenkünften offenbar mit ihrem Status zu kämpfen. Sie war von einer Führungsperson in der Gemeinde, die große Mahlzeiten ausrichtete und sich den Respekt und die stille Bewunderung der anderen Frauen verdient hatte, zu einer Ausländerin geworden, die weder die Sprache beherrschte noch etwas hatte, wofür es sich morgens aufzustehen lohnte, außer Debora und mir. Doch wir reichten ihr nicht mehr; Mama war nicht in der Lage, sich sowohl um meine Bedürfnisse als auch um ihre eigenen zu kümmern. Bei ihrem Bestreben, dieses neue Leben zu meistern, hatte ich andauernd das Gefühl, von ihr zurückgelassen zu werden.

Meine Eltern stritten sich ständig darüber, dass sie hier waren, und während meine Mutter durch ihre neue Stellung in der Welt abgelenkt und unsicher war, musste ich die Wäsche aufhängen und Hüttenkäse-Sandwiches bereiten, um meine Schwester und mich zu ernähren. Zusätzlich zu meiner eigenen Unsicherheit über meinen Platz in der Welt hatte ich das Gefühl, dass sich auch unsere finanzielle Lage verschob. Zum ersten Mal gingen wir in Restaurants Pizza essen, und ich bekam neue Kleider, die meine Geschwister nicht an mich abgetreten hatten, doch in der Woche darauf fiel bei uns zu Hause der Strom aus. Es schien kein Muster dafür zu geben, was wir uns leisten konnten und was nicht, was ein Gefühl von Chaos erzeugte. Diese Unsicherheit steigerte sich immer mehr, und wie immer erklärte mir niemand etwas, sodass ich ständig von Angst geplagt war. Die Anspannung lebte in unserem Zuhause wie ein ungebetener Gast, der sich immer mehr ausbreitete. Nichts lief gut und nichts fühlte sich stabil an. In der Schule langweilte ich mich und erzwang meine eigene Isolation, um meine Identität zu bewahren. Ich beschloss, meine Unfähigkeit, mich zu integrieren, anzunehmen – und, was noch schlimmer war, die Ablehnung von Menschen zu akzeptieren, die nicht mit mir befreundet sein wollten. Mich nur um mich selbst zu kümmern, gab mir ein Gefühl der Kontrolle. In der Zwischenzeit machte Debora in der Schule Fortschritte, lernte die Sprache, nahm am Unterricht teil und fand Freundinnen, was mich besonders ärgerte. Anstatt neidisch auf sie zu sein, wurde ich abfällig. Es war nicht ihre Schuld, aber sie hatte mich im Stich gelassen, indem sie sich so leicht in dieses neue Leben gestürzt hatte.

In Bet Schemesch herrschten im Sommer regelmäßig Temperaturen von über dreißig Grad Celsius. An einem glühend heißen Spätnachmittag im September saß ich in unserem Klassenzimmer, das sich in einem Wohngebäude befand, und schrieb für die Mädchen um mich herum eine Art Fortsetzungsroman über mein bisheriges Leben. Wäre ich nicht so unnahbar gewesen, hätte dies eine Chance sein können, Freundschaften zu schließen. So aber war es nur eine Möglichkeit, mir die Zeit zu vertreiben. Die zwei oder drei von ihnen, die ein wenig Englisch sprachen, reichten die Zettel herum, die ich vollgekritzelt hatte; in einem Raum, der im Wesentlichen ein Wohnzimmer war, flitzten dreißig Mädchen in langen, marineblauen Faltenröcken, dicht gewebten Baumwollhemden und hautfarbenen Strumpfhosen um die Tische herum. Unsere Lehrerin, Mrs Feldman, war einen Meter fünfundsiebzig groß, hatte breite Schultern, breite Hüften und eine steife braune Perücke. Sie hatte, glaube ich, dreizehn

Kinder, darunter eines, das damals erst sechs Wochen alt war, und sie trug ein gerades, dunkelgrünes Kostüm, das bis zum Kragen zugeknöpft war und immer nach Schweiß roch. Sie sprach mit mir Jiddisch, und bis zu dem Zeitpunkt hatte ich bei ihr eine Mütterlichkeit gespürt, die mich tröstete.

Meine nicht ausreichend sittsame Familie und meine Unfähigkeit, Hebräisch zu verstehen – es war nun zu meiner hartnäckigen Überzeugung geworden, dass ich es nie schaffen würde –, machten mich bei den Lehrerinnen bereits unbeliebt, und das war an diesem Tag nicht gerade hilfreich. Als Mrs Feldman meine Zettel sah, die die Runde machten, forderte sie jedes Mädchen einzeln auf, sich zu setzen, ging nach vorne zum Pult und lehnte ihren üppigen Hintern an die Kante. Sie sprach Hebräisch, langsam und deutlich genug, damit ich es verstehen konnte.

»Hier ist ein Mädchen, das auf den Rest der Klasse wie Milzbrand wirkt«, sagte sie, bevor sie eine Rede über schlechte Einflüsse hielt und davor warnte, mit wem man nach der Schule Zeit verbrachte. Sie erwähnte meinen Namen nicht, aber das war auch nicht nötig. Alle drehten sich um und musterten mich abschätzig. Ich war verwirrt und fühlte mich verraten, von den Klassenkameradinnen, die mich dazu ermutigt hatten, meine Geschichte aufzuschreiben, und von der Lehrerin, der ich als einem meiner wenigen Sicherheitsnetze vertraut hatte. Sie brachte mich in Verlegenheit, und das tat weh. Ich wünschte, die Erde würde mich verschlucken. In diesem Moment wurde mir klar, dass ich hier keine Chance hatte.

Während unserer ersten Winterferien reisten wir zur Hochzeit meines Bruders Schmuel heim nach Großbritannien. Als ich danach wieder in die Schule zurückkehrte, überreichte mir die Sekretärin – ein siebzehnjähriges verheiratetes Mädchen, das eine Perücke und einen steifen, ovalen

Pillbox-Hut trug – zwei an meine Eltern adressierte braune Umschläge. In einem wurde uns zur Hochzeit meines Bruders gratuliert, im anderen wurden wir zu einem Treffen mit dem Schulleiter einbestellt. Es schien, als wären wir durch eine weitere ungeschriebene Regel in einer ohnehin schwer durchschaubaren Gesellschaft, mit der meine Eltern noch nicht zurechtkamen, in eine Falle getappt. Den Schülerinnen war es nicht erlaubt, sich den Unreinheiten der Außenwelt auszusetzen, indem sie das Heilige Land ohne Erlaubnis der Schule verließen. Das Leben in unserer Gemeinde stand immer auf Messers Schneide und drohte bei der kleinsten Zuwiderhandlung zu kippen. Willkürliche Regeln wie diese waren eine Möglichkeit, den Anstand innerhalb der Gemeinde zu wahren und die Bevölkerung zu kontrollieren. Der Schulleiter bat mich, die Schule zu verlassen, weil ich ohne die Erlaubnis der Schule Israel verlassen hatte; er hätte mich genauso gut aufgefordert zu gehen, wenn mein Vater aufgehört hätte, den korrekten, breitkrempigen Borsalino-Hut zu tragen.

Das war ein harter Realitätscheck für meine Eltern. Es war ihnen auch zutiefst peinlich. Obwohl keine dieser Entscheidungen meine eigene war, galt ich nun in Israel bei meinen Eltern und somit auch bei der ganzen Gemeinde (oder vielleicht war es auch umgekehrt) als Problemkind.

Meine verzweifelten Eltern suchten eifrig nach einer Lösung für dieses Chaos und brachten mich zu einem angesehenen englischsprachigen Rabbiner. Er war von kleiner Statur, aber berühmt für seine hundertzwanzig Gebetsleibchen mit *Zizit*, die er eines über dem anderen trug und die ihm das Aussehen eines prall ausgestopften Plüschtiers verliehen. Ich war noch nie einem so heiligen Mann gegenübergestanden und voller Ehrfurcht. Meine Eltern stellten mich ihm als ihre Tochter vor, ein kleines Biest, dessen Ausschnitt manchmal etwas tief war, was mir alles sagte, was ich über ihre Motivation, mich dorthin mitzunehmen, wissen musste. Seine Antwort? »G'tt wacht über die Narren.«

Bis dahin war ich mir sicher gewesen, dass Frömmigkeit und Güte Hand in Hand gingen, und ich war mir sicher, dass G'tt nicht so über mich dachte. G'tt kannte mich, und ich war keine Närrin. Aber die Worte des Rabbiners machten meine Vorstellung von Heiligkeit zunichte – seine Ablehnung war grausam, und sicherlich war er G'tt nicht näher als ich –, und ich hatte nichts, was ich an deren Stelle hätte setzen können. Vielleicht beruhte meine Beziehung zu G'tt doch nicht so sehr auf Gegenseitigkeit, wie ich gedacht hatte. Vielleicht war ich doch nur eine Närrin. Sollten meine Eltern den Raum klüger verlassen haben, so traf das auf mich nicht zu. Ich fühlte mich nur noch isolierter.

Um alles nur noch schlimmer zu machen, sollte meine neue Bildungseinrichtung eine Schule für Mädchen sein, die aus anderen Schulen hinausgeworfen worden waren. Sie lag in den besetzten Gebieten Ostjerusalems, was mit einer zweistündigen Busfahrt verbunden war. Es war der Höhepunkt der Zweiten Intifada, und ich musste an einem Terminal in der Siedlung French Hill umsteigen, die für ihre Aufstände und Kämpfe bekannt war. Diese langen Fahrten waren von der Angst vor der sehr realen Gefahr von Entführungen geprägt. Jeden Morgen weinte meine Mutter: »Ich weiß nicht, ob du lebend zurückkommen wirst.« Ihre immer stärker werdende Depression in Verbindung mit dieser Angst und der sich daraus ergebenden Hysterie lastete schwer auf mir. Ich trug ihre Gefühle mit mir herum, und niemand kümmerte sich um meine.

Die neue Schule befand sich in einem eigens dafür errichteten Gemeindezentrum und war viel kleiner als meine vorige. Es gab viele Aufenthaltsbereiche im Freien, sodass wir oft außerhalb des Klassenzimmers Unterricht hatten. Es war unverkennbar ein Ort für Schülerinnen, die ihrer vorherigen Schule verwiesen worden waren, und wir wurden oft daran erinnert, nicht zuletzt durch die Nähe einer hochwertigen Mädchenschule, deren Schülerinnen sich an der Bushaltestelle von uns wegdrehten. Das Problem beim Besuch einer Schule für Schülerinnen, die von ihrer alten Schule geflogen waren, ist, dass man dazu neigt, ihrem Ruf gerecht zu werden. Viele der Mädchen in meiner zehnköpfigen Klasse, mich eingeschlossen, hatten während unserer Zeit dort Schwierigkeiten, dieses Etikett abzuschütteln. Dennoch waren die Lehrerinnen freundlich und bemühten sich, die Kinder, die an ihren vorherigen Schulen nicht die nötigen Noten geschafft hatten, voranzubringen. Wir trugen weiße Rippkniestrümpfe, für mich eine ganz neue Kategorie der Schamlosigkeit. Ich war bereits als ungezogen abgestempelt worden, obwohl ich nichts Ungebührliches getan hatte, und meine neu gewonnene Autonomie auf dem langen Schulweg gab mir die Möglichkeit, diese Rolle anzunehmen. Ich beschloss also, genau das zu tun. Nach drei Tagen kaufte ich mir zwei Paar Strümpfe, eins mit roten und orangefarbenen und eins mit blauen Streifen. Während ich auf den nächsten Bus wartete, tauschte ich meine Schulstrümpfe gegen diese neuen, flippigen aus. Das löste eine Art Trend aus, auf den ich stolz war. Es festigte meinen sozialen Status in der Schule, wo ich sonst als eine Art Nerd galt, der Englisch mit einem »richtigen« britischen Akzent sprach, im Gegensatz zum amerikanischen Näseln der anderen. Mit meinen trendigen Strümpfen und den raubkopierten Kassetten von Avril Lavigne, die ich auf dem Markt am Busbahnhof kaufte, wollte jede meine Freundin sein. Ich hatte ein neues, interessiertes Publikum und zum ersten Mal das Gefühl, vielleicht doch dazuzugehören. Zu allem Überfluss war ich unbewusst total in eines der beiden einzigen

Mädchen verknallt, die nicht wie ein Groupie auf mich abfuhren.

Meine Zeit dort, weit weg von der Intensität unserer neuen Gemeinschaft in Bet Schemesch, weitete meinen Blick. Diese Mädchen trugen unanständig kurze Ärmel, figurbetonte lange Jeansröcke und unkonventionelle klobige Skechers-Sneakers. Ich besaß keines dieser Kleidungsstücke, aber ich gab mein Babysittergeld – das ich für die Betreuung der Kinder unserer Nachbarinnen und Nachbarn erhielt – dafür aus, mir heimlich eine eigene Garderobe zuzulegen. Ich kopierte nicht, was sie trugen, sondern genoss den neu entdeckten Nervenkitzel, im Einkaufszentrum unzüchtige Dinge zu kaufen, die mir gefielen und meinem eigenen Geschmack entsprachen. Dies führte zu ständigen Auseinandersetzungen mit meiner Mutter. Jedes Mal, wenn sie zu Hause etwas Neues fand oder mich in einem unangemessenen Outfit das Haus verlassen sah, schrie sie mich an. Früher hätte ich mich vor ihrer Missbilligung gefürchtet, aber ich liebte diese Kleidung, und es gefiel mir, wie ich mich darin fühlte. Die Sachen gaben mir Kraft und Selbstbestätigung.

Meine wachsende Unabhängigkeit führte zu einem Bruch mit meiner Mutter. Unsere Rollen hatten sich verschoben, und ich setzte sie häufig herab. »Mama hat die Wäsche nicht gewaschen«, sagte ich zu Papa und ließ damit meinen Groll gegen sie heraus. Gleichzeitig rieb sich die wachsende Verbitterung meiner Mutter über ihr Leben in Israel mit dem ständigen Optimismus meines Vaters. Ich nutzte ihre Frustration aus, um ihre Aufmerksamkeit zu erregen. Selbst ihre Missbilligung hätte ich als Fürsorge empfunden.

»Die Milch hier schmeckt komisch«, sagte ich.

»Aber sind die Joghurts nicht lecker?«, konterte mein Vater.

»Sie sind schrecklich«, erwiderte meine Mutter. »Voller Zucker.«

Alles zerrte an unseren Nerven. Und es gab nichts, was einer von uns tun konnte, um die Situation zu entspannen. Mir ging es so schlecht, dass ich kaum etwas aß. Ich schaffte höchstens eine Mahlzeit am Tag. Mama bemerkte das und fing wieder an, uns Sandwiches zu bereiten, aber es fühlte sich an, als wäre es zu wenig und zu spät; es gelang mir nicht, meine Wut an ihr auszulassen, stattdessen warf ich die Sandwiches regelmäßig in den Mülleimer. Je mehr ich mich selbst ausdrückte, desto feindseliger und defensiver wurde Mama. Sie wurde auch strenger. Sie wollte immer wissen, was ich tat und was ich las. Nach einem Leben, in dem es mir gelungen war, unterhalb des Radars zu fliegen, hatte ich das Gefühl, dass sie mich zurechtstutzte.

Immer mehr Zeit verbrachte ich im Keller unseres Wohnhauses, wo meine Eltern eine Kiste mit Zeitschriften über jüdisches Denken aufbewahrten. Ich blätterte sie durch, auf der verzweifelten Suche nach Auswegen aus der unmöglichen Situation, in der ich mich befand. Als sie mich einmal dabei erwischte, rief sie: »Was machst du da unten? Versuchst du, vom *Derech* abzukommen?« Sie meinte das, was man in jüdischen Kreisen »OTD« – »off the *derech*« – nannte, die Abkehr vom religiösen Leben. Damit reizte sie mich.

Komischerweise hatte ich im Keller ein Heft gefunden, das rabbinischen Rat für Eltern anbot, deren Kinder genau davon bedroht waren. Diese Lektüre fesselte mich, und ich ging öfter hinunter, um mich damit auseinanderzusetzen, obwohl ich wusste, dass ich meine Religion nie aufgeben wollte.

Zum ersten Mal jedoch hatte ich das Gefühl, dass mir die Gewissheit für G'ttes Existenz entglitt. In der Schule wurde es besser, Freundinnen und Lehrerinnen sorgten weiterhin für eine herzliche Atmosphäre, in der der Glaube etwas leichter infrage gestellt werden konnte. Das stand jedoch im Widerspruch zu meinem Zuhause, wo meine Neugier weiterhin mit Schweigen quittiert wurde. Ich war müde und verwirrt von all dem Hadern. Je mehr Dilemmata oder Herabsetzungen ich erlebte, obwohl ich nichts falsch gemacht hatte, desto mehr häuften sich die unbeantworteten Fragen. Ich begann mich zu fragen: Wenn mich keine Antwort zufriedenstellt, ist vielleicht etwas an meinem Glauben nicht in Ordnung? Aber nicht zu glauben, konnte ich mir nicht leisten. Ich wollte nie aufhören. G'tt war der Einzige, der mich liebte, und ich wollte Ihn nicht verlieren.

Ich bewegte mich außerhalb der vorgegebenen Bahnen, aber meine Mutter konnte nicht begreifen, dass es bei keiner meiner geringfügigen Rebellionen um meine Grundüberzeugungen ging. Ich wollte einfach nur Autonomie und Aufmerksamkeit – von irgendjemandem. Ich wollte die Möglichkeit haben, meinen eigenen Weg zu gehen. Die ständigen Sticheleien meiner Mutter verletzten mich so sehr, dass wir kaum mehr miteinander sprachen. Eines Nachts, nachdem sie zu Bett gegangen war, beschloss ich, mit meinem Vater zu sprechen. Ich setzte mich in den Schaukelstuhl meiner Mutter und versuchte zu erklären, dass es bei den Grenzen, an die ich stieß, nicht um G'tt ging, sondern um die Systeme – und die Rabbiner –, die ich nicht ausstehen konnte.

»Es ist nicht so, dass ich nicht glaube. Es ist nur so, dass ich Männer mit Bärten und schwarzen Mänteln nicht respektiere«, erinnere ich mich, gesagt zu haben. Für mich verdiente ihre Kleidung nicht automatisch Respekt und waren ihre Regeln nicht stichhaltig. Ich hatte sie ausreichend getestet, um das zu wissen. Das muss meinen Vater beleidigt haben, denn in seiner Wahrnehmung griff ich genau das an, was er war. Er seufzte oder weinte vielleicht. Ich schaute weg, weil ich nicht sehen wollte, dass ich ihn verletzt hatte, weil ich mich meinem eigenen Verhalten nicht stellen wollte.

Ich hatte mich mutig gefühlt, als ich im Wohnzimmer für

meine Meinung eintrat, aber in meinem Schlafzimmer fiel die Tapferkeit von mir ab, und ich fühlte mich ganz schrecklich allein. Ich schämte mich, dass ich ihn in Verlegenheit gebracht hatte, und es schien mir, als wäre ich mir dadurch selbst untreu geworden. Es war Mama, die Sticheleien austeilte, nicht ich.

Ich war orientierungslos. Wie sollte ich mich in dieser Welt ohne Orientierungshilfe zurechtfinden? Ich begann mich zu fragen, ob die nächste Welt einfacher sein würde.

Am nächsten Tag stritt ich mit meiner Mutter wegen eines Bowlingausflugs der Schule am Abend, für den sie mir kein Geld geben wollte.

»Ich traue dir nicht«, schrie sie. »Ich glaube dir nicht, dass du dorthin gehen willst.«

Da ich nicht auf die Aussicht auf einen der seltenen angenehmen Abende verzichten wollte, verließ ich das Haus und nahm stattdessen mein Babysittergeld mit.

Als ich bei der Bowlingbahn ankam und sie vom Telefon einer Freundin aus anrief, um ihr zu sagen, dass alles okay sei, konnte sie im Hintergrund Stimmen hören.

»Was machst du? Bist du mit Jungs zusammen?«, horchte sie mich aus.

Es waren keine Jungen da. Trotzdem fühlte ich mich schuldig. Ich wusste, dass sie sich Sorgen machte und im Laufe des Abends immer hysterischer werden würde. Ich verabschiedete mich von meinen Freundinnen und nahm den nächsten Bus nach Hause. Ich stellte mir vor, dass sie erleichtert sein würde, mich zu sehen, und mir vielleicht sogar zur Abwechslung etwas Warmherziges sagen würde. Aber als der Bus in meine Straße einbog und ich unsere Haustür öffnete, war Mama nicht da. Die Wohnung war leer und dunkel. Niemand war da, um mich zu trösten oder mir zu sagen, dass alles gut werden würde. Niemand lief im Flur auf und ab und wartete gespannt auf meine Rückkehr. Gern hätte ich in dem Augenblick eine Zurechtweisung angenommen, wenn es bedeutet hätte, dass sich jemand um mein Wohlergehen sorgte. Ich hatte mir nicht vorstellen können, mich noch einsamer, ausgelaugter und unverstandener zu fühlen, aber so war es. Dieser Kreislauf des Wettstreits um unerwiderte Liebe und Aufmerksamkeit war unbarmherzig geworden. Ich wollte einen Ausweg finden.

Ich holte mir aus dem Kühlschrank eine halb ausgetrunkene Flasche schaler Zitronen-Fanta und nahm eine Packung Ibuprofen aus der Küchenschublade. Ich machte mir nicht die Mühe, das Licht einzuschalten. Nie hatte ich darüber nachgedacht, wie ich es durchziehen würde, aber jetzt fühlte es sich überraschend nüchtern an. Das war die offensichtliche Antwort. Ich setzte mich an den quadratischen Laminattisch und begann, mechanisch die Tabletten aus ihrer Blisterpackung zu drücken. Ich fühlte mich völlig taub. Ich nahm einen Schluck aus der Flasche, warf eine Handvoll Schmerztabletten in den Mund und spülte sie hinunter. Dann noch eine Handvoll. Und noch eine. Ich muss fünfundvierzig Tabletten geschluckt haben. Ich hatte keine Ahnung, dass Ibuprofen mich nicht umbringen würde; es war einfach das Erste, was ich finden konnte. Es war, als wäre ich auf Autopilot.

Während ich darauf wartete, dass die Pillen ihre Wirkung entfalteten, rief ich einen Rabbiner an, den ich manchmal um Rat fragte, und sagte ihm: »Danke, aber das wird jetzt mit mir geschehen.« Ich wollte mich verabschieden, aber als verantwortungsbewusster Erwachsener rief er natürlich die Polizei.

Ich saß zusammengekauert da und zitterte, weil ich mich auf dem Weg in den Tod wähnte, als ich durch die Fenster unserer dunklen Küche im dritten Stock die blauen und roten Blinklichter von Einsatzfahrzeugen sah. Innerhalb weniger

Augenblicke wurde an die Wohnungstür getrommelt, und eine mir unbekannte Stimme brüllte meinen Namen. Ich antwortete nicht.

In Israel sind die Türen bombensicher, sodass sie keine andere Wahl hatten, als den Betonrahmen zu durchbohren. Die ganze Wohnung bebte, bis eine Gestalt in Polizeiuniform, einem blauen Hemd mit marineblauem Revers, in dem Loch erschien, das die Tür hinterlassen hatte. Ich griff nach einem Taschenmesser.

»Kommen Sie nicht näher, oder ich schneide mir die Pulsadern auf«, heulte ich.

Der Polizist schaute auf die leeren Blisterpackungen.

»Hör zu«, sagte er. »Das wird dich nicht umbringen, aber du musst ins Krankenhaus, sonst bekommst du schreckliche Bauchschmerzen.«

Ich konnte hören, wie meine Worte in meinem Kopf widerhallten. Ich fühlte mich ausgeliefert und wütend. Mein Plan hatte nicht geklappt, und jetzt war ich gedemütigt. Ich löste mich auf, körperlich und emotional.

Als er mich nach unten brachte, in die Nacht, sah ich, dass meine Eltern auf dem Bürgersteig warteten. Wie lange waren sie schon dort? Ich fragte mich, warum sie sich nicht die Mühe gegeben hatten, einzugreifen. Warum sagten sie nichts zu mir? Selbst als mein Leben auf dem Spiel stand, konnte ich sie nicht dazu bringen, dass es ihnen etwas ausmachte. Der Polizist setzte mich hinten in einen Krankenwagen, und sie folgten uns in ihrem Auto zum Hadassah Medical Center. Ich wurde in die Notaufnahme gebracht, und eine Krankenschwester gab mir einen Einwegbecher mit einer Kohleflüssigkeit. Sie ließ mich die ganze Flüssigkeit trinken, ehe sie mich fragte, wann ich zuletzt gegessen hatte. Ich hatte seit dem Vortag nichts mehr gegessen. Sie behielten mich über Nacht dort.

Am nächsten Morgen saßen meine Eltern und ich mit einer Sozialarbeiterin an einem Tisch in einem Nebenzimmer des Krankenhauses. Meine Mutter weinte. Ich schämte mich für ihre Unbeholfenheit. Die Sozialarbeiterin war weltlich und schien sich bei jeder Frage, die sie uns stellte, nicht sicher zu sein, auf wessen Zehen sie trat, welche Regeln sie verletzte. Sie fragte mich danach, was mich zu dem Selbstmordversuch veranlasst habe und ob es zu Hause Probleme gebe. Ich blickte mich an dem Tisch voller Erwachsener um, die mir keinen Schutz bieten konnten, und begriff, dass ich Hilfe brauchte. Meine Eltern konnten oder wollten sie mir nicht geben; ich hörte, wie sie der Sozialarbeiterin sagten, dass sie sich auf keinen Fall um mich kümmern konnten. Ich war schockiert, wie bereitwillig sie mich im Stich ließen. Selbst nachdem ich vierzehn Jahre lang um ihre Liebe und Aufmerksamkeit gebuhlt hatte und nicht bekam, was ich brauchte, konnte ich immer noch nicht glauben, dass sie mich so einfach ziehen lassen würden. Es fühlte sich an, als würden sie es nicht einmal versuchen wollen. Ich wurde in eine psychiatrische Abteilung des Krankenhauses eingewiesen, wo ich die nächsten sechs Wochen bleiben sollte.

Die Station war ein lang gezogener Korridor mit schweren Schwingtüren und Mehrbettzimmern an den Seiten. Es war eine Abgabestelle für Kinder mit allen möglichen Problemen. Ein Mädchen war vergewaltigt worden, ein Junge befand sich auf Drogenentzug, ein Mädchen trank zwanghaft so viel Wasser, dass es seinem Körper schadete, andere hatten Essstörungen. Ich stand unter Suizidbeobachtung, sodass ich ohne einen Erwachsenen weder duschen noch auf die Toilette gehen durfte. Das Personal war weltlich und mir gegenüber einfühlsam. Sie hatten schon viele Kinder aus meinem Umfeld gesehen und waren der Meinung, dass bei mir zwei Dinge nicht stimmten: Erstens waren meine Eltern zu religiös, um mit mir fertig zu werden, und ich war ganz offensichtlich von ihren Erwartungen überfordert; zweitens wog ich nur dreiundfünfzig Kilo; all das Herumstochern bei den Mahlzeiten und das Wegwerfen von Sandwiches hatten dazu geführt, dass ich dünner war, als ich nach Meinung der Erwachsenen sein sollte. Wenn Mama und Papa zu Besuch kamen, weigerte ich mich, mit ihnen zu sprechen, und niemand drängte mich. Sie kamen nur, weil sie mussten. Es schien, als hätten sie mich endgültig aufgegeben.

Wieder einmal war ich völlig allein und hatte keine Ahnung, was als Nächstes passieren würde oder wie lange ich auf der Station bleiben sollte. Jeder Tag war gleich: Mahlzeiten im Aufenthaltsraum, unterbrochen von Gruppensitzungen, Basteln (normalerweise Perlenauffädeln) und Tagebuchschreiben mit einem Lehrer, der jeden Morgen kam, um uns zu noch schnellerem Schreiben anzuspornen. Jedes Kind auf der Station musste täglich gewogen werden. Ich strengte mich an, diese Routine zu überstehen, aber nachts ging ich mit einer scharfen Scherbe aus dickem Acrylglas schlafen, die ich während einer Bastelstunde an mich genommen hatte. Ich versteckte sie unter meinem Kopfkissen und dachte, dass ich mich damit umbringen könnte, wenn mir alles zu viel wurde. Diese Fluchtmöglichkeit spendete mir Trost.

Ich freundete mich mit Nasreen an, einem Mädchen aus Ostjerusalem, das etwas älter war als ich und an Magersucht litt. Es war das erste Mal, dass ich die Freiheit hatte, mich mit einer muslimischen Person zu unterhalten. Sie kam aus einer religiösen Familie und hatte ebenso wie ich mit den Erwartungen zu kämpfen, die diese an sie stellte. Sie erzählte mir, dass ihr Bruder ihr, als er sie auf der Intensivstation besucht hatte, ins Gesicht geschlagen habe, weil sie keinen Hijab trug, sodass auch sie nicht nach Hause gehen konnte. Nasreen und ich machten uns gegenseitig die Augenbrauen, und meine

Zimmergenossin Shoshana brachte mir Lieder aus dem israelischen Fernsehen bei. Es gab einen Jungen namens Dvir, der sich jeden Abend, wenn ich zu Bett ging, einen Stuhl holte, um mit mir zu plaudern, und der mir einen Liebesbrief schrieb, der mich endlos verwirrte, da die Vorstellung, einen Freund zu haben, für mich völlig fremd war. Ich freundete mich auch mit einer Krankenschwester aus Glasgow an, die mich gelegentlich mit nach draußen nahm und mir eine Zigarette gab, und mit einem Medizinstudenten Anfang zwanzig, der mich auf eine Cola einlud und mit mir durch die Krankenhausflure spazierte, bis er aufflog.

Seltsamerweise schloss ich auf dieser Station zum ersten Mal in Israel Freundschaften. Zum ersten Mal kümmerte sich eine ganze Gruppe von Erwachsenen um mich, und zum ersten Mal spürte ich eine Art Trost, den das Interesse anderer an meinem Schicksal mit sich brachte. Es war mir eigentlich egal, ob sie mich richtig oder falsch verstanden – ich genoss es, wie ein Teenager behandelt zu werden, mit den Problemen eines Teenagers, und nicht wie eine sündige kleine Erwachsene.

Es war irgendwie eine prägende Zeit – lächerlich und schrecklich zugleich, aber eine Atempause im Vergleich zu dem, was zu Hause abging. Ich durfte nicht sterben, also musste ich einfach abwarten, was als Nächstes kommen würde. Ich hatte keine Ahnung, dass es mich nur noch weiter von meiner Familie entfernen würde.

Es wurde entschieden, dass mein Zuhause nicht gut für mich war – und umgekehrt –, und der Sozialdienst beschloss mit Erlaubnis meiner Eltern, mich bei einer Pflegefamilie am anderen Ende der Stadt unterzubringen. Das Paar war in den Dreißigern und eine angesehene Familie, die im Grunde eine Kinderfabrik betrieb und sowohl vom Staat als auch von den Eltern der Kinder in ihrer Obhut dafür Geld nahm, uns unter ihrem Dach zu beherbergen. Sie lebten in einer Wohnung, in der sich auch ihre eigenen Kinder befanden. Durch eine Tür, die uns aus ihrem Zuhause aussperrte, uns aber erlaubte, wie die Wilden in unser eigenes zu rennen, gelangten wir in eine andere Wohnung, in der elf Außenseiterinnen und Außenseiter zu denen jetzt auch ich gehörte, auf einer Ansammlung von Matratzen und schmalen Metallbetten auf den mit Steinfliesen ausgelegten Böden von drei Schlafzimmern schliefen. Die Wände und Räume waren kahl, und alles roch nach altem Schweiß.

Die Pflegeeltern sahen wir nur selten. Mittags stellten sie ein Tablett mit ein paar zähen, fettigen Hähnchenschnitzeln zum Teilen vor unsere Tür. Es reichte nur für ein paar Bissen für jeden, und ich hatte immer Hunger. Meine Familie hatte nur gelegentlich über das Haustelefon Kontakt mit mir, und ich erinnere mich, dass meine Mutter Debora zu mir brachte, während sie draußen weinend im Jerusalemer Regen wartete. Mein Vater schickte der Pflegefamilie Geld für Kleidung. Er wäre wütend gewesen, hätte er gewusst, dass ich mir damit meine ersten Hosen kaufte: zwei Paar Jeans, eine mit geradem Bein und eine so weit, dass sie meine neuen klobigen Skechers verdeckte. Ich hatte keine Ahnung, welche Größe ich tragen sollte, aber ich wurstelte mich zusammen mit einer Freundin durch die Kleiderstangen, bis ich die richtige Passform gefunden hatte. Ich fand es toll, wie ich im Spiegel der Umkleidekabine aussah; wie frei sich meine Beine anfühlten. Ich konnte mich bewegen und rennen und freute mich über dieses Gefühl. Zum ersten Mal war ich fest entschlossen, die Regeln zu brechen. Die ganze Unbeständigkeit um mich herum hatte mich zu der einzigen Sicherheit zurückgeführt, die ich kannte: G'tt und meine Beziehung zu Ihm. Die Erwachsenen hatten sich alle verpisst, Er aber liebte mich trotzdem. Die Jeans wurde zu meiner Uniform, die ich mit einem

Fransentuch um die Taille trug, als Zeichen meiner Sittsamkeit, wenn ich mit Freundinnen in die Stadt ging. Ich genoss es, mir diese neuen Maßstäbe zu setzen – ein orthodoxes Mädchen, das entschied, welche Regeln es selbst als stimmig empfand. Ich schrieb die Regeln um und bekam endlich eine Vorstellung davon, was es bedeutete, meine eigenen Entscheidungen zu treffen. G'tt schien das nicht zu stören.

Endlich war ich mit Jugendlichen in meinem Alter zusammen und hatte mir einen kleinen Freundeskreis aufgebaut, einige noch von der Schule, andere von der Straße. Wir verbrachten unsere Zeit zusammen, redeten, rauchten Zigaretten, die wir uns einzeln aus einem Becher auf dem Tresen des Zeitungshändlers kauften, und kauten und spuckten uns unseren Weg mit tütenweise gerösteten Sonnenblumenkernen vom Markt. Wir ließen uns auch gemeinsam in einem schmutzigen Hinterhofladen piercen, was für die Kinder in der Stadt ein beliebter Zeitvertreib zu sein schien. Vier Stahlstifte zierten mein linkes Ohr, zwei mein rechtes. Meine Mutter wäre außer sich gewesen, nicht zuletzt, weil die Tora vorsätzliche Selbstverletzung verbietet.

Die Schule hatte mich nach der Fanta und den Tabletten rausgeworfen, also gab es nicht viel anderes zu tun.

»Das ist keine Schule für Mädchen, die Selbstmord begehen wollen«, sagten mir die Pflegeeltern.

Mein Vater meldete sich bei mir über SMS, wenn es um praktische Dinge ging – wie Kleidung und Geld von zu Hause. Nie gab es ein Angebot an Zärtlichkeit. Keinen Hinweis darauf, dass sie mich liebten, oder eine Bitte, nach Hause zu kommen. Trotz eines Lebens, das etwas anderes vermuten ließ, verbrachte ich jeden Augenblick damit, darauf zu warten. Aber immer noch weigerte ich mich, persönlich mit ihnen zu sprechen – nicht, dass sie es jemals versucht hätten.

Ich weiß nicht, ob es meine Eltern oder die Sozialarbeiterin waren, die meinen nächsten Schritt vorschlugen, aber sechs Wochen später wurde mir nahegelegt, dass es für mich am besten wäre, nach Großbritannien zurückzukehren und dort zur Schule zu gehen. Schon eine Woche, nachdem mein Vater mir diesen Plan unterbreitet hatte, saß ich im Flugzeug nach Hause. In all dieser Zeit war ich nie in unsere Familienwohnung in Israel zurückgekehrt und hatte mein Zimmer nicht ausgeräumt. Stattdessen schickte mein Vater mir eine lilafarbene Reisetasche mit Rollen, in die ich meine Jeans, meine Skechers und die wenigen anderen Kleidungsstücke packte, die ich besaß – nunmehr mein gesamter Besitz.

Die Nacht vor meiner Abreise verbrachte ich damit, mit Freundinnen spazieren zu gehen, mit ihnen zu reden und zu rauchen. Einige von ihnen waren alt genug, um uns herumzufahren. Wie die Wüste ist Jerusalem im Sommer in Hitze gebadet, im Winter jedoch eiskalt. Es war ein Februarabend, und uns war kalt.

Als wir zurückfuhren, starrte ich aus dem Fenster auf diesen wunderschönen Ort, der nicht in der Lage gewesen war, sich um mich zu kümmern. Es war fast hell, und das weiße Licht spiegelte sich auf den sandfarbenen Steinen, die noch nicht von der Sonne erwärmt waren. Ich holte meine lila Reisetasche bei der Pflegefamilie ab und ließ mich von zwei Männern, die ich nicht kannte, zum Flughafen fahren. An den Flug nach England kann ich mich kaum erinnern, aber ich weiß, was nach meiner Ankunft geschah.

Vier

Mach dich nützlich

אַל־תִּתְחַר בַּמְּרֵעִים אַל־תְּקַנֵּא בְּעֹשֵׂי עַוְלָה׃

Errege dich nicht über die Bösen,
ereifere dich nicht über jene,
die Schlechtes tun!
PSALM 37,1

Wieder einmal befand ich mich an einem Ort, der nicht mein Zuhause war. Manchester war eine Stadt, die ich nur mit meiner Familie besucht hatte, um bei meinen Omas zu wohnen oder meinen Bruder zu besuchen, der dort an einer *Jeschiwa* – einem Knabenseminar – studiert hatte.

Die dortige streng orthodoxe Gemeinde war im Norden der Stadt, wo sich drei Meilen vom Stadtzentrum entfernt verschmutzte, dicht bewohnte Hauptstraßen erstreckten, die am Gefängnis vorbei und bis zu den Vororten führten, wo viele Einwanderer und Einwanderinnen der ersten und zweiten Generation lebten. Das Straßennetz wurde fast ausschließlich von religiösen jüdischen Familien bewohnt, die mit örtlichen Synagogen, koscheren Geschäften und religiösen Schulen versorgt waren, sodass für sie keine Notwendigkeit bestand, die Grenzen ihrer Gemeinschaft zu überschreiten und anderweitige Kontakte zu knüpfen.

Ich war jetzt fünfzehn Jahre alt und wurde auf eine kleine Mädchenschule geschickt, die weltlicher war als alles, was ich bisher kennengelernt hatte. Die jüdische Gemeinde in Manchester war größer als die in Glasgow, was bedeutete, dass es mehr orthodoxe Strömungen gab. Das brachte eine größere Auswahl an Schulen mit sich, die jüdischen Unterricht anboten, etwa wie die, die ich als Kind besucht hatte und die so religiös war, dass sie kaum als Schule zu bezeichnen war, bis hin zu staatlich finanzierten konfessionellen Schulen wie dieser. Hier wurde nach dem nationalen Lehrplan ebenso wie aus jüdischen Texten unterrichtet, und ich wurde in die unterste Klasse des GCSE-Kurses (General Certificate of Secondary Education) gesteckt – die Mittlere Reife in Großbritannien –, mit Mädchen, die fast zwei Jahre jünger waren als ich. Ich verstand nicht wirklich, was dort vor sich ging, und wurde für die anderen Schülerinnen zu einer Art exotischem Ausstellungsstück, weil ich mitten im Schuljahr in die Klasse kam und mehrere Ohr-Piercings hatte. Für mich jedoch war es die Schule, die sich exotisch anfühlte. Plötzlich war ich neuen Ideen ausgesetzt. Die Mädchen lebten in großen Häusern mit nur ein oder zwei Geschwistern, ihre Eltern hatten studiert, und sie selbst waren auf dem Weg zur Universität, was ich auch für mich erhoffte. Mädchenbildung wurde hier auf eine Weise wertgeschätzt, wie ich es noch nie zuvor erlebt hatte. Die Mädchen luden mich ein, am Wochenende mit ihnen ins Kino zu gehen. Den Film *8 Mile – Jeder Augenblick ist eine neue Chance* sah ich mir dreimal an, nur um die Erfahrung zu genießen, in diesem Kino zu sitzen. Es gab einen geregelten Ablauf, und wir trugen eine Uniform, die mir diesmal, in der Vertrautheit Großbritanniens, das Gefühl gab, ein willkommener Teil von etwas zu sein, anstatt gezwungen zu sein, mich anzupassen. Ich hatte das Gefühl, dass mir ein wenig Freude zurückgegeben wurde, eine weitere Chance, ein Teenager zu sein, unter Menschen in meinem Alter, mit denen ich mich auch wirklich unterhalten konnte. Ich war glücklich dort.

Meine Eltern hatten mich bei Freunden von ihnen untergebracht. Alles dort fühlte sich durchdacht an: Die schlichten Dielenböden waren hochglanzpoliert, man ernährte sich vegetarisch, kochte nie mit Salz, und die Schuhe wurden an der Haustür ausgezogen. Ich fühlte mich wie ein Klotz am Bein und verbrachte so viel Zeit wie möglich in meinem Zimmer, um ihnen nicht im Weg zu sein. Meine Omas lebten beide in der Nähe, und ich besuchte jede von ihnen wöchentlich, aber ich hatte das Gefühl, dass sie sich wegen dem, was in Israel passiert war, über mich ärgerten, also fühlte ich mich auch dort wie ein Klotz am Bein. Ich musste unabhängig und tüchtig auftreten, um ihnen zu beweisen, dass ich mich nicht in Schwierigkeiten befand, obwohl ich mir doch eigentlich nur eine Person wünschte, die sich um mich kümmerte.

Meine Mutter schrieb mir gelegentlich Mails, in denen sie mir Artikel oder Familiennachrichten weiterleitete, aber nie nachfragte, wie es mir gehe. Ihre Mails waren immer kurz, und ich antwortete wie ein toughes Mädchen.

»Mir geht es gut«, schrieb ich und erwähnte nie Kummer oder die Dinge, mit denen ich Schwierigkeiten hatte. »Ich bin am *Schabbes* zu Oma gefahren.« Mehr teilte ich ihr nie mit.

Papa bezahlte für meine Unterkunft und schickte mir Geld für das Schulessen und mein Mobiltelefon, doch Kontakt zu mir nahm er nie auf.

Ich hatte keinen Halt. Da niemand die Verantwortung für mich übernahm, fühlte es sich an, als gehörte ich nirgendwohin. Ich war keine drei Monate in Manchester, als ich Miriam besuchte, die jetzt in London lebte, um an dem achttägigen *Pessach*-Fest im April teilzunehmen. *Pessach* markiert den Frühlingsanfang und gedenkt des Auszugs der Jüdinnen und Juden aus der Sklaverei im antiken Ägypten. Die Regeln rund um das Essen sind zu *Pessach* noch strenger als zu jeder anderen Jahreszeit. Weizenprodukte sind verboten, also kochte Miriam alles von Grund auf, mahlte sogar Mandeln, um Mehl zu bereiten, und schrubbte das Haus von oben bis unten, um sicherzustellen, dass kein einziger Krümel zurückblieb. Ich half ihr bei diesen Aufgaben und nutzte die Gelegenheit, ihr zu sagen, wie verstört ich mich fühlte. Sie war bestürzt, als sie hörte, was ich zu sagen hatte. Als einzige Person in der Familie, die sich wirklich um mich Sorgen machte, fühlte sie sich immer noch für mein Glück verantwortlich und versprach, mir zu helfen. Ich war einfach nur erleichtert, dass sich endlich jemand um mich kümmerte. Miriam hatte eine Anzeige in einer kostenlosen Gemeindezeitung gesehen, in der man eine weibliche Untermieterin für ein Haus zehn Minuten von meiner Schule entfernt suchte. Es war das Haus eines jüdischen Gelehrten, Todros Grynhaus, der eine große Familie mit Söhnen und Töchtern hatte. Sie schrieb sich die Nummer auf, und als ich nach Manchester zurückkehrte, arrangierte sie für mich eine Besichtigung des Zimmers. Ich nahm Rena mit, die Tochter einer Familie, die wir kannten, die in der Nähe wohnte und sofort zu einer Freundin geworden war.

Das Zimmer war ein Abstellraum mit einem Einzelbett, einem Kleiderschrank, einem Schreibtisch, einem Nachttisch und einem langen, wellenförmigen Spiegel von Ikea, der an der Wand befestigt war. Es befand sich in einem Anbau über der Garage, wo Todros' Arbeitszimmer lag. Bei unserem ersten Treffen war er charismatisch, gab sich gesellig. Er war etwa einen Meter achtzig groß und breit, mit einem gerundeten Bauch, aber nicht ganz dick. Er war um die vierzig und trug die schwarze Hose und das weiße Hemd eines Rabbiners mit den *Zizit*-Fäden seines *Tallit*, seines Gebetsschals, die heraushingen, schwarze Socken und offene Ledersandalen. Sein rundes Gesicht war von einem kurzen blonden Bart bedeckt, der ein paar Zentimeter über sein Kinn hinaus wuchs, und sein kurzes Haar war größtenteils unter einer schwarzen Samthaube, einer *Kippa*, versteckt.

Das Zimmer gefiel mir nicht besonders, es war so einfach eingerichtet, dass es wie eine Gefängniszelle aussah. Renas Mutter, die Sozialarbeiterin war, riet mir ab, es zu nehmen.

»Ich kann dir nicht sagen, warum«, sagte sie. »Aber glaub mir: Zieh nicht bei denen ein.«

Irgendetwas an ihrer Warnung machte mich unruhig, aber ich war verzweifelt und hatte keine andere Wahl. Ich wollte meinen eigenen Ort haben und dachte, alles wäre besser als dort, wo ich war. Ich stopfte meine wenigen Habseligkeiten wieder in meine lila Reisetasche und zog ein paar Tage später ein.

Nachdem ich mich eingerichtet hatte, bedeckte ich meine karge Wand mit Modewerbung, die ich aus dem Glamourmagazin herausgerissen hatte, von dem ich einmal im Monat an einem Freitagnachmittag ein Exemplar erwarb.

Die Familie war ungefähr so *frum* wie meine eigene. Es gab die gleichen Sittsamkeitsregeln, die gleiche koschere Küche und die gleiche Geschlechtertrennung – ich verbrachte einige Zeit mit den neun Kindern, wie ich es mit meinen eigenen Geschwistern getan hatte. Ich sprach meinen Gastgeber mit »Rabbi« an, was von meiner Seite ein weltlicher und etwas anstößiger Gruß war. Ich hätte ihn mit seinem korrekten Titel ansprechen sollen, Rabbi Grynhaus – die akzeptierte, würdevolle Bezeichnung für einen Gelehrten seines Ranges, obwohl er eigentlich kein Geistlicher war –, oder ich hätte ihn noch besser gar nicht direkt ansprechen sollen.

Es war ein geschäftiger, angespannter Haushalt mit einer erzwungenen Fröhlichkeit. Ich lernte schnell, dass niemand, auch ich nicht, seine wahren Gefühle zeigen konnte. Todros war autoritär und bestrafte seine Kinder häufig, demütigte sie für ihre Fehler oder sperrte sie tagelang in ihrem Schlafzimmer ein, aber deswegen weinen durften sie nicht. Seine Frau war eine einfältig lächelnde Person, die über seine Witze zu laut lachte und meine Anwesenheit zu ignorieren schien. Es lag eine gewisse Anspannung in der Luft, immer.

Ein paar Wochen nach meiner Ankunft fand ich eine Reihe neuer Kleidungsstücke in meiner Größe über mein Bett drapiert. Ich trug immer noch meine Jeans, was ihnen nicht gefiel, also hatten sie, um ihre Regeln durchzusetzen, Kleidung für mich ausgewählt, die sie für sittsamer (*Zniut*) hielten.

»Das werde ich nie tragen«, sagte ich. »Sie können das alles genauso gut wieder zurücknehmen.«

Sie konnten versuchen, Regeln durchzusetzen, aber ich war nicht ihr Kind, das sie bestrafen konnten, wenn ich sie brach. Am folgenden Sonntag stiegen wir alle ins Auto, um zum Bekleidungsgeschäft Matalan zu fahren und die Klamotten wieder zurückzugeben. Todros' Frau und Kinder mussten gerade nach etwas gestöbert haben, als er sich in der Rückgabeschlange zu mir umdrehte und fragte: »Brauchst du BHs?«

Dies war natürlich in jeder Situation eine unangemessene Frage eines älteren Mannes an ein junges Mädchen, es verstieß auch gegen jedes Gebot der Sittlichkeit und eines angemessenen Gesprächs zwischen einem Mann und einer Frau oder einem Mädchen, das nicht seine Frau war.

»Brauchen Sie Boxershorts?«, antwortete ich. Mit Tollkühnheit maskierte ich mein Unbehagen.

Er gab mir ein Zeichen, dass ich schweigen sollte.

»Das geht Sie nichts an«, fügte ich hinzu.

Das war alles, doch einige Wochen später trafen wir einander am Küchentisch, wo ich, wie an den meisten Abenden, meine Hausaufgaben machte. Er stellte sich neben mich, das Gewicht seines Schattens lastete auf mir, und bot mir eine Tasse Kaffee an. Ich hatte noch nie Kaffee getrunken.

»Nein danke«, sagte ich. »Das ist etwas für Erwachsene.«

Die Küche war groß und der Tisch lang genug, um zwölf Personen Platz zu bieten. Seine Frau brachte gerade die jüngeren Kinder zu Bett.

»Ich nehme einen«, ermutigte er mich. »Ich mische etwas Kakao darunter – dann schmeckt er süß. Das wirst du mögen.«

Ich nickte ein »Okay«, nunmehr angeregt durch seine Erlaubnis, erwachsen sein zu dürfen, und ging zu ihm hinüber.

Die reichhaltige Mischung aus bitterem Kaffee und billigem Schokoladenpulver wärmte. Sie schmeckte gut. Ich mochte das Ritual, die Raffinesse, auch wenn sie aus einem alten Becher getrunken wurde, der durch übermäßiges Spülen verblasst war. Ich fühlte mich erwachsen und respektiert.

Von da an kam Todros in die Küche, fand mich dort an den meisten Abenden allein, und braute Kaffee. Mit der Zeit machte mich seine Gegenwart nervös. Unser Gespräch war immer gleich – unbeholfen, oberflächlich, wobei wir stets hinten in der Küche standen. An milderen Abenden nahm er seinen Kaffee mit nach draußen auf die Bank und rauchte eine Zigarette. Er bat mich, mich zu ihm zu setzen, aber sein Körper war groß und die Bank klein. Ich wollte mich nicht dorthin setzen und ihn berühren oder fast berühren. Ich lehnte ab und trat zurück. In Wirklichkeit wäre ich am liebsten mit meinem Kaffee weggegangen. Noch besser wäre es gewesen, er wäre weggegangen. Niemand hatte mir ausdrücklich gesagt, dass dieses Ritual nicht in Ordnung war, aber dadurch, dass er sich mir allein annäherte, spürte ich mit jeder Faser meines Körpers, dass es so war. Die Regeln der Trennung zwischen Männern und Frauen waren so tief verwurzelt, dass Väter nicht einmal mehr ihre eigenen Töchter berührten, sobald sie zwölf Jahre alt wurden. Es war unausgesprochen und verstand sich von selbst, dass er mir zu nahe trat. Ich wusste, dass es sein Geheimnis war und dass es meine Aufgabe war, es zu schützen. Ich konnte nur diese Erwachsene sein, zu der er mich machte, wenn ich in seiner Nähe war, und so steckte ich in der Falle.

All das führte dazu, dass ich mich, schon wieder, in Umständen, die außerhalb meiner Kontrolle lagen, allein und verlassen fühlte. Ich konnte nicht die »Toughes-Mädchen«-Nummer durchziehen, wenn ich mich in Wirklichkeit verletzlich und verängstigt fühlte. Ich wollte aus dieser lächerlichen Situation und aus dieser Familie, die nicht meine war, ausbrechen, aber ich wusste nicht, wohin ich gehen sollte.

Anfang Juni schlug er an einem Sonntag vor, einen Ausflug in die Pennines zu machen, ein Mittelgebirge ein paar Stunden nördlich, und auch Rena mitzunehmen, als ihr Geburtstagsgeschenk. Ich war verwirrt. Ich war diejenige, die er wie eine Erwachsene behandeln sollte. Warum schenkte er auch meiner besten Freundin diese Aufmerksamkeit?

Wir fuhren alle los: ich, Rena, er, seine Frau und die Kinder. Es war früher Abend, aber noch Stunden vor Einbruch der Dunkelheit, als wir parkten und vom Parkplatz über einen Bergrücken zu einer Lichtung wanderten, wo er einen Grill aufstellte. Ich fühlte mich unwohl, elend. Todros machte mich unsicher, aber er hatte mich auch mit den kleinen Aufmerksamkeiten, die er mir zukommen ließ, in seinen Bann gezogen; jetzt verwehrte er mir diese, zugunsten von Rena und seiner Familie. Und wieder kehrte das Bedürfnis nach einem Fluchtweg zurück. Ich ertrug das Essen, aber als wir zusammenpackten und das ganze Zeug zum Auto zurücktrugen, schlich ich mich vom Weg ab und ging unbemerkt in eine andere Richtung. Die Nacht brach herein. Ich wusste, dass es eine Aktion war, die Aufmerksamkeit erregen würde, aber das war nicht meine Motivation. Ich war einfach fertig. Ich wollte von ihnen weg.

Ich trug schwarze Schlagjeans und ein schwarzes Poloshirt, weder eine züchtige noch eine geeignete Kletterkleidung. An meinen Füßen trug ich meine schwarzen Lieblingsschnürschuhe aus Leder mit Plateausohlen. In ihnen erklomm ich die felsige Oberfläche des Hügels, kroch auf Händen und Knien, bis ich zu einem großen, flachen Stein kam, einem Felsvorsprung, auf den ich mich setzte. Es war fast dunkel, und in der Zwischenzeit waren knapp zwei Stunden vergangen, seit ich die Gruppe verlassen hatte, die mein Fehlen inzwischen bestimmt bemerkt haben würde. Ich war den Elementen ausgesetzt und hatte nichts, um mich zu schützen oder vor einem Sturz zu bewahren. Ich machte meinen Körper klein und drückte mich an den Hang. Mein Handy klingelte. Es war der Such- und Rettungsdienst.

»Dein Vater macht sich große Sorgen um dich«, sagte die Stimme am anderen Ende.

»Er ist nicht mein Vater«, rief ich und hörte, wie meine Stimme durch das Tal hallte.

Ich wusste, dass ich in Gefahr war, aber ich war mehr damit beschäftigt, die Freiheit zu schützen, die ich mir so sehr wünschte, um allein zu sein. Hier an diesem Hang fühlte ich mich so sicher und ruhig wie schon lange nicht mehr. Als ein Suchhubschrauber vorbeiflog, versteckte ich mich in einer Felsspalte.

Dort richtete ich mich für die Nacht ein. Ich wollte nicht gerettet werden.

Trotzdem hatte ich eine Scheißangst. Ich blieb bis zum ersten Tageslicht dort, und mein Telefon klingelte ziemlich häufig, wenn der Mann des Such- und Rettungsdienstes anrief, um zu überprüfen, ob ich noch am Leben war. Als der Morgen anbrach, machte ich mich auf den Weg nach unten. Als ich den Pfad erreichte – schmutzig, verschwitzt, müde und hungrig –, wartete an dessen Ende ein Polizeiwagen.

»Sind Sie Yehudis Fletcher?«, fragte der Beamte.

»Ja.«

»Wissen Sie, wie viele Menschen nach Ihnen suchen?«, fuhr er fort.

Ich sah ihn verächtlich an. Dann schaute ich an ihm vorbei zu Todros, der fünfzehn Meter hinter uns stand und seine Arme ausstreckte, um mich zu umarmen. Das hatte er vorher noch nie getan. Tatsächlich hatte mich schon lange keine erwachsene Person mehr umarmen wollen; ich hatte nicht einmal mit meinen eigenen Eltern gesprochen, seit ich Israel verlassen hatte. Unwillkürlich ließ ich zu, dass er seine Arme um mich legte und mich an sich zog. Eine verbotene Umarmung, die zu lange dauerte.

Auf der Heimfahrt schlief ich auf dem Beifahrersitz seines Autos. Wir wechselten kein Wort, doch als wir zu Hause ankamen, war seine Frau wütend. Sie konnte nicht glauben, was ich getan und wie ich ihre Familie in Verlegenheit gebracht hatte. Wieder einmal befand ich mich in einem Haushalt von Menschen, die nicht mit mir umgehen konnten. Todros schlug vor, dass sie und die Kinder nach London zu seiner Mutter fahren sollten, um sich von meinem Hilferuf zu erholen, was sie noch am selben Nachmittag taten. Sie ließen ihn und mich allein im Haus zurück. In dieser Nacht vergewaltigte er mich zum ersten Mal.

Ich lag spätnachts im Bett, trug ein Trägertop und eine unechte Adidas-Leggings, mit der falschen Anzahl von Streifen an den Seiten. Ich hatte immer noch einen mädchenhaften Körper und trug einen braunen BH mit einem Spitzenband unter den beiden kleinen Körbchen. Ich war es nicht gewohnt, dass nachts jemand mein Zimmer betrat, aber Todros klopfte an die Tür und kam herein, ohne eine Antwort abzuwarten. Er trug ein weißes Unterhemd und weiße Baumwollboxershorts. Ich war entsetzt. So sollte ich ihn nicht sehen. Ich wollte es nicht. Ich hatte noch nie einen Mann im entkleideten Zustand gesehen. Er setzte sich ans Ende meines Bettes und zog die rosa gestreifte Bettdecke zurück, mit der ich mich zugedeckt hatte.

»Lass mich dich massieren«, sagte er.

In diesem winzigen geschlossenen Raum, nur wir beide im Haus, wusste ich nicht, wie ich Nein sagen sollte.

»Ich kann das nicht richtig machen, wenn das da an ist«, knurrte er, zerrte an meinem dünnen Oberteil und wartete darauf, dass ich es auszog. Ich lag still da, wie erstarrt. Ich drehte mich von ihm weg, bedeckte meine Brust mit einer Hand und zog mit der anderen mein Unterhemd aus. Ich drehte mich auf den Bauch, um meine winzigen Brüste zu verbergen, und spürte, wie seine rauen, schwieligen Hände meine Schulterblätter drückten. Er bewegte sie zum Unterbrustband meines BHs und zog fest daran.

»So kann ich nicht arbeiten«, sagte er jetzt.

Ich setzte mich schnell auf. Er war frustriert und zerrte heftig und ungeduldig an meinem BH. Ich habe diese unerträglich langsame Erinnerung daran, wie der BH in Zeitlupe vor mir durch die Luft flog, nachdem Todros ihn ausgehakt und weggezogen hatte. Ich war von der Hüfte aufwärts nackt.

Er drückte mich auf den Rücken und legte sich auf die Seite, zwischen mich und die Wand. Es war nicht genug Platz für uns beide. Der Raum war erfüllt von Stille, bis auf sein Keuchen. Er riss meine Leggings hinunter und zog gleichzeitig meinen Schlüpfer aus. Jetzt hatte er ungehinderten Zugang. Seine Hände griffen zwischen meine Beine und fummelten herum.

»Wo ist deine Klitoris?«, befahl er. »Zeig mir, wo deine Klitoris ist.«

Ich hatte das Wort in Zeitschriften gelesen. Ich legte meine

Hand dorthin. Das war es, was er sehen wollte. Dass ich mich selbst berührte.

Er schob zwei Finger in mich hinein.

Ich spürte keinen Schmerz, weil ich nicht mehr in meinem Körper war. Meine Seele schwebte, beobachtete die Szene von oben. Er kletterte auf mich und drückte seine Knie auf beide Seiten meiner Brust, klemmte sie in meine Achselhöhlen. Sein Penis war breit und erigiert, drückte sich durch den Eingriff seiner Boxershorts, und seine Spitze berührte mein Gesicht. Er versuchte, ihn mir in meinen Mund zu drängen. Ich presste meine Kiefer zusammen und bewegte meinen Kopf hin und her: *Nein*. Ich hätte ihn beißen sollen.

Ich hatte meine Haare zum Schlafen zu einem langen Zopf zusammengebunden, der jetzt unter mir und seinem Gewicht eingeklemmt war. Der Schmerz, der durch das Ziehen am Zopf entstand, als ich versuchte, meinen Kopf freizuschütteln, war das Einzige, was ich spüren konnte. Er nahm meine Hände, die er über mir festgehalten hatte, und legte sie um seinen Penis.

»Mensch, mach dich nützlich!«, befahl er genervt.

Ich wusste nicht, was ich tun sollte, also lag ich regungslos da. Er stieg von mir runter.

»Ich komme gleich wieder«, murmelte er und eilte ins Badezimmer, um sein Geschäft zu beenden. Ich hörte die Toilettenspülung in der Stille des leeren Hauses und stürzte zu meinen Kleidern, die ich mir unter meiner Bettdecke anzog. Dann erschien sein Gesicht in der offenen Tür.

»Gute Nacht«, sagte er. Und ging.

Was nun? Die Nacht wollte kein Ende nehmen, während ich total geschockt dalag, lauschte und seine Rückkehr fürchtete. Irgendwann – ich weiß nicht, wie – muss ich eingeschlafen sein, denn als ich aufwachte, war meine Verwirrung der Wut gewichen.

»Möchtest du einen Kaffee?«, fragte er, als ich am nächsten Morgen in die Küche kam.

»Nein«, sagte ich. »Ich möchte keinen Kaffee. Ich möchte nur sagen, dass das, was letzte Nacht passiert ist, nie wieder passieren darf.«

»Mach dir keine Sorgen«, sagte er munter. »Das ist kein Sex. Ich würde keinen Sex mit dir haben.«

»Ich weiß. Sie würden keine kleinen blonden Babys haben wollen«, sagte ich, frech, naiv, nervös, wütend. »Wie auch immer Sie das von letzter Nacht nennen wollen, es darf nicht wieder vorkommen«, wiederholte ich.

Das Traurige daran war, dass ich überhaupt nicht wusste, was in der vergangenen Nacht passiert war. Ich hatte nicht einmal registriert, dass ich missbraucht worden war. Ich dachte nur, dass er als Ehemann etwas falsch gemacht hatte. Ich hatte keine Ahnung, dass ich Opfer eines Verbrechens geworden war, weil mir niemand die richtigen Worte gegeben hatte. Abgesehen von Darstellungen in Filmen, die ich gesehen hatte, seit ich nach Manchester zurückgekehrt war, hatte sich mein Verständnis von Sex nicht weiterentwickelt, sondern war beschränkt auf Nachforschungen in Enzyklopädien. Ich wusste nur, dass es nicht das war, was ich wollte.

Die Übergriffe gingen fast jede Nacht weiter; manchmal auch zu anderen Zeiten, wenn er das Glück hatte, mich allein zu erwischen. Ich habe keine Ahnung, wie lange sie jeweils dauerten, aber ich begann, sie in einem Tagebuch zu notieren, das ich in meiner Schultasche aufbewahrte.

Manchmal versuchte ich, mich gegen ihn zu wehren, dann bettelte er. Manchmal hatte ich nicht die Kraft, mich zu wehren. Um einen Anschein von Kontrolle zu bewahren, entwickelte ich eine Hierarchie dessen, was ich tun und was ich nicht tun würde. So erlaubte ich ihm, sich an mich zu drängen und an mir zu reiben oder mich zu berühren, und hoffte, dass er dann nicht in meinen Mund oder meine Vagina eindringen würde. Das war nicht viel, aber es war das Einzige, was mich davor bewahrte, mich ganz auszuliefern.

Er fuhr mich in seinem Auto herum – entweder nur so oder nachdem er mich zum Zahnarzt oder zum Einkaufen gebracht hatte – und hielt an dem Büro, in das er manchmal ging (obwohl nie klar war, welche Arbeit er dort verrichtete). Wenn wir dort allein waren, machte er weitere Versuche, oder er drückte mich zu Hause gegen die Tür seines Arbeitszimmers, das sich unter meinem Schlafzimmer befand. Er spielte CDs mit klassischer Musik im Hintergrund, die ich als Ablenkungsmanöver benutzte, indem ich ihn bat, aufzuhören und sich ein Stück anzuhören, das mir angeblich gefiel; so wollte ich das Geschehen verlangsamen. Oft wenn ich den Raum verließ, sah ich seine Frau auf der untersten Stufe der Treppe sitzen, ohne dass wir ein Wort oder einen Blick miteinander wechselten. Eine leise Stimme in meinem Kopf fragte sich, ob sie wusste, was vor sich ging. Sie behandelte mich wie eine Rivalin, mal voller Verachtung, mal wie eine herrische Mutter.

Wenn ich nachts duschte, knackte er das Schloss der Badezimmertür, um mich zu beobachten. Einmal ließ er einen kleinen Teddybären mit einer Schlaufe am Kopf am Türgriff hängen. Als ich in mein Schlafzimmer zurückkehrte, hatte er eine SMS geschrieben: »Hast du meine Visitenkarte erhalten?«

Häufig versuchte er, mich auf den Mund zu küssen, und wenn ich ihn bat, das zu unterlassen, sagte er: »Willst du nicht, dass ich dich liebe?«

»Ja«, antwortete ich dann. »Aber wie ein Vater.«

Etwa sechs Monate lang ging das so. In der Schule war ich eine gute Schülerin, doch hatten sie von meiner Flucht in den Pennines gehört, worauf ich wieder wie ein störrisches Kind behandelt wurde. Niemand fragte mich, wovor ich weggelaufen war. Ich hatte das Gefühl, in zwei verschiedenen Welten zu leben. Meine Lehrer sahen in mir ein ungezogenes Kind, Todros jedoch behandelte mich wie eine Erwachsene.

Ich war ständig erschöpft, weil ich von dem Kaffee, den er mir jeden Abend gab, und wegen der Angst, dass er mein Zimmer betreten würde, die ganze Nacht wach lag. Tagsüber waren meine Gedanken damit beschäftigt, zu verarbeiten, was in der Nacht passiert war. Aus Angst, dass mein Geheimnis auffliegen könnte, zog ich mich in mich selbst zurück. Ich trieb einen Keil zwischen meine Freundinnen und mich und unterhielt mich weniger mit ihnen, ging weniger oft aus und konnte mich an weniger Sachen freuen. Die Welt hatte ihren Glanz verloren, und meine Neugier war verebbt. Ich hörte auf, irgendetwas zu erwarten – von mir selbst, von meinen Lehrerinnen und Lehrern, von meinen Eltern und vor allem von G'tt.

Todros überzeugte mich schließlich davon, dass ich aus dem Schulunterricht herausgewachsen war und meine Zeit besser damit verbringen solle, die Tora zu studieren und zu lernen, eine anständige junge jüdische Frau zu werden. Auf sein Geheiß hin verließ ich die Schule und fand einen Job in einer Druckerei, wo ich hundertzwanzig Pfund in der Woche verdiente und Hochzeitseinladungen für die Familien in meiner Gemeinde herstellte. Ich nahm Unterricht bei Todros' Tante – die Art von Unterricht, den meine Mutter jungen Frauen anbot –, und ich nutzte diesen, um ihr sexuell eindeutige Fragen zu stellen, die über die Fragen hinausgingen, die man von einem Mädchen in meinem Alter erwartete. Sie fragte nie nach, warum. Ich wünschte, sie würde es tun.

Zu Hause spielten wir ein Katz-und-Maus-Spiel. Er versuchte, mich allein zu erwischen, und ich versuchte, Macht zurückzugewinnen, indem ich ihm auswich und ihn verhöhnte. Ich verschaffte mir einen Vorteil. Ich fing an, ihn beim Vornamen zu nennen, was ihn in Verlegenheit brachte. Als er mich zur Bank mitnahm, wo er unter meinem Namen ein Konto für sich eröffnen wollte, setzte ich mich auf seinen Schoß – eine Ungeheuerlichkeit für einen Rabbiner und ein junges Mädchen in aller Öffentlichkeit –, als wollte ich ihm beweisen, dass das völlig in Ordnung war, wenn seine Liebe die eines Vaters war. Ich hatte nichts anderes zur Verfügung.

In einer Nacht im Oktober änderte sich alles. Er lag in meinem Bett auf mir, als seine Frau die Tür aufstieß.

»Ich wusste es«, schrie sie, und ihr weißes Baumwollnachthemd flatterte.

Ich bin mir ziemlich sicher, dass für sie das, was vor sich ging, ein Ehebruch war. Er sprang von mir herunter und starrte seine Frau flehentlich an. Zusammen gingen sie hinaus und ließen mich allein. Am Morgen wartete er in der Küche mit Kaffee.

»Du musst gehen«, sagte er und sah mich kaum an.

Ich konnte nirgendwo hin.

»Du hast dieses Chaos verursacht, also bring es in Ordnung«, antwortete ich. »Ich brauche eine Unterkunft.«

Ich ging zur Arbeit.

Am nächsten Abend sagte er mir erneut: »Du musst gehen.«

Er nahm die Dinge in die Hand. Innerhalb von achtundvierzig Stunden hatte er eine andere Rabbinerfamilie in der Nähe gefunden, die nach Untermieterinnen oder Untermietern suchte. Wieder eine neue Unterkunft. Immer noch allein. Ich packte meine lila Reisetasche, fühlte mich machtlos und war voller Angst, wer mir als Nächstes etwas antun könnte. Würde ich wieder vom Regen in die Traufe geraten? Todros lud meine Tasche selbst in sein Auto und fuhr mich bis vor die Haustür der neuen Familie. Zehn Jahre lang würde ich nicht mehr mit ihm in einem Raum verbringen.

Fünf

Bist du lesbisch?

פְּנוּי הַבָּא עַל הַפְּנוּיָה שֶׁלֹּא לְשֵׁם אִישׁוּת עֲשָׂאָהּ זוֹנָה
... אֲבָל אִשָּׁה פְּרִיצוּתָא בְּעָלְמָא

[W]enn ein Lediger einer Ledigen ohne Absicht
der Ehelichung beigewohnt hat …
[hat] er sie zur Hure gemacht …
bei Frauen [untereinander] aber ist es
nichts weiter als eine Zuchtlosigkeit.

JEBAMOTH 76A

Mein neues Zuhause war warm und einladend. Der Rabbi und seine Frau nahmen mich in ihrem Haushalt auf; dieser bestand aus zwei Söhnen, die zu Hause wohnten, und einem endlosen Strom verheirateter Töchter, die mit all ihren Kindern kamen und gingen. Ich machte bei den Spielen der Kinder mit, etwa solchen, bei denen es darum ging, wer sich die meisten Schokoladen-Vollkornkekse in den Mund stopfen konnte, aber innerlich fühlte ich mich tot.

Monatelang behielt ich meine Qual für mich. Ich hatte Albträume, wenn ich schlief, und wenn ich rausging, schaute ich mich an jeder Straßenecke um, aus Angst, er könnte dort sein. Ich war nur noch ein Schatten meiner selbst und tat nur noch das, was zum absoluten Überleben notwendig war.

Ermutigt durch meine Großmutter mütterlicherseits telefonierte ich mit meiner Mutter. Mit ihr darüber zu sprechen, was passiert war, war ausgeschlossen – wie wäre das auch möglich gewesen, wenn wir kaum über das Wetter reden konnten, ohne uns zu streiten –, aber Oma schlug vor, ich solle doch darum bitten, im November nach Israel fliegen zu dürfen, um *Chanukka* mit ihr, meinem Vater und Debora zu verbringen. Die Idee schien zunächst verrückt, aber ein Teil von mir sehnte sich nach einem Anflug von Familie, egal wie angespannt unsere Beziehung auch sein mochte. Ich wollte verstehen, was es noch gab, woran ich mich klammern konnte. Zu meiner Überraschung waren sie einverstanden.

Wir verbrachten das Wochenende als Familie in einem Hotelresort im Norden des Landes, zusammen mit meinen Brüdern und ihren Familien. Debora und ich teilten uns ein Zimmer und genossen die seltene gemeinsame Urlaubsatmosphäre. Debora war jetzt dreizehn, und ihr Leben hatte sich völlig verändert. Sie lebte in einem religiösen Internat und sprach fließend Hebräisch, hatte aber immer noch ihr liebes, schelmisches Wesen. Uns beiden war sofort klar, dass wir einander schrecklich vermisst hatten. Wir genossen jeden gemeinsamen Augenblick, ich flocht ihr Haar, und wir kuschelten auf der Couch und tauschten Geschichten aus, um auf dem Laufenden zu bleiben. Aber die ganze Zeit über trug ich mein Geheimnis mit mir herum, und es entstand eine einzige, unausgesprochene Kluft zwischen uns, die wir beide gekonnt ignorierten.

Chanukka ist das jüdische »Fest des Lichts«, eine Zeit zum Feiern, in Israel ein Nationalfeiertag. Acht Tage lang werden Kerzen angezündet, und jede Nacht versammelte sich meine Familie mit anderen in der Hotellobby, um Kerzen zu entzünden und Lieder zu singen. Ich blieb still, während ich neidisch andere, weniger religiöse Frauen beobachtete, die mitmachten. Als mein Vater bemerkte, dass ich hinschaute, wandte ich meinen Blick ab.

Die Beziehung zwischen meinen Eltern und mir war genauso angespannt wie damals, als ich gegangen war. Es gab keine Tiefe in den Gesprächen, die wir führten, keine Gespräche über meinen letzten Aufenthalt in Israel und keine Fragen, wie es mir jetzt ging.

»Hast du den neuen Käse auf dem Buffet probiert?«, fragte meine Mutter.

»Nein, muss ich aber«, antwortete ich.

Es war unerträglich. Ich kam mir dumm vor, weil ich gehofft hatte, dass sich irgendetwas bessern würde. Nur die großen Dramen fehlten. Die Einsätze waren jetzt niedriger. Ich hatte nicht mehr die Energie, mich zu streiten.

Am Abend vor meinem Rückflug besuchte ich den Rabbiner, den ich angerufen hatte, als ich die Überdosis genommen hatte. Er hatte immer offener mit mir gesprochen als andere Erwachsene.

»Hat er dir etwas angetan?«, fragte er mich, als ich ihm erzählte, dass ich aus Todros' Haus ausgezogen war.

Da ich ausweichend antwortete, fragte er direkt: »Hat er dich sexuell missbraucht?«

Ich hatte das Wort »Missbrauch« noch nie gehört. Ich wusste nicht, was es bedeutete, aber er musste nicht viel erklären, damit ich verstand, dass das, was mir widerfahren war, vom Rest der Welt so genannt wurde.

»Ja«, sagte ich leise. »Das hat er.«

An diesem Abend brachte er mir nicht nur das Wort bei, er gab mir etwas Neues mit auf den Weg: die Erwartung, dass etwas dagegen unternommen werden sollte.

Als ich am nächsten Morgen nach Hause flog, tat ich es mit dem unangenehmen Gefühl, dass es Worte für das gab, was mir passiert war. Dass es etwas Reales war und Todros gewusst hatte, dass es falsch war, auch wenn ich selbst es nicht wusste. Er war böse. Es erschütterte mich zutiefst und ließ mich mit dem verzweifelten Wunsch zurück, mehr darüber zu erfahren. Aus der Abflughalle rief ich Rena an, um ihr zu erzählen, was er getan hatte. Sie sagte, er habe es auch einmal bei ihr versucht. Auch für sie war das Wort neu, und wir saßen an zwei Enden derselben Leitung in fassungsloser Stille.

Wieder in Manchester fand ich Trost im Haus meiner Großmutter. Oma G. war zu gebrechlich, um mich bei sich wohnen zu lassen, aber sie wusste mit mir umzugehen, und wir teilten eine Nähe, die in meinem Leben selten war. Sie war eine Person, bei der ich weinen konnte. Sie lebte in einem Gebäude aus ehemaligen, zu Wohnungen umgebauten Stallungen, nur einen kurzen Spaziergang durch den Park von dem Haus entfernt, in dem ich jetzt untergebracht war. Sie war in ihren Achtzigern; eine große Frau, die durch die altersbedingte Krümmung ihrer Wirbelsäule kleiner wirkte. Um ihre hellblauen Augen waren faltige Lider drapiert, und sie trug immer ein Kopftuch oder einen Turban, der ihr schlohweißes Haar bedeckte, das einst ebenso rotbraun gewesen war wie meines. Ich ging ein paarmal in der Woche zu ihr, um sie zu baden und ihr die Haare zu waschen. Danach bereitete sie eine einfache Mahlzeit zu, die wir an dem kleinen Esstisch an der Wand ihrer schmalen Küche zu uns nahmen, von wo aus man die Straße unten überblicken konnte.

Bei einem dieser Abendessen, eine Woche nach meiner Rückkehr, erzählte ich ihr, was in Todros' Haus passiert war. Nachdem ich die Worte erhalten hatte, konnte ich nun darüber sprechen, und ich vertraute Omas Liebe mehr als jeder anderen. Ich wusste, dass ich mich ihr anvertrauen konnte. Sie legte das Gesicht in ihre Hände. Als sie aufblickte, war blinde, weiße Wut in ihren Augen. Sie beschimpfte ihn. Sie war wütend um meinetwillen, und das tröstete mich. Niemand war jemals zuvor um meinetwillen wütend gewesen. Zum ersten Mal in meinem Leben hörte ich sie fluchen. Sie nannte ihn ein »*schtick dreck*«, was auf Jiddisch ein »Stück Scheiße« bezeichnet.

Später, als wir uns beruhigt hatten, erzählte sie mir, dass auch sie sexuell missbraucht worden war, im Alter von elf Jahren. Wir erzählten uns gegenseitig unsere schweren Geschichten, weinten und schafften es sogar zu lachen.

Jetzt hatten mir die einzigen beiden Erwachsenen, auf die ich mich verlassen konnte, die Art von Bestätigung gegeben, die ich brauchte, und mir gezeigt, dass ich ein Opfer war, dem unrecht getan worden war und das einen Anspruch auf Gerechtigkeit hatte. Der Missbrauch war kein Geheimnis mehr, sondern etwas, über das ich nicht schweigen konnte – und wollte.

Ich fühlte mich immer noch nicht in der Lage, es meinen Eltern zu erzählen; sie hatten es verabsäumt, mich zu beschützen, und ich wusste, dass ich mich auch jetzt nicht darauf verlassen konnte, aber ich erzählte es meiner Kollegin in der Druckerei. Sie erzählte es dem Druckereileiter Declan – einem muskulösen Mann aus Salford mit großen Tätowierungen und einem Herzen aus Gold –, der die wackelige Treppe des Büros hinaufstapfte und die riesigen Druckmaschinen überblickte. Er bat mich um die Erlaubnis, es unserem Chef, dem Eigentümer, zu erzählen. Der Eigentümer war ein rundlicher jüdischer Mann, der wiederum seinen Nachbarn, einen Standesbeamten des *Bet Din*, anrief. Das *Bet Din* ist ein Gericht nach jüdischem Recht, das über Streitigkeiten entscheidet und festlegt, was innerhalb einer Gemeinde, die pragmatisch und moralisch nach religiösen und nicht nach staatlichen Gesetzen lebt, richtig und falsch ist. In derselben Woche ging ein Anruf über das Festnetz ein.

»Glauben Sie, Sie sind seine Erste?«, eröffnete der Beamte des *Bet Din* am anderen Ende das Gespräch und deutete unmissverständlich an, dass meine Beschwerde nicht die erste war, die formell oder informell gegen Todros eingereicht wurde. Seine Stimme klang wie Kies in der Telefonleitung, sie tadelte mich, als wäre es nachlässig von mir gewesen, meinen Missbrauch überhaupt als mitteilenswert zu betrachten. Er bat mich, meine Aussage aufzuschreiben und alle Beweise vorzulegen. Meine enge Kritzelei umfasste vier Seiten. Ich schickte den Teddybären, den Todros an die Badezimmertür gehängt hatte, und schnitt auch Seiten aus meinem Tagebuch aus und klebte sie fest. Das Ergebnis? Nach jüdischem Recht war mein Wort als Mädchen oder Frau weniger wert als der Klebestift, den ich zum Zusammenstellen meiner Beweise verwendet hatte. Es sei denn, ein zweiter Mann wäre anwesend gewesen, der den Missbrauch bezeugen konnte, was eindeutig unwahrscheinlich und laut Gemeinderecht auch noch nie eingetreten war. Es war nicht so, dass das Gericht mir nicht glaubte; ich spielte einfach keine Rolle. Die Polizei zu informieren, wurde nie als Möglichkeit in Betracht gezogen. Niemand schlug es vor, und ich wusste nicht einmal, dass man das machen konnte. Angelegenheiten von jeglicher Tragweite wurden stets innerhalb der Gemeinde geregelt.

Das *Bet Din* lud Todros vor und forderte ihn auf, sich in Therapie zu begeben. Ein hochrangiger Rabbiner schlug außerdem vor, dass seine Töchter Morgenmäntel tragen sollten, wenn sie ihr Schlafzimmer verließen. Meine Beweise habe ich nie zurückbekommen.

Ich hatte versucht, Gerechtigkeit zu erlangen, und war zum Schweigen gebracht worden. Ich hatte immer noch nichts von meinen Eltern gehört und keine Ahnung, ob sie wussten, was vorgefallen war, oder nicht. Ich war selbst dafür verantwortlich, den Schaden zu beheben, den Todros mir zugefügt hatte, und jetzt kam auch noch die Schädigung meines Rufes dazu, weil ich mich beschwert hatte. Ich musste aus Manchester raus und wieder auf Kurs kommen.

Ich war gerade sechzehn geworden. Ich hatte alle Schwierigkeiten des Erwachsenseins, aber keines der damit verbundenen Rechte. Der einzige Weg, um innerhalb meiner Gemeinde einen akzeptablen Status zu erreichen, war die Eheschließung; es war der einzige Weg, der mir offenstand. Meine Schwestern hatten beide mit achtzehn geheiratet, und die Bräute meiner Brüder waren ebenfalls in diesem Alter gewesen. Ich hatte also noch zwei Jahre. Die meisten in der Nachbarschaft wussten, was mir widerfahren war, und da ich nun als beschädigte Ware galt, war mir klar, dass ich ganz unten auf der Liste der »Heiratskandidatinnen« stand. Trotzdem war die Suche nach einem Ehemann die einzige Möglichkeit, in der Gemeinschaft mit einem anderen Status als dem eines missbrauchten Teenagers weiterzuleben. Wollte ich den Schatten von Todros jemals abschütteln, dann war meine einzige Option, wegzuziehen und mich heiratsfähig zu machen.

Also tat ich, was andere religiöse Mädchen in meinem Alter taten. Ich ging nach Israel, um zu lernen, eine Ehefrau zu werden. Ich bewarb mich bei einem *Sem* – einem religiösen Seminar, das mir beibringen würde, wie man denkt, die heiligen Schriften studiert und auf die »richtige« Weise erwachsen wird. Da ich anscheinend wieder einen angemesseneren Weg eingeschlagen hatte, waren meine Eltern gerne bereit, für diese Ausbildung zu bezahlen, und ich machte mich also auf die Suche nach einem, das mir gefiel. Das Seminar war im Wesentlichen eine Frauenschule, und es gab verschiedene Stufen: Die oberen Stufen waren für brave Mädchen gedacht, die bereits »gut platziert« waren, um das angebotene Wissen aufzunehmen. Eine zweite Art von Einrichtung richtete sich an Mädchen wie mich, die einen gezielteren Ansatz benötigten, einschließlich zusätzlicher Ausflüge an den Strand und einer etwas lockereren Kleiderordnung, um sie bei der Stange zu halten. Die renommierten Einrichtungen wollten mich nicht. Ich wusste, dass ich fleißig sein konnte, aber meine häufigen Umzüge und der unregelmäßige Schulbesuch, gepaart mit dem sozialen Status meiner Familie, der nicht rabbinisch erstklassig war, deuteten weder auf eine fromme noch auf eine wünschenswerte Schülerin hin. Trotzdem wurde ich in ein kleineres Seminar namens *Keshet* aufgenommen. Sein Name, der »Regenbogen« bedeutet, wurde bald geändert, um sich von dem Anschein zu distanzieren, dass die Einrichtung für die Rechte von Homosexuellen eintrat.

Das Seminar war auf mehrere Wohnungen verteilt, die sich nur einen Hügel von der Wohnung meiner Eltern entfernt befanden. Ich lebte und lernte mit vier anderen Mädchen und stellte mich ihnen an unserem ersten Tag wie folgt vor: »Mein Name ist Yehudis, ich komme aus England, meine Eltern leben hier, und ich bin eine Überlebende eines sexuellen Missbrauchs.«

Meine Vorstellung war verbunden mit einem ausgestreckten Arm, der bereit war, eine Hand zu schütteln. Selbst ohne diesen atemberaubenden Einstieg war diese Geste für jede Sechzehnjährige äußerst direkt, ganz zu schweigen von einer neuen Schülerin an einem Seminar für religiöse Mädchen. Was mir widerfahren war, war so präsent in meinem Kopf, dass es zu einem Teil des Schutzschildes geworden war, der mir beim Überleben half.

Natürlich löste meine Vorstellung bei den anderen Unbehagen aus, aber der sekundäre Effekt meiner unverschämten Ehrlichkeit war wunderbar. Nach und nach vertrauten mir die Mädchen ihre Geheimnisse an. Eine von ihnen gestand mir, dass sie auf der Straße von zwei Männern vergewaltigt worden war, und wir weinten oft zusammen. Die Mädchen luden so viel von ihren eigenen Traumata ab, dass wir bald enge Freundinnen wurden.

Die Seminarausbildung bot fast nichts, das mich anregte. Ich wollte Ideen erforschen, nicht sie aufnehmen, und so zog ich nur wenig daraus. In den Unterrichtsstunden las ich Sidney-Sheldon-Bücher, die ich mir in einem Antiquariat im Stadtzentrum besorgte. Sie waren völlig unpassend für diese Schule, und hätte man sie zwischen meinen religiösen Texten gefunden, wäre ich wahrscheinlich rausgeworfen worden – nicht, dass ich mich ausreichend für das Niveau der Ausbildung interessiert hätte, um das als Bedrohung anzusehen.

Eine typische Woche bestand aus Bibelstudien, dem Erlernen der Gesetze für eine koschere Küche und Kursen in jüdischer Denkweise. Das bedeutete die Vertiefung unseres Wissens im Hinblick darauf, was künftige Ehefrauen zu denken hatten und was nicht. Diese Kurse wurden immer von Männern geleitet, die uns beibrachten, dass die Rollen von Männern und Frauen als getrennt, aber gleichwertig vorgeschrieben waren und es keinen Raum gab, dieses Paradigma zu hinterfragen. Als Ehefrauen sollten wir uns nicht mit unserem eigenen Ego beschäftigen. Wir durften unsere Ehemänner dazu befähigen, die richtigen Entscheidungen zu treffen; wir selbst durften keine Entscheidungen treffen.

Wir lernten, welcher Teil unseres Beins entblößt werden und was wir in der Tora lesen durften und was nicht: Wir durften weiterhin die Geschichten lernen, nicht jedoch die Gesetze. Es gab einen Rabbiner, der uns die Scheidungsgesetze beibrachte – an sich schon erstaunlich – und der die Vorschriften umging, indem er Seiten fotokopierte; wir lasen also von einem Blatt frisch aus dem Drucker und technisch gesehen nicht vom Originaltext, eine Praxis, die Frauen verboten war. Das begeisterte uns alle. Selbst in diesem strengen Umfeld unter den Männern in schwarzen Mänteln gab es Regelbrecher, und G'tt schien sie immer noch zu akzeptieren. Seit dem Missbrauch hatte ich mich von G'tt distanziert gefühlt, aber jetzt begann ich, mir zu überlegen, ob mein weniger konservativer Umgang mit G'tt und seinen Regeln nicht auch wertvolle Erkenntnisse mit sich brachte. Es musste Raum für mich geben. Vielleicht musste es nicht alles oder nichts sein?

Da ich wieder in Israel war, besuchte ich manchmal an den Wochenenden meine Eltern und stritt mit meinem Vater über diese Abweichungen im religiösen Denken. Unweigerlich hörte ich am Montag von einem Lehrer, dass mein Vater sich beschwert hatte, wobei er klarstellte, dass die vorher an der Schule geäußerten Meinungen Minderheitenmeinungen seien und dass ich ihnen nicht folgen solle. Papa konnte den Gedanken, der sich in meinem Gehirn festgesetzt hatte, jedoch nicht zurücknehmen.

In der Zwischenzeit genoss ich Partys mit meinen Freundinnen und Freunden, was weit weniger überraschend ist, als man von streng religiösen Kindern erwarten würde. Wir fanden Wege, die Regeln zu befolgen, ohne sie vollständig einzuhalten. Unsere Fähigkeit, unser erwachendes Erwachsenen-Ich zu erkunden, mag viel eingeschränkter gewesen sein als bei anderen Teenagern, aber in dem Wunsch, ein wenig Raum zu finden, um Spaß zu haben und mit unserer Welt zu experimentieren, unterschieden wir uns nicht von ihnen. Jeden Donnerstagabend fuhren wir von Bet Schemesch ins Zentrum, um in Bars zu gehen, in denen sich junge Frauen und Männer begegneten, obwohl wir uns eigentlich im öffentlichen Raum trennen sollten. Ich jobbte wie wild, um mir und meinen Freundinnen Cocktails kaufen zu können. Frauen sollten keinen Alkohol trinken, damit sie sich nicht entkleideten oder ihre Stimme laut erhoben, aber wir taten es trotzdem.

Wir hatten Wodka im Gefrierschrank unserer Wohnung, den ich oft zum Frühstück trank. Gras war eine Leckerei, die wir manchmal von älteren Jungs bekamen. Nichts von dem, was wir taten, war genau genommen verboten. Es gibt keine Regel, die besagt, dass man nicht rauchen und trinken darf. Es galt nur als unpassend, und sollte es jemand herausfinden, würde das unsere Eheaussichten beeinträchtigen. Es war das freieste Gefühl, das ich je hatte.

Ich besuchte meine Eltern ziemlich regelmäßig. Sie waren zufrieden, sogar erleichtert, dass ich mich auf die Ehe konzentrierte, aber wir stritten uns immer noch ständig über alles, was ich tat oder nicht tat. Ich erinnere mich an einen bestimmten Streit, bei dem meine Mutter immer wieder über Manchester und Todros sprach und darüber, dass ich offensichtlich wieder etwas falsch gemacht hatte. Ich explodierte.

»Todros hat mich missbraucht!«

»Psst«, beruhigte sie mich, und ihre Augen huschten hin und her, in der Hoffnung, dass die Nachbarn nichts gehört hatten. Und dann: »Warum hast du die Tür nicht abgeschlossen?«

Ich war sprachlos. Die Messlatte lag auf dem Boden, und nicht einmal die konnte sie erreichen. Ich hatte mich schon früher von ihr im Stich gelassen gefühlt, aber jetzt glaubte ich mit jeder Faser meines Seins, dass sie eine schreckliche Mutter war.

Das Leben in der *Sem*-Wohnung hatte eine weitere neue Dimension. Zum ersten Mal lebte ich nur unter Mädchen. Das bedeutete, dass innerhalb dieser vier Wände keine Sittlichkeitsregeln durchgesetzt werden mussten. Mit anderen Worten: Kleidung war optional. Wir konnten uns gegenseitig Anziehsachen ausleihen und uns voreinander ausziehen oder nur mit einem Handtuch bedeckt in die Gemeinschaftsdusche gehen. Nicht ein einziges Mal kam mir der Gedanke, dass ich mit diesen Mädchen Sex haben könnte. Diese Art von Liebe war mir fremd; ich hatte keine Ahnung, dass so etwas möglich war. Allerdings bewunderte ich ihre Körper ebenso wie meinen eigenen und liebte diese Momente der gemeinsamen Intimität in unserem Alltag.

Eines Tages, während eines Spaziergangs den trockenen und staubigen Hügel hinunter zur Synagoge, wandte sich eine Mitschülerin, ein amerikanisches Mädchen namens Tova, das zu unserer Freundinnengruppe gehörte, an mich und sagte: »Kann ich dich etwas fragen?«

Wir beide hielten Abstand zu den anderen. »Es ist nichts dabei …«, begann sie. »Aber bist du lesbisch?«

»Wie kommst du darauf?«, fragte ich sie laut. Ich hatte das Wort noch nie gehört, geschweige denn gewusst, was es bedeutete. Später erfuhr ich, dass Sex zwischen Frauen im jüdischen Recht unsichtbar ist. Im Buch Levitikus im Alten Testament wird Homosexualität in eine Liste von Verboten eingereiht, zu denen auch Kinderopfer und Sodomie gehören, aber lesbischen Frauen wird nicht die Ehre zuteil, anerkannt oder gar verboten zu werden. Stattdessen lehrt das Gesetz nur, dass solche Beziehungen zwischen Frauen »nichts weiter als eine Zuchtlosigkeit« seien und die Frauen im Falle eines Techtelmechtels an ihre Ehemänner zurückgegeben werden sollten.

In biblischen Zeiten galt dies als kein ausreichender Ehebruch, um die Todesstrafe nach sich zu ziehen – die empfohlene Bestrafung für einen Mann, der dabei erwischt wird, mit einem Mann das Lager zu teilen. Lesben waren nicht wichtig genug für die Todesstrafe; das bedeutete jedoch noch lange nicht, dass es Raum für uns gab. Dass Frauen einander liebten und befriedigten, war das genaue Gegenteil der strengen, geschlechtsspezifischen Erwartungen, die damals galten, und am bedrohlichsten war, dass Frauen eigene sexuelle Wünsche hatten.

Tova erklärte: »Du bemühst dich immer, dass Leute deinen

Körper bemerken«, sagte sie zögernd. »Es ist, als ob du willst, dass wir dich ansehen.« Als sie weitersprach, halfen mir ihre Worte, das Prinzip, das sie erklärte, zu verstehen. Mir wurde bewusst, dass es mich in aller Klarheit beschrieb, ebenso wie das Wort »Missbrauch«, als ich es zum ersten Mal gehört hatte. Erneut wurde mir ein Fenster zu einer Erfahrung geöffnet, von der ich nicht gewusst hatte, dass es sie gab. Es fühlte sich an, als wäre eine weitere Facette meiner selbst erschlossen worden. Ich wollte unbedingt mehr wissen.

Ein paar Tage später schnitt ich Gemüse am Küchentisch meiner Mutter, während sie über die Spüle gebeugt stand und mit dem Rücken zu mir Geschirr spülte. Ich hatte keine Ahnung von der Ungeheuerlichkeit dessen, was ich entdeckt hatte; ganz gewiss hatte ich noch nicht zwischen den Zeilen von Levitikus gelesen. Vielleicht würde mir meine Mutter helfen, wenn ich sie fragte? Ich könnte es ihr wie einen Olivenzweig anbieten, eine weitere Chance für sie, meine Vertraute zu werden, nachdem sie es beim Missbrauch verweigert hatte.

Ich ließ die Worte heraus: »Weißt du, Mama, ich glaube, ich bin lesbisch.«

»Nein, das bist du nicht«, antwortete sie, ohne von ihrem Geschirr aufzublicken. Sie nahm den Zweig nicht an.

Unzufrieden suchte ich meinen befreundeten Rabbiner auf, und als er mich am Ende unseres Besuchs zum Tor seines Gebäudes brachte, nahm ich meinen Mut zusammen und versuchte es noch einmal: »Ich glaube, ich bin lesbisch.«

»Natürlich bist du das«, sagte er sachlich. »Alle Mädchen in meinem Seminar schlafen miteinander. Das ist normal. Das geht vorüber, wenn du heiratest.«

Jetzt *musste* ich einen Ehemann finden.

Sechs

Frau von Wert

אֵשֶׁת־חַיִל מִי יִמְצָא וְרָחֹק מִפְּנִינִים מִכְרָהּ׃

Eine tüchtige Frau, wer findet sie?
Sie übertrifft alle Perlen an Wert.
SPRÜCHE 31,10

In streng orthodoxen Kreisen gibt es keinen anderen Weg, erwachsen zu werden, als durch eine heterosexuelle Ehe. Das Beten, Lernen, Segnen des Essens und das G'tt-Danken, das Bedecken des Haupthaars und das Händewaschen – all das war auf das Ziel ausgerichtet, eine gute Ehefrau zu sein. Vom Augenblick meiner Geburt an war ich Ehefrau und Mutter in Ausbildung. Als Missbrauchsopfer und Lesbe, was beides von meiner Gemeinschaft nicht akzeptiert werden konnte, hatte ich umso mehr Gründe, unter die Haube zu kommen. Als verheiratete Frau würden die schwierigen Aspekte meiner Persönlichkeit anscheinend ganz von allein verschwinden, und ich könnte mein Leben als angesehene Erwachsene beginnen.

Ich weiß nicht, wie viel meine Eltern über meine Aktivitäten wussten, aber dass ich mich nicht anpasste, war klar: Ich war inzwischen aus dem Internat geflogen (nachdem die Sidney-Sheldon-Bücher entdeckt worden waren) und lebte vorübergehend wieder bei ihnen. Ich sah nicht wie ein sittsames, unverheiratetes Mädchen aus, das auf seine Vermittlung wartete, und ich spielte auch nicht diese Rolle. Bevor ich meiner Familie noch mehr Skandale bescheren konnte, beschlossen sie, dass eine neue Zeit in England mir guttun würde, und dieses Mal schickten sie mich zu meinem Bruder Dov Ber, der mittlerweile mit seiner Frau und drei Kindern wieder in England wohnte. Meine einzigen Freundinnen und Freunde zu verlassen, war ein Verlust, aber gedanklich war ich immer noch fest auf dem Weg zur Ehe und damit zum Erwachsensein.

Ich hatte Dov Ber seit Monaten weder gesehen noch mit ihm gesprochen. Er war mein Lieblingsbruder, aber trotzdem hatten wir keine starke Verbindung. Er wohnte in Gateshead, einer Stadt, in der sechstausend außergewöhnlich religiöse Juden in sechs dicht besiedelten Straßen leben.

Dov Ber bereitete gerade die Eröffnung eines koscheren Burger-Imbisslokales vor, und die Familie hoffte, dass ich der Gemeinde von Gateshead von Nutzen sein würde. Der jüdische Teil der Stadt war wie ein Universitätsviertel, mit nur einem möglichen Abschluss: der Tora. Die Einwohner waren so *frum,* dass es in den Lebensmittelgeschäften unterschiedliche Zeitfenster für unverheiratete Männer und Frauen gab, damit sich ihre Wege nicht kreuzten.

Wieder ein neuer Ort. Ich wagte nicht, mich optimistisch genug zu fühlen, um es mein »Zuhause« zu nennen. Mir blieb nichts anderes übrig, als mich wieder neu zu erfinden. Bis zu meinem achtzehnten Geburtstag waren es noch sechs Monate. Meine Umgebung war der Meinung, dass ich eine Frau werden musste, die andere für heiratsfähig hielten. Ich legte die trendigen Klamotten, die ich liebte, ab und kaufte mir eine billige, konservative Garderobe aus schwarzen Strumpfhosen und Ballerinas, Cardigans, Blusen und A-Linien-Röcken. Im Inneren war ich natürlich unverändert und verbrachte Nächte hinter meiner Schlafzimmertür damit, die abgeknickten Seiten des *DIVA*-Magazins immer wieder zu lesen, das meine

Freundin Penina, die ich im Sommercamp kennengelernt hatte, mir jeden Monat in diskretes braunes Papier gewickelt aus London schickte.

Nach außen hin bemühte ich mich, dem Image einer akzeptablen künftigen Ehefrau zu entsprechen. Es war mir eigentlich scheißegal, wer mein Ehemann sein würde. Ich brauchte bloß die Autonomie, die das Eheleben versprach.

Ich hasste es, in den Häusern anderer Leute zu leben, und wollte die ganze Sache wirklich hinter mich bringen. Als Ehefrau hätte ich mein eigenes Zuhause, meinen eigenen Raum. Lea, meine strenggläubige ältere Schwester, lebte mit ihrer Familie im Londoner Stadtteil Stamford Hill und übernahm auch für mich eine Mutterrolle.

Als ich nach einem Besuch bei ihr wieder nach Gateshead kam, hatte sich Dov Bers Burger-Imbiss zerschlagen. Er hatte die Räumlichkeiten und die gesamte Ausrüstung gekauft, doch wurde ihm die koschere Akkreditierung, die er benötigte, um seine religiöse Kundschaft zu bedienen, verweigert, da die bärtigen Männer befürchteten, dass Jungen und Mädchen dort zu leicht miteinander in Kontakt kommen könnten. Von mir wurde erwartet, dass ich zum Haushalt beitrug und auf jeden Fall meine eigenen Kosten deckte, sodass ich jetzt drei Jobs hatte, um mich zu ernähren. Den Vormittag verbrachte ich in einem Reisebüro, das den Bedarf der Gemeinde an Flügen zu Hochzeiten und Geburten deckte, gefolgt von einer Nachmittagsschicht in Mr Danskys koscherem Lebensmittelgeschäft. Mr Dansky war ein mürrischer Mann, der schmutzige, trockene Witze machte, aber er kümmerte sich um mich und bot mir Sandwiches an, während er die Jungs, die dort arbeiteten, anwies, die Lagerbestände zu schleppen, damit ich es nicht tun musste. Ich liebte meine Autorität dort, die darin bestand, die Warteschlangen zu überwachen, sodass ich endlich über ein kleines Stück Macht verfügte.

Meine letzte Schicht des Tages bestand darin, die Buchhaltung für Mr Honig zu erledigen, einen äußerst religiösen Geschäftsmann aus einer der angesehensten Familien von Gateshead, der sein Büro von einem Reihenhaus aus leitete. Die Tatsache, dass ich praktisch nicht zählen konnte, schien Mr Honig nicht zu kümmern, dass wir jedoch unsere Schreibtische nebeneinanderstellten und er täglich fünfzig Gründe fand, um sich vorzubeugen und einen Blick auf die Umrisse meiner Brüste zu werfen, sehr wohl.

An einigen Abenden besuchte ich, um ein paar Zeugnisse zu erwerben, die Abendschule in einem kleinen Lernzentrum bei einer Dame namens Mrs Halpern. Nach dem Unterricht lud sie mich in die winzige Küche ihres direkt angrenzenden Hauses ein. Wir lasen gemeinsam tiefgründige, philosophische jüdische Texte, was sehr ungewöhnlich war. Es war ein Gespräch, das ich genoss und anderswo selten bekam.

Im August wurde ich achtzehn. Im Oktober erzählte mir Miriam bei einem Besuch, dass ein *Schidduch* anstehe. Ein Mann, der sich einen Namen damit gemacht hatte, gefährdeten Jugendlichen in der Gemeinde ihrer Familie wieder auf die Beine zu helfen, kannte einen jungen Mann, den ich seiner Meinung nach kennenlernen sollte. Danny war fünf Jahre älter als ich, hatte auch viel durchgemacht und wollte jetzt endlich anständig werden.

»Er wird den Boden unter deinen Füßen küssen«, prahlte der Mann. Das klang für mich in Ordnung.

Obwohl meine Eltern, mit denen ich nur gelegentlich Kontakt hatte, die Heirat als einzige akzeptable Möglichkeit ansahen, mich auf den rechten Weg zu bringen, waren sie nicht sonderlich in den Prozess selbst involviert; nicht wie bei meinen Schwestern. Sie hatten bereits den Gedanken vollkommen aufgegeben, dass ich jemals eine gute kleine Ehefrau werden könnte, und waren gewiss nicht bereit, sich zu engagieren, um mir zu helfen. Aber über die jüdischen Klatschbasen, die schnell und zuverlässig sind, hörte ich, dass meine Chefin im Reisebüro Gateshead Danny kannte. Ich fragte sie nach ihrer Meinung über ihn. Ihre erste Reaktion war Besorgnis: »Er ist nicht der Geradlinigste«, meinte sie kryptisch. Das klang bedrohlich, und da ich ihr vertraute, dachte ich kurz darüber nach. Aber die hörbarere Botschaft aller anderen, implizit und manchmal explizit, lautete: »Du weißt, wer du bist; vielleicht bekommst du kein besseres Angebot.«

Meine Eltern stimmten von Israel aus zu, und ein Treffen in Leas Esszimmer wurde vereinbart. Leas Haus war ein kleines Reihenhäuschen und lag nicht weit von Miriams Haus entfernt. Das Esszimmer war winzig, und ein Geschirrschrank und ein Mahagonitisch machten es zu einem offiziellen Bereich. Der Tisch war leer – vor dem Aussprechen eines »*Masel tov*« sollte nichts gegessen werden; Lea und ihr Ehemann saßen links und rechts von mir, Danny und seine Eltern uns gegenüber.

Danny war auf Jungenart gut aussehend. Er hatte seinen Bart kurz und ordentlich gestutzt – ein Zeichen seiner Rebellion, denn in der Bibel steht: »Ihr sollt euer Kopfhaar nicht rundum abschneiden. Du sollst deinen Bart nicht stutzen.« Er trug einen frischen Haarschnitt, einen makellos geschnittenen Anzug und Gucci-Halbschuhe. Seine Eltern hatten auch eine Frau mitgebracht, Mrs Blau, die in ihrem Alter war und als seine Mentorin vorgestellt wurde. Sie war aus einer Gemeinde in New York hierhergezogen, wo sie eine prominente Persönlichkeit gewesen war. Sie interessierte mich mehr als Dannys Mutter, die schlicht gekleidet und ruhig war. Im Gegensatz zu ihr trug Mrs Blau teure Kleidung, einen fein gestrickten pastellfarbenen Twinset, einen mittellangen, gerade geschnittenen Rock und Ferragamo-Pumps. Ihre steife, kinnlange kastanienbraune Perücke steckte unter einem Pillbox-Hut, und sie sprach mit einem dröhnenden amerikanischen Akzent.

Mein Schwager und Dannys Vater stellten uns einander vor, und nach einer Viertelstunde Small Talk wurden Danny und ich allein gelassen, wobei die Tür nicht geschlossen wurde, damit wir stets im Blickfeld blieben. Wir brachten eine halbe Stunde lang ein peinliches Gespräch zustande, wobei jeder von uns geflissentlich ignorierte, was man uns bereits übereinander erzählt hatte, nämlich dass wir zusammenpassten, weil wir beide angeschlagen waren. Als Dannys Vater an die Tür klopfte, um uns darauf hinzuweisen, dass unsere Zeit abgelaufen war, waren wir beide erleichtert, dass wir das Theater beenden konnten.

Dieser ganze Prozess folgte einem bewährten Muster, bei dem es darum ging, so schnell wie möglich zum Finale zu gelangen. Unsere Familien mussten ihre Zustimmung besprochen haben, während wir uns an diesem Tag miteinander unterhielten, denn schon am nächsten Morgen kam ein Anruf von Mrs Blau, in dem sie mitteilte, dass Danny mich am folgenden Nachmittag zu einem weiteren Date abholen würde. Diese Eile bei der Partnervermittlung war absolut typisch: Die Transaktion war bereits arrangiert worden; jetzt mussten sie nur noch sicherstellen, dass wir die Gesellschaft des anderen ertragen konnten.

»Du checkst, ob er eine Nase in der Mitte seines Gesichts hat, mehr nicht«, hatte mir Lea geraten.

Danny hielt mit seinem blauen BMW vor Leas Haus und fuhr mich zu einem Hotel im Zentrum Londons, wobei er die meiste Zeit zu schnell fuhr und schließlich an einer doppelten gelben Linie vor dem Eingang anhielt.

»Bist du sicher, dass du hier parken kannst?«, fragte ich.

»Man kann überall parken«, antwortete er. »Es kostet nur achtzig Pfund.«

Mit Vollgas war er vor den Hoteleingang gefahren und wurde sofort abgewiesen, weil er keine Krawatte trug. Also fuhr er mich im selben Tempo nach Hause.

»Da ist etwas, das du wissen solltest«, sagte ich, während er durch die Straßen im Londoner Nordosten raste. Ich machte mir weniger Sorgen um die Verkürzung des Dates als um eine eventuell verpasste Gelegenheit, ihm zu erzählen, was mir widerfahren war. Es war etwas, mit dem ich seit unserer ersten Begegnung gehadert hatte. Es ihm zu erzählen, fühlte sich wie ein Hindernis an, das ich überwinden musste, bevor wir uns verloben konnten.

»Mach dir keine Sorgen«, sagte er. »Sie haben es mir schon gesagt. Das ist schon in Ordnung.« Es fühlte sich einfach an.

Am Samstagabend holte er mich wieder ab und trug ein Paar Schuhe, das ich jetzt als drittes Gucci-Paar ausmachte. Es stand für mich fest, dass er mir vier Tage und nicht ganz drei Dates nach unserer ersten Begegnung einen Antrag machen würde. So lief das eben, und außerdem erwischte ich Lea dabei, wie sie den Tisch mit Kuchen festlich deckte, als ich das Haus verließ.

Ich verspürte nicht die Aufregung, von der einige frischgebackene Bräute erzählten; es war eher ein Gefühl des Vertrauens, dass die Dinge wieder in Ordnung kommen würden. Ich war auf dem Weg zu einer respektablen Erwachsenen. Ich trug einen schwarzen Bleistiftrock mit einem schwarzen Nadelstreifenhemd, das ich in den Rock gesteckt hatte, und fand das auf eine kraftvolle Art sexy.

»Wenn wir heiraten, wirst du solche Kleidung nicht mehr tragen«, verkündete Danny.

Er sagte, er wolle mir stattdessen teure Kleider kaufen. Ich hatte noch nie Luxus erlebt, und etwas an seiner Art machte mir Angst, abzulehnen.

Wir fuhren durch den Blackwall-Tunnel Richtung Greenwich. Das Gespräch war diesmal nicht gestelzt; wir scherzten miteinander, und er brachte mich zum Lachen.

»Du hast einen Pickel auf der Stirn«, bemerkte Danny.

Ich war zutiefst beschämt. Ich klappte den Spiegel herunter, um nachzusehen. Mit rotem Lippenstift geschrieben stand dort: »Willst du mich heiraten?«

Ich glaube nicht einmal, dass ich »Ja« gesagt habe. Das hatte bereits jemand anderes entschieden: Ich würde seine Braut sein, seine *Eschet Chajil* – eine tüchtige Frau, deren Lebensaufgabe es sein würde, ihn zu unterstützen. Es gab keine Freudentränen, kein Aufjauchzen vor Aufregung und kein Versprechen unendlicher Hingabe. Ich war nur erleichtert, dass dieser Teil vorbei war.

Unsere Hochzeit war für zwölf Wochen später angesetzt, für den 8. Januar 2006.

Einen Monat zuvor begannen Danny und ich beide mit wöchentlichen Kursen, in denen wir lernten, wie ein Ehemann beziehungsweise eine Ehefrau zu sein hat – Danny beim Rabbi und ich bei der Rebbetzin, der Frau des Rabbi. Die Kurse waren wie die, die meine Mutter in Glasgow abgehalten hatte. Jetzt, da ich die Braut war, würde ich vielleicht einige der Antworten erhalten, auf die ich gewartet hatte, als ich als Kind mein Ohr an Mamas Tür drückte. Ich ging zu einer zierlichen Frau mit einer braunen Bob-Perücke. Sie bat mich in ihr Esszimmer. Ihr Tonfall war verschwörerisch, und zwischen uns ausgebreitet erkannte ich die gleichen Bücher, die meine Mutter benutzt hatte.

In den ersten Lektionen wurden die Reinheitsregeln festgelegt, die, bestimmt durch meinen Zyklus, zu den heiligsten gehören würden, die ich je befolgen würde. Diese äußerst wichtigen Richtlinien gaben uns die zwölf bis vierzehn Tage im Monat vor, an denen wir Sex, Berührungen und sogar das gemeinsame Schlafen in einem Bett vermeiden sollten, denn wer eine Frau während ihrer Menstruation berührt, wird selbst unrein. Die Rebbetzin lehrte mich, dass ich immer schwarze Slips tragen sollte, außer in den sieben Tagen nach meiner Periode, in denen sie weiß sein sollten, um weiteres unreines Blut sichtbar werden zu lassen. Ich schrieb alles in ein Notizbuch und genoss diesen Einblick in das Erwachsenenleben.

Für die letzte Lektion nahm sie mich mit ins Wohnzimmer und setzte mich auf ein Sofa. Ich wusste, was jetzt kommen würde.

»Ich weiß, dass du einiges weißt, aber ich weiß nicht, was du weißt«, begann sie und umging dabei die unbehagliche Tatsache, dass ich missbraucht worden war.

Dann zeichnete sie Strichmännchen mit männlicher und weiblicher Anatomie auf zwei separate Pappstücke und zeigte mit ihrem Stift auf den Penis.

»Das kommt da rein«, sagte sie und tippte mit ihrem Stift auf die Vagina.

Das war die erste Erklärung, die ich dafür bekam, was in meiner Hochzeitsnacht von mir erwartet wurde. Selbst als ich als Kind im Wörterbuch nachgeschlagen hatte, was Sex ist, hatte ich die Mechanismen dahinter nie ganz verstanden. Endlich war es so weit, nur noch wenige Tage, bis ich es tun musste. Ihre anderen Bräute wären vielleicht schockiert gewesen, aber ich war nicht sonderlich überwältigt.

Die Lehren schreiben vor, dass in der Woche vor der Hochzeit weder die Braut noch der Bräutigam allein gelassen werden dürfen, damit sie nicht von einem Dämon entführt werden. Daher wird ihnen ein *Schomer* (ein Aufpasser oder eine Aufpasserin) zugeteilt, der über sie wacht. Ich wählte Oma G., die sieben Tage und Nächte an meiner Seite bei Lea verbrachte. Ich nahm auch eine Progesteron-Pille, um sicherzustellen, dass meine Hochzeit genau eine Woche nach meiner Periode stattfand, was meinem neuen Ehemann in unserer Hochzeitsnacht Reinheit – also die Abwesenheit jeglichen Menstruationsbluts – garantierte. Diese Praxis ist so verbreitet, dass die Tabletten als *Kalla*-(Braut-)Pillen bekannt sind und nicht als Verhütungsmittel, die nur mit Genehmigung eines Rabbiners verwendet werden dürfen.

In Vorbereitung auf die Hochzeitsnacht musste ich mich in der Woche vor meiner Hochzeit zweimal täglich selbst untersuchen, indem ich ein kleines weißes Tuch um meinen Mittelfinger wickelte, es in meine Vagina einführte und dann gegen das Licht hielt, um zu sehen, ob es sich verfärbt hatte. Die Pille sorgte dafür, dass alles nach Plan verlief, und nach sieben sauberen Tagen war es Miriams Aufgabe, mich zur *Mikwe* zu bringen – einem rituellen Bad, in das ich eintauchen sollte, um mich auf die Ehe und die Reinheit vorzubereiten.

Die *Mikwe* befand sich in einem eigens dafür errichteten Anbau der Synagoge in der Nähe von Miriams Haus und hatte einen eigenen Eingang, der von dem der Hauptsynagoge entfernt lag, um Diskretion zu wahren. Verheiratete Frauen besuchten sie einmal im Monat am Ende ihrer Periode und mussten nachts gehen, um nicht gesehen zu werden. Künftige Bräute durften jedoch tagsüber gehen. Bevor wir eintraten, winkte Miriam mich zur Seite und überreichte mir ein Geschenk: einen fliederfarbenen Waschbeutel mit der mit weißem Baumwollgarn aufgestickten Aufschrift »Yehudis«. Er enthielt eine Nagelschere, eine Sandblattfeile und Ohrstöpsel – alles, was man braucht, um seinen Körper zu untersuchen und zu reinigen, bevor man jeden Monat ins Wasser geht. Es gab auch eine kleine laminierte Karte, die mich an die Schritte erinnerte, die ich unternehmen sollte, um mich gründlich und in Übereinstimmung mit der Tora zu reinigen: »Schneiden Sie Ihre Finger- und Zehennägel; reinigen

Sie die Ohrmuschel, die Innenohren, die Brustwarzenfurchen und die Tiefen Ihres Bauchnabels; waschen Sie Ihre Haare; benutzen Sie die Toilette.«

Ich bedankte mich; dieses Geschenk sollte mir das Gefühl geben, eine richtige Frau zu sein; aber es lenkte nur die Aufmerksamkeit auf die Beklommenheit, die in mir aufkam, als ich daran dachte, von der alten Frau, die die *Mikwe* betreute, nackt gesehen zu werden. Ich griff nach der Türklingel. Die Wärterin, eine untersetzte Frau in den Sechzigern mit einer Perücke und einem bedruckten Hausmantel, hieß uns willkommen und wünschte Miriam, nicht mir, »*Masel tov*«.

Sie führte mich in ein kleines Badezimmer, wo ich mich in einem ersten Bad reinigen sollte, bevor ich in das rituelle Wasser der *Mikwe* eintauchte, während Miriam sich auf einen Klappstuhl im Flur setzte und für meine Ehe und Fruchtbarkeit betete. Ich tat, was die Betreuerin mir gesagt hatte: Ich ließ mir ein Bad ein, um mich zu reinigen, zog mich aus, ließ mich in das heiße Wasser sinken und zog meine Knie an meine kleinen Brüste. Die Unterwerfung, die diese Erfahrung mit sich bringt, soll sich heilig anfühlen, aber ich fühlte mich ängstlich und verletzlich, als würde ich eine Pflicht erfüllen, über die ich nicht mitbestimmen konnte, und das nächste Glied in einer Kette sein, die von Generationen von Frauen vor mir gebildet wurde.

»Frauen in der Sowjetunion tauchten in eiskalte Seen ein und schnitten im Winter ein Loch ins Eis«, hatte meine Mutter, die zur Hochzeit in die Stadt gekommen war, zu mir gesagt, bevor ich zur *Mikwe* ging.

Als ich das Wasser einlaufen ließ, konnte ich mich nicht daran erinnern, wann ich das letzte Mal ein Bad so voll eingelassen hatte, wie ich wollte. Ich ging die laminierten Hinweise in meinem Kopf durch, stieg aus der Wanne, schaute dann meinen Körper im Spiegel an und zählte – wie mir die

Rebbetzin, meine Brautlehrerin, beigebracht hatte – jede meiner Körperöffnungen, berührte sie und sagte laut zu mir selbst und zu G'tt: »Ich habe es überprüft.«

Ich ließ das Badewasser ab, stieg dann wieder in die Wanne, drehte den Wasserhahn auf und zitterte, während ich darauf wartete, dass die Dusche über mir zum Leben erwachte. Ich spülte meinen Körper noch einmal ab und kämmte mir sorgfältig die Haare, um sicherzustellen, dass sie keine Knoten enthielten. Meine Haut fühlte sich heiß an, aber ich zitterte. Allein und schutzlos spürte ich die Schwere meiner bevorstehenden Hochzeit. Ich hüllte mich in den Frotteebademantel, steif wie ein Pappkarton, der an der Rückseite der Tür hing, und schob meine Füße in ein Paar gelbe Crocs, die für mich bereitgestellt worden waren. Dann klingelte ich, um zu signalisieren, dass ich für den nächsten Teil bereit war. Die Aufseherin erschien an der anderen Seite der Tür und rief mich herein.

Die *Mikwe* selbst war kleiner, als ich sie mir vorgestellt hatte: ein ein Meter zwanzig mal ein Meter fünfzig großer, arktisblau gekachelter Pool, der mit warmem Wasser gefüllt war, das nicht klar genug war, um auf den Boden sehen zu können. Die Betreuerin bat mich, meine Hände auszustrecken, und überprüfte jeden Nagel und jedes Nagelbett auf Schmutzablagerungen. Sie zog mit ihrem rechten Fuß einen Plastikhocker vor mich und wies mich an, einen Fuß nach dem anderen darauf zu stellen, damit sie jeden Zehennagel und dann die Fußsohlen untersuchen konnte. Schließlich fuhr sie mir mit den Händen durch die Haare und suchte nach lockeren Strähnen, die sich lösen und meinen Tauchvorgang verunreinigen könnten.

Ich folgte ihren Anweisungen, lockerte meine Arme in den Ärmeln des Bademantels, und sie zog ihn mir aus. Ich stand nackt vor ihr. Bis jetzt hatte sich das Wasser einschüchternd angefühlt. Plötzlich war es etwas, das mich vor den Blicken dieser Fremden schützen konnte. Ich tastete mich die fünf Stufen hinunter und ließ mich vom Wasser verschlucken, während sie zusah. Bevor ich die letzte Stufe erreichte, gab ich ihr meine Brille, was bedeutete, dass ich nichts mehr sehen konnte, aber es gab jetzt nichts mehr zwischen dem Wasser – der Reinheit – und mir. Ich erinnerte mich daran, was man mir beigebracht hatte: Kopf und Körper eintauchen, sich vorbeugen wie eine Frau, die Brot knetet. Ich spürte, wie das Wasser in meinen Intimbereich floss – das war der Sinn dieser Haltung. Ich hielt den Atem so lange wie möglich an und erinnerte mich daran, dass ich für meine Ehe und Fruchtbarkeit beten sollte, aber ich wollte unbedingt zum nächsten Schritt übergehen. Als ich nach Luft schnappte, verstärkte die Akustik die Stimme der Betreuerin, die *»Koscher!«* rief. Die Regeln verlangten zwei weitere Tauchvorgänge und zwei weitere Rufe, danach stieg ich wieder die Stufen hinauf. Ich zitterte vor Kälte und Verlegenheit, als ich nach meiner Brille griff.

»Masel tov«, sagte sie und führte mich zurück ins Badezimmer, wo ich mich mit noch nasser Haut anzog.

Miriam wartete, ihr Gesicht feucht von Tränen, die sie für meine Ehe vergossen hatte. Sie küsste mich, aber ich fühlte mich wie aus Holz. Das Ritual hatte mich nicht erhoben oder erleuchtet; es hatte meine Angst vor dem, was als Nächstes kam und wer ich werden sollte, tiefer in meine Knochen sickern lassen. Ich hatte den praktischen Übergang zur Frau vollzogen, der von mir verlangt wurde, aber warum musste ich das nackt vor einer Sechzigjährigen tun? Erwachsensein, Ehe und Sex schienen jetzt allesamt furchterregend und real zu sein.

Wieder bei Lea packte ich ein paar letzte Sachen in eine Tasche und ging zu einer Wohnung weiter unten an der Straße, die einer Freundin von Mrs Blau gehörte. Dort würde ich die letzten vierundzwanzig Stunden vor meiner Hochzeit mit Oma G. verbringen, nachdenken und beten. Wir aßen zusammen zu Abend, ich lackierte mir meine Nägel in einem milchigen Blassrosa, und wir legten uns im Hauptschlafzimmer in zwei Einzelbetten, die mit schwerer Damastbettwäsche mit Sonnenblumenmuster bezogen waren. Bis in die frühen Morgenstunden unterhielten wir uns bei eingeschaltetem Licht – worüber, weiß ich nicht mehr – und schliefen die letzten paar Stunden bis Tagesanbruch.

Später an diesem Morgen öffnete ich die Tür einem Mann in den Vierzigern mit einem kragenlangen grauen Bart und gekräuselten *Pejes*, der sich als Videofilmer vorstellte. Ich hatte keine Ahnung, wer er war, aber er war von Mrs Blau geschickt worden, um mich beim Fertigmachen zu filmen. Er baute die Beleuchtung auf, während weitere Personen, die ich nicht erwartet hatte, eintrafen, um mich zu schminken und zu frisieren. Auch Mrs Blau kam. Sie schien zu wissen, wer jeder war, auch wenn ich selbst im Unklaren gelassen wurde. Ich saß auf einem Esszimmerstuhl in der Mitte des Wohnzimmers und wurde zurechtgemacht, während Oma die Menge an Grundierung, die sie auftrugen, mit missbilligenden Tönen kommentierte. Als ich in den Spiegel schaute, sah ich dort ein anderes Mädchen: Mein Haar war nach hinten gekämmt und fiel in sanften Locken um meine Schultern, und auf dem Kopf trug ich eine Tiara aus Swarovski-Kristall. Mein Make-up war schlicht, in Nude-Tönen. Der einzige winzige Hinweis auf meine Persönlichkeit war der türkisfarbene Eyeliner, auf dem ich bestand. Oma begleitete mich ins Schlafzimmer, um mir in mein Kleid zu helfen: Ich hatte die kleine Größe vierunddreißig und trug ein bauschiges, hochgeschlossenes Kleid aus cremefarbener Seide mit langen Puffärmeln und aufwendiger Blumenstickerei um die Taille. Sie schloss den Reißverschluss am Rücken, und plötzlich fiel mir auf, wie hungrig ich war; Bräute müssen am Hochzeitstag fasten – es ist ihr persönlicher *Jom Kippur*, ihr heiliger Tag der Buße vor der Eheschließung.

Im Wohnzimmer knurrte mir der Magen, als die Friseurin mir einen langen Netzschleier am Hinterkopf befestigte und Oma mir den Hochzeitsschmuck anlegte: eine Weißgolduhr mit diamantenbesetztem Rand um das Ziffernblatt und eine Diamanthalskette, beides Geschenke von Danny. Die Kette war schwer und kratzte. Ich wusste, dass er mir nach der Hochzeitszeremonie passende Ohrringe schenken würde, die ich auf unserer Feier tragen sollte, aber vorerst trug ich meine silbernen Lieblingsohrgehänge.

Frauen kamen an, um sich mit mir fotografieren zu lassen: meine Mutter, meine Schwiegermutter, unendlich viele Tanten und Cousinen. Ich fühlte mich wie eine Schachfigur, die auf einem Brett hin- und hergeschoben wurde. Mein wahres Ich war unter Schichten von Make-up und Rüschen vollkommen verschwunden. Um vierzehn Uhr hielt ich inne, um mein Nachmittagsgebet zu sprechen, allein in der Küche. Ich bereute und bat um Vergebung: dafür, dass ich so verlockend war, dass Todros meinetwegen gesündigt hatte, dafür, dass ich lesbisch war, und dafür, dass ich nicht so an diesem Tag angekommen war wie erforderlich – rein. Ich wollte an diesem Abend makellos aus dem Hochzeitsbaldachin – der *Chuppa* – heraustreten, bereit und normal. Es war eine Erleichterung, den Frauen im anderen Raum zu entkommen, die Fotos machten und fieberhaft quatschten. Ich beendete meine Gebete etwas zu schnell und trödelte so lang wie möglich, bis jemand kam und nach mir suchte.

Ein weißer Oldtimer fuhr mich die kurze Strecke zu meinem Trauungsort: einer Schulaula. Das war völlig normal für eine religiöse Hochzeit, die ohne Weiteres mehr als fünfhundert Gäste umfassen konnte und bei der daher das Praktische und die Nähe zur Gemeinde über den Veranstaltungsort bestimmten.

Auf einer Seite des Saals stand eine Reihe von Tischen mit einem riesigen Buffet aus belegten Brötchen, Sahnetorten und Obst, das zu Blumen und kleinen Schwänen geschnitzt worden war. Meine Nichten und Neffen rannten herum und verschmierten ihre Hochzeitskleidung mit Schokolade, während ich auf einen thronartigen Korbstuhl mit einer muschelförmigen Rückenlehne gesetzt wurde, die mit weißem Stoff und Bändern verziert war. Ich stand im Mittelpunkt der Aufmerksamkeit, wie ich es noch nie zuvor erlebt hatte, und fühlte mich wie ein Eindringling.

Ich musste ständig daran denken, wie mein Hochzeitskleid meinen Körper beschwerte, und wusste, dass ich, wenn ich es das nächste Mal auszog, unbekleidet vor den Augen meines Mannes stehen würde.

Meine Mutter und meine Schwiegermutter eskortierten mich in einen mit etwa zweihundert Frauen gefüllten Raum. Im Hintergrund lief klassische Musik, und die Frauen bildeten eine Schlange, um von mir gesegnet zu werden, denn jede war davon überzeugt, dass ich so viel Buße getan hatte, um nunmehr frei von Sünde zu sein. Die Musik wurde langsamer und verwandelte sich in einen Marsch, als die Stimmen der Männer, die inbrünstig sangen, aus dem Korridor zu uns drangen. Mein Mann wurde von seinem und meinem Vater Arm in Arm zu mir geführt, und Dutzende weitere Männer folgten ihnen singend. Ihre Stimmen schwollen in einem Crescendo an. Ich lächelte Danny an und sah, dass er laut weinte. Das war das *Bedeken*, eine Zeremonie vor der eigentlichen Trauung, bei der er mein Gesicht überprüfen sollte, um sicherzustellen, dass ich seine Auserwählte war – eine Tradition, die seit biblischen Zeiten überlebt hatte, als Jakob dazu verleitet wurde, Lea zu heiraten statt ihrer jüngeren Schwester Rachel, seiner wahren Liebe.

Danny schaute mir nicht in die Augen, aber er musterte pflichtbewusst mein Gesicht, bevor er weggeführt wurde, während die Männer noch sangen und er noch weinte. Meine Mutter steckte mir einen zweiten Schleier aus undurchsichtigem weißem Satin ins Haar, der über mein Gesicht fallen sollte. Ich sollte durch ihn nichts sehen – und die Männer, die die Zeremonie beobachteten, sollten meinem Gesicht nicht ausgesetzt sein. Nun wurde ich zur *Chuppa* geführt, vier Stangen mit einer darüber ausgebreiteten marineblauen, goldbestickten Samtabdeckung, die im Schulhof aufgestellt worden war, mit Blickrichtung ostwärts, nach Jerusalem.

Es dämmerte. Vierhundert Menschen drängten sich auf dem Schulhof, Männer auf der einen Seite, Frauen auf der anderen. Ich war noch nie so sichtbar gewesen, aber ich wusste nicht, wer ich war. Meine Mutter hob meinen Schleier während der zwanzigminütigen Zeremonie nur zweimal kurz an: einmal, damit ich einen Schluck von dem Wein nehmen konnte, der unsere Ehe heiligte, und dann noch einmal, als Danny am Ende ein Glas unter seinem rechten Fuß zerschmetterte – ein kurzes Innehalten, um der Zerstörung des Tempels in Jerusalem zu gedenken –, bevor wir zum Moment der Freude zurückkehrten.

Danny nahm meine Hand – sie fühlte sich sicher und stark an –, und wir gingen durch die Menge der Gratulantinnen und Gratulanten auf eine kleine Holztür zu, an der zwei bärtige Männer standen. Sie waren unsere Trauzeugen, deren Aufgabe es war, dafür zu sorgen, dass wir einige Minuten allein in diesem Raum – dem *Jichud*-Raum, einem Ort der Abgeschiedenheit – als Ehemann und Ehefrau verbringen konnten. Meine Brautlehrerin hatte mir gesagt, dass Danny mich dort küssen würde. Ich wollte es hinter mich bringen und wartete, wobei ich mich jedes Mal, wenn er sich bewegte, fragte, ob es jetzt so weit wäre. Aber er küsste mich nicht. Statt verheiratet fühlte ich mich zurückgewiesen und verwirrt. Wir brachen still unser Fasten. Wir fühlten uns in dieser plötzlichen, erzwungenen Intimität unbehaglich und sagten wenig, lächelten gekünstelt und aßen, um die etwa zehn Minuten hinter uns zu bringen, bis die Männer klopften und *»Masel tov«* riefen. Nun waren wir offiziell verheiratet.

Bevor wir zu unserer Feierlocation aufbrachen, stürmte eine Frau in den kleinen Raum und hielt eine Hutschachtel mit dem *Scheitel* (Perücke) in der Hand, die ich mir für das Eheleben ausgesucht hatte. Für Männer ist das Bedecken des Kopfes mit einer *Kippa* eine Erinnerung daran, dass G'tt über ihnen steht; bei einer Frau heißt es, dass ihre sexuelle Energie, sobald sie keine Jungfrau mehr ist, von der Oberseite ihres Kopfes ausstrahlt und eingedämmt werden muss. Die Perücke vor mir sah aus wie ein kleiner Teil von mir – lange, weiche braune Locken –, ausgebreitet auf dem Tisch. Die Frau zog sie auf meinem Kopf zurecht, fasste mein eigenes Haar zu einem Knoten zusammen und steckte es darunter. Es sollte für immer bedeckt bleiben.

Der Wagen fuhr uns zum *Decorium*, einem neoklassizistischen Bankettsaal in der Nähe des Alexandra Palace. Dannys Eltern hatten ihn ausgewählt, und er war opulent und protzig, mit überall baumelnden Kronleuchtern. Sobald ich das Gebäude betreten hatte, wurde ich für Familienfotos geholt, aber zuerst wollte ich einen Blick in den Bankettsaal werfen, bevor alle anderen eintrafen. Ich zog an einer der Doppeltüren und steckte meinen Kopf durch den Spalt. Vor mir waren Tausende und Abertausende Sonnenblumen. Im Januar. Jeder Tischschmuck und eine ganze Wand waren leuchtend gelb und standen in voller Blüte. In der Mitte des Raumes befand sich eine *Mechiza* – eine ebenfalls mit Sonnenblumen geschmückte Trennwand, damit weibliche und männliche Gäste getrennt voneinander essen und tanzen konnten. Mein neuer Schwiegervater tauchte hinter mir auf.

»Gefallen sie dir?«, strahlte er. »Ich erinnere mich, dass du erwähnt hast, dass du Sonnenblumen liebst. Ich habe zehn Riesen dafür ausgegeben.«

Ich konnte die Bedeutung seiner Geste nicht einschätzen, lächelte aber höflich und schloss die Tür.

Fuck, dachte ich bei mir. Was sind *das* für Leute?

Vor der Kamera hielt Danny meine Hand und legte seinen Arm um meine Taille. Wir wussten beide, wie man sich in der Öffentlichkeit in Szene setzt. Während unsere Gäste sich zu ihrem ersten Gang, der Hühnersuppe, setzten, wurde uns unser Essen in einem privaten Raum serviert, und Danny überreichte mir die Diamantohrringe, passend zur Halskette, die inzwischen eine allergische Reaktion ausgelöst hatte. Es war die einzige Zeit, die wir an diesem Abend zusammen verbringen würden. Dann wurden wir zu unseren jeweiligen Haupttischen geführt – einem für Männer, einem für Frauen, beide an der Wand mit den Sonnenblumen. Ich betrat einen tanzenden Strudel, in dem sich Frauen zur chassidischen Musik drehten, die von einer Big Band auf Dannys Seite dröhnend gespielt wurde. Da keine Männer in Sicht waren, durften wir endlich Spaß haben, und jede Frau wollte einmal mit der Braut tanzen. Das fand ich toll. Noch nie hatte ich mich so beliebt gefühlt.

Die Feier dauerte bis zwei Uhr früh. Als die meisten Gäste gegangen waren, wurden die verbleibenden unverheirateten Jungen an ein Ende des Saals geführt und angewiesen, nicht hinzuschauen, während unsere Familienmitglieder in zwei Reihen saßen, die Männer gegenüber den Frauen. Ein einziger Keyboarder, der als Gaststar für diese altbewährte Tradition auserkoren worden war, begann, Limericks über jeden

Verwandten vorzutragen. Er wandte sich nacheinander an jeden Mann und stieg dabei in der Familienhierarchie nach oben, bis zu Dannys Vater, dann zu meinem und zuletzt zu Danny, während jeder nacheinander mit mir tanzte und dabei das Ende eines gewebten Seidengürtels ergriff, damit sich unsere Hände nicht berührten. Ich war inzwischen verheiratet und durfte mich während der Vorführung kaum zur Musik wiegen. Als mein Vater an der Reihe war, warf er den Gürtel beiseite, nahm meine Hand und weinte beim Tanzen. Er hatte so viele Erwartungen an mich und an diesen Augenblick gehabt, und ich hatte sie wohl zum ersten Mal erfüllt. Alles, was ich jetzt tun konnte, war, meinen nächsten Akt zu beginnen.

Sieben

Du bist nicht tugendhaft, du bist dumm

מִדְּבַר־שֶׁקֶר תִּרְחָק …

Von einem unlauteren Verfahren
sollst du dich fernhalten.
EXODUS 23,7

Wir fuhren nach Hause, in eine schäbige Wohnung im zweiten Stock eines ehemaligen Sozialwohnungsblocks in Hackney, die ich nur einmal zuvor gesehen hatte – Anfang der Woche, um ein paar Kleider zu ordnen und meine Schlüpfer in eine Schublade zu legen. Der Rest meiner Kleidung wartete dort bereits auf mich, von Mrs Blau sittsam abgeändert, gedämpft und weggeräumt. Mrs Blau war nun die Mentorin für uns beide, aber ihre und meine Beziehung war seltsam; sie kaufte mir Kleider, von denen sie glaubte, dass sie Danny gefallen würden, und arrangierte Schönheitstermine für mich, doch für uns zu freuen schien sie sich nicht.

Es war kurz vor Sonnenaufgang, am Ende unserer Hochzeitsnacht, und Danny saß vor dem Computer im Arbeitszimmer, wo er seine neue Kleidung für Ehemänner aufgehängt hatte – einen Pelz-*Schtreimel* als Ersatz für den schwarzen Homburg, den er am *Schabbes* trug, und einen Mantel, der den Status eines Verheirateten anzeigte. Ich ging ins Bad, schlüpfte aus meinem Kleid und duschte. Ich zog mir ein dünnes schwarzes Nachthemd und einen schwarzen Satin-Bademantel an, die ich mir selbst ausgesucht hatte. Als ich herauskam, legte ich mich auf dem Rücken aufs Bett und schaute zu Danny, der unbeholfen herumstand. Er wusste nicht, was er mit sich anstellen sollte, also machte ich das Licht aus und winkte ihn zu mir. Er sagte, er wolle zuerst duschen, und kam ein paar Minuten später in einem bodenlangen Burberry-Bademantel zurück, den er unter seinem Bauch ordentlich verknotet hatte.

Er legte sich zu mir aufs Bett, aber er war nicht ganz hart. Wir küssten uns, und ich spreizte die Beine und zeigte ihm, wo er ihn hineinstecken solle. Ich spürte nichts, nur dass ich G'tt diente, indem ich tat, was getan werden musste.

Als er kam, schrak Danny vor Entsetzen zurück und sprang vom Bett, griff nach seinem Bademantel und hielt ihn vor sich, während ich zusah, wie sein Hintern sich ins Badezimmer verzog. Die Ehe war nun vollzogen, und Danny durfte mich erst wieder berühren, nachdem ich meine Periode gehabt hatte und wieder in die *Mikwe* eingetaucht war. Wir gingen in getrennten Betten schlafen, um in zwei Wochen wieder zusammenzukommen.

Unsere Hochzeitsnacht war am Sonntag. Am folgenden Freitag zeigte er mir zum ersten Mal sein Naturell. Ich hatte zwei *Scheitel.* Der erste, mein schicker, war die Perücke, die mir für die Hochzeit gestylt worden war. Der zweite war der Alltags-*Scheitel,* weich, braun und schulterlang, mit einem kleinen schrägen Pony. Diesen zweiten trug ich an jedem der sieben Abende nach unserer Hochzeit, an denen Freunde und Familie die *Schewa Brachot* – sieben Segnungen – ausrichteten, eine Woche voller Feierlichkeiten bei ihnen zu Hause, um unsere Ehe zu segnen. Das Fest am *Schabbes* war das wichtigste. Am Freitagmorgen rief Mrs Blau an, um mir zu sagen, dass sie mich abholen werde, um mich zu ihrer *Scheitel*-Macherin zu bringen.

»Ich habe mit ihr über dein Gesicht und deinen Stil gesprochen, und wir haben entschieden, was für dich am besten wäre«, kündigte Mrs Blau bei unserer Ankunft in einem ziemlich luxuriösen Salon an. Sie hatte mich bereits vor der Hochzeit zur Laserbehandlung zum Entfernen meines spitzen Haaransatzes gebracht, um, wie sie sagte, zu verhindern, dass dieser unsittlich unter meiner Perücke zum Vorschein käme. Ohne mein Wissen hatte sie nach der Hochzeit meine schicke Perücke neu frisieren lassen und präsentierte mir nun eine schulterlange Ersatzperücke, die glatt gebügelt und so angeordnet war, dass mir die Haare nicht mehr ins Gesicht fielen.

Als ich nach Hause kam, war Danny stinksauer. Wortlos nahm er den Hörer ab und sagte zu Mrs Blau wütend auf Jiddisch: »Es ist mir peinlich, mit ihr auf die Straße zu gehen.«

Er sprach zu ihr, als ob er vor Unzufriedenheit platzen würde, erzürnt, dass ich ihn bloßgestellt hatte, indem ich ihm einen Grund für seinen Ärger geliefert hatte. Ich konnte hören, wie sie am anderen Ende der Leitung versuchte, ihn zu beruhigen, und war erstaunt über den seltsamen Ton, den sie anschlug, als ob sie diese Seite von ihm bereits kannte. Warum bat er sie, etwas zu regeln, das nur uns beide betraf?

Während sie sich über mich unterhielten, betrachtete ich mein Spiegelbild und berührte die Perücke an der Fremden, die mich ansah. Mein Herz raste. Nicht einmal eine Woche nach meiner Hochzeit fragte ich mich bereits: Wie zum Teufel komme ich aus dieser ganzen Situation heraus? Danny reichte mir das Telefon, und Mrs Blau sagte mir, ich solle über meiner Perücke einen weißen Schal tragen, eine Änderung, die Danny glücklicher machen könnte: Es würde mich bei unserer *Schabbes*-Feier, die an diesem Abend von Freunden in einem örtlichen Festsaal ausgerichtet wurde, frommer aussehen lassen.

Mrs Blau schickte einen Fahrer, der uns hinbrachte, aber als wir ankamen, war Danny immer noch angespannt. Ich stieg auf meiner Seite aus dem Auto aus und er auf seiner. Dabei klemmte er versehentlich seine Hand in der Tür ein, als er sie zuschlug. Da wir noch außer Sichtweite der anderen waren, verlor er die Beherrschung. Er beschimpfte mich und schwitzte, sein Gesicht war puterrot. Ich spürte, wie sich ein Klumpen in meinem Magen bildete, als ich die wahre Natur meines Mannes erkannte. Ich hatte einen Druckkochtopf geheiratet, und das machte mir Angst.

Von da an trug ich eine sprichwörtliche Maske und versuchte stets, meine Züge zu kontrollieren und meinen nächsten Schritt zu planen. Seine Wutanfälle wurden durch die kleinsten Dinge ausgelöst: wenn ich das falsche Essen kaufte oder nicht die richtige Mahlzeit kochte oder etwas trug, das ihm nicht gefiel. Im April reisten wir für eine lange, extravagante Hochzeitsreise für zweieinhalb Wochen in die USA und besuchten die Niagarafälle, Miami, die Bahamas und New York. Kein einziges Mal hatten wir Sex; er versuchte es nicht einmal, was mich verblüffte, da es das Einzige war, was ich ihm bieten konnte. Manchmal verlangte er sogar getrennte Zimmer, wodurch ich mich wie ein Abfallprodukt fühlte. Ich hatte weder mein eigenes Geld noch mein eigenes Telefon, was bedeutete, dass ich praktisch festsaß. Auf dem letzten Stück unserer Reise stiegen wir in einem Fünfsternehotel im Zentrum Manhattans ab. Danny war entweder im Bett, mürrisch, unaufmerksam und distanziert, oder allein in einem Casino. Ich wollte unbedingt eine Broadway-Show sehen und versuchte, ihn zu überzeugen, dass es uns gefallen würde, doch er hatte kein Interesse, und es kam zum Streit.

In einem Anfall von Frustration sagte ich, dass ich ohne ihn gehen würde, und wollte das auch tatsächlich tun. Ehe ich die Tür erreichen konnte, griff er nach meiner Handtasche, schlang sie über meinen Körper und zog plötzlich scharf den Riemen um meinen Hals fest. Er stieß mich aufs Bett und kreuzte den Riemen um meinen Hals zu einem X. Alles, woran ich denken konnte, war mein Atem. Es fühlte sich hundert Meilen entfernt an, aber gleichzeitig genau dort. Ich musste es schaffen. Ich wehrte mich und kratzte ihn mit meinen Fingernägeln ins Gesicht, bis er blutete. Überrascht ließ er kurz locker. Das war alles, was ich brauchte – ich setzte mich auf, riss den Hörer vom Zimmertelefon und wählte die Null für die Rezeption.

»Mein Mann schlägt mich«, sagte ich deutlich, fast monoton, um zu versuchen, mich am Leben zu halten. Danny wusste, wann er aufhören musste. Er zog sich vollständig zurück, ließ sich in den Samtsessel am Fenster sinken und kümmerte sich um seine Gesichtsverletzung.

Augenblicke später klopften zwei Sicherheitskräfte an unsere Tür und baten um Einlass. Sie setzten sich und sahen uns beide an. Sie hatten die Polizei gerufen, die bald darauf eintraf. Sie kauten Kaugummi und rissen Witze. Sie nannten mich »Madame«, aber Danny war der Einzige mit einer sichtbaren Wunde, also war ich es, die sie aufs Revier mitnehmen müssten, erklärten sie. Ich schaute sie ungläubig an. Im Spiegel konnte ich meinen Hals sehen, der vom Würgen lila angelaufen war.

»Das ist nur ein Bluterguss«, sagten sie. Als uns klar wurde, dass es in dieser Situation keinen Sieger gab, einigten wir uns darauf, keine Anklage zu erheben, und sie gingen prompt.

Ich sah Dannys Mobiltelefon auf dem Schminktisch, das er inmitten des Chaos dort liegen gelassen hatte, und steckte es in den Bund meines Rocks. In meiner verzweifelten Suche nach jemandem, der mir helfen konnte, ging ich ins Badezimmer und rief die einzige Person an, die imstande sein könnte, ihn zur Räson zu bringen: Mrs Blau. Ich stand mit dem Rücken zur Badezimmertür und erzählte ihr, dass er schon wieder einen Wutausbruch gehabt habe. Noch bevor ich zu Ende sprechen konnte, stürmte er herein und warf mich gegen die Marmorplatte des Waschtisches. Meine Hüften fühlten sich an, als wären sie zerschmettert worden. Ich schrie so laut, dass das Reinigungspersonal vor unserem Zimmer es hörte und den Sicherheitsdienst zurückrief. Danny wurde vom Gelände eskortiert, und ein chassidischer Mann, der in einem Luxus-SUV vorgefahren war, eilte in die Lobby und rief meinen Namen.

»Mrs Blau hat veranlasst, dass ich Sie die Fifth Avenue hinunterfahren und Ihnen fünfhundert Dollar geben soll«, erklärte er und führte mich aus dem Hotel.

Ich folgte ihm, weil ich wirklich nicht wusste, was ich sonst tun sollte. Er brachte mich in ein kleines koscheres Hotel in Borough Park, dem chassidischen Viertel, das Manhattan am nächsten liegt, wo mein Gepäck bereits ins Zimmer gebracht worden war. »Ich hole Sie um fünf Uhr morgens für Ihren Rückflug ab«, sagte er. Ich tastete meinen Nacken ab, um zu sehen, ob der Bluterguss über dem hohen Kragen meines Pullovers sichtbar war, bevor ich zum Abendessen nach unten ging. Ich saß allein an einem Zweiertisch und versuchte, die letzten vierundzwanzig Stunden zu verarbeiten. In dieser Nacht schlief ich kaum. Stattdessen schwankten meine Gedanken zwischen dem vertrauten Gefühl, nicht zu wissen, was als Nächstes passieren würde, und der Frage, wann ich Danny wiedersehen würde.

Als ich am nächsten Morgen am Flughafen eintraf, stand er am Flugsteig. Weit davon entfernt, in einer Zelle festgehalten worden zu sein, erfuhr ich später, dass er die Nacht in Atlantic City verbracht hatte. Während wir auf unseren Rückflug warteten, gab es keinen Blickkontakt zwischen uns. Als es Zeit zum Einsteigen war, setzten wir uns in die Businessclass-Sitze, die er vor unserer Abreise aus England gebucht hatte, und wandten uns voneinander ab, während ich vor Angst erstarrt war.

In London eskalierte die Spannung weiter. Danny erlaubte mir nicht, Essen einzukaufen. An den meisten Abenden gingen wir zum Abendessen zu seinen Eltern. Ich konnte nicht Auto fahren; die meisten chassidischen Familien halten es für unschicklich, Frauen zu erlauben, Auto fahren zu lernen, und sowohl mein Vater als auch Danny hielten sich an diese Regel, sodass er uns jedes Mal fuhr. Von Zeit zu Zeit nahm mich Mrs Blau mit zum Einkaufen bei Harvey Nichols und Selfridges und zog mich an wie eine Puppe. Ich hatte in den Luxus eingeheiratet, zu Hause jedoch begann ich damit, Münzen aus einem Glas zu stehlen, das Danny auf seinem Schreibtisch stehen hatte, um mir mittags ein Thunfischsandwich zu kaufen. Ich war fassungslos, was aus meinem Leben geworden war.

Mrs Blau besorgte mir einen Job (ich hatte meine Jobs in Gateshead aufgegeben, um in London zu heiraten). Bei der neuen Stelle, einem Reisebüro für chassidische Kunden, arbeitete ich vier Tage die Woche. Die Frau des Inhabers war eine freundliche Person, und ihr Vater, der im Konzentrationslager Bergen-Belsen gewesen war, kam täglich mit Brot, Milch und Lebensfreude vorbei. Diese Freundlichkeit war erstaunlich, und ich genoss die Stunden, die ich dort verbrachte, aber am Ende eines jeden Tages musste ich nach Hause.

Ab Anfang Juni ging Danny nicht mehr zur Arbeit. Er hatte sich um Versicherungsangelegenheiten gekümmert, aber jetzt verbrachte er seine Tage im Bett und schaute sich Serien an, was definitiv eine Sünde war. Das Fernsehen förderte das Studieren der Tora nicht und war daher eine g'ttlose Zeitverschwendung. Viele Haushalte hatten überhaupt keinen Fernseher, doch zumindest wählte Danny seine Sendungen umsichtig aus. Ich schloss mich ihm an, um *The Sopranos* und *24* zu schauen, wenn ich mit leerem Magen von der Arbeit nach Hause kam.

Eines Tages kehrte ich früher als erwartet nach Hause zurück. Ich öffnete die Schlafzimmertür und sah Danny, der sich in die Kissen zurückgelehnt hatte – und Mrs Blau neben dem Bett, die ihre Bluse in ihre Strumpfhose stopfte; sie trug keinen Rock. Ich schaute die beiden an. Er rührte sich nicht. Sie stand nur da und schaute mich ebenfalls an.

»O mein G'tt, ich bitte um Entschuldigung«, sagte ich. Die Entschuldigung schoss aus mir heraus, während ich meine eigene Schlafzimmertür hinter mir zuzog.

Ich ging ins Wohnzimmer, schloss die Tür und begann, auf und ab zu gehen. Was zum Teufel war mein Leben? Ich wartete, bis ich hörte, wie sich unsere Haustür hinter ihr schloss, und kehrte dann ins Schlafzimmer zurück. Ich fragte nicht, was passiert war – das war ziemlich klar; stattdessen fragte ich: »Wo ist sie?«, um zu bestätigen, dass sie gegangen war. Und das war's. Es wurde nie wieder darüber gesprochen, von keinem von uns. Ich habe sie nie wieder dabei erwischt, aber es war für uns alle offensichtlich, dass es nicht das erste Mal war und auch nicht das letzte Mal sein würde.

Danny und ich waren beide verirrte Kinder. Mrs Blau hatte sich bereits auf eine Weise in unser Leben eingebracht, die sie zur einzigen Person machte, die mir helfen konnte, so wie sie Danny jahrelang geholfen hatte, bevor ich kam. Sie war die Hand, die sowohl gab als auch nahm. Ich fühlte mich gedemütigt, plötzlich in Konkurrenz zu ihr, aber gleichzeitig seltsam bestätigt. Die Eigenart unserer neuen Ehe ergab plötzlich Sinn. Obwohl sie und Danny möglicherweise Sex hatten, hatten wir selten welchen. Was mich mehr als die Untreue störte, was mich verletzte, war, wie weit ich von der Legitimität entfernt war, die mit einer funktionierenden Ehe, einem schützenden Ehemann und der Mutterschaft einherging. »Bitte, lieber G'tt«, betete ich Monat für Monat, wenn ich die *Mikwe* besuchte, und hoffte auf all diese Dinge. »Bitte, lieber G'tt, hilf ihm, zu mir zu kommen.«

Die Hohen Feiertage waren in diesem Jahr schrecklich. Diese Anzahl von Festen beginnt jeden Herbst mit *Rosch ha-Schana,* dem jüdischen Neujahrsfest, gefolgt von *Jom Kippur,* dem Versöhnungstag, und endet mit *Simchat Tora,* wenn wir den jährlichen Abschluss der Tora-Lesungen feiern und die Schriftrolle neu beginnen. Danny und ich waren bei Lea eingeladen, aber Danny wollte nicht mit. Als ich drohte, allein zu gehen, sagte er: »Wenn du gehst, kommst du nicht zurück.«

Ich ging – gebrochen – trotzdem zu Lea. Ich erzählte ihr, was zwischen Danny und Mrs Blau vorgefallen war, und blieb eine Woche bei ihr. Meine Familie geriet in Panik, und es wurde beschlossen – von denselben Leuten, die am Tisch gesessen hatten, als wir uns verlobt hatten –, dass ich in meine Wohnung zurückkehren und mit meinem Mann sprechen sollte. Wir einigten uns darauf, es noch einmal zu versuchen. Wir hatten sogar Sex in dieser Nacht, aber ich wusste bereits aufgrund des wahnsinnigen, verzweifelten Blicks in seinen Augen, dass es zwischen uns nie funktionieren würde.

Ich war nicht dumm. Das vorbestimmte Leben, das mir als Lösung für all meine Probleme angeboten worden war, war in Wirklichkeit nur ein weiteres Problem. Ich musste an meine Zukunft denken und begann, meine Angelegenheiten in Ordnung zu bringen. Ich gab meinen Hochzeitsschmuck Mrs Blau und hoffte, dass sie ihn für mich eintauschen würde; er war mindestens zehntausend Pfund wert, was für mich wertvoller sein würde als Diamanten. Als Danny feststellte, dass der Schmuck nicht mehr im Haus war, suchte er nach mir. Ich telefonierte gerade in der Küche. Er warf mich zu Boden. Ich schrie, als er mich festhielt, wobei das Gewicht seines Körpers mich unter sich platt drückte und seine Hände sich wie Handschellen um meine Handgelenke legten. Ich presste dagegen, trat mich frei und prallte dann mit aller Kraft gegen das Fenster. Beeindruckt von meiner eigenen Stärke, starrte ich auf die Zickzacklinien vor meinen Augen, dann zersprang das Glas. Einen Augenblick lang spürte ich eine Kraft, die mir unbekannt war. Die Wohnungen waren um einen Innenhof gebaut, und Danny bemerkte, dass die Nachbarn nun hereinschauen konnten. Er ließ mich los.

»Was willst du?«, fragte er atemlos.

»Lass mich einfach durch die Tür raus«, sagte ich bei ungewohnt klarem Bewusstsein.

Er schloss die Haustür auf. Ich klopfte an die Tür der Nachbarinnen und Nachbarn und bat darum, ihr Telefon benutzen zu dürfen. Sie hatten alles gehört und ließen mich kommentarlos herein. Ich rief Lea an, legte die zwanzig Minuten zu Fuß zu ihr zurück und sah Danny nie wieder.

Trotz der Einstellung der Gemeinde zur Scheidung war es nicht ungewöhnlich, dass sich Ehefrauen in einer solchen Situation davonmachten. Nicht mehr zurückzukehren, war allerdings ungewöhnlicher.

Unsere Ehe hatte neun Monate gehalten. Drei Monate nachdem ich gegangen war, erhielt ich meinen *Get* – einen vom *Bet Din* genehmigten religiösen Scheidungsbrief. Allerdings unter einer Bedingung. Einer der Gründe, die ich angegeben hatte, war, dass ich Danny und Mrs Blau in flagranti erwischt hatte. Mrs Blau war ein wichtiges und wohlhabendes Mitglied der Gemeinde. Sie übte Macht und Schutz aus. Das *Bet Din* würde der Scheidung nur zustimmen, wenn ich meine Aussage zurückzöge.

Man reichte mir ein auf Hebräisch verfasstes Blatt Papier zum Unterschreiben. Darauf stand: »Alles, was ich gegen die wichtige Frau, Mrs Henna Blau, möge sie lange leben und gesund sein, gesagt und gedacht habe, entsprang der Hitze und Bitterkeit meines Herzens. Da ist überhaupt nichts Wahres dran, nicht einmal ein bisschen Wahrheit. Vielmehr hat besagte Person viel Gutes für mich getan, was ich ihr nie zurückzahlen kann … Ich hoffe, dass sie mir vergibt.«

Wenn ich unterschrieb, würde ich zehntausend Pfund und die Scheidung bekommen, ich aber sagte dem Richter, dass ich nicht lügen wollte.

»Du bist nicht tugendhaft«, sagte er auf Hebräisch. »Du bist dumm.«

Ich wusste, dass ich unterschreiben musste, aber ich konnte mich auch von der Lüge distanzieren. Ich schrieb meinen Ehenamen, Yehudis Horowitz, hin, obwohl ich genau wusste, dass ich nie irgendwelche meiner Ausweisdokumente auf diesen Namen geändert hatte. Es ist das einzige existierende Stück Papier, das diesen Namen trägt. Die Person, die es unterschrieben hatte, war nicht ich.

Acht

Geschieden, verlobt

וַיֹּאמֶר֮ יְהוָ֣ה אֱלֹהִים֒ לֹא־ט֛וֹב הֱי֥וֹת הָֽאָדָ֖ם לְבַדּ֑וֹ אֶֽעֱשֶׂהּ־לּ֥וֹ עֵ֖זֶר כְּנֶגְדּֽוֹ׃

Dann sprach G'tt, der HERR:
Es ist nicht gut, dass der Mensch allein ist.
Ich will ihm eine Hilfe machen,
die ihm ebenbürtig ist.
GENESIS 2,18

Ich musste rasch beweisen, dass der Zusammenbruch meiner Ehe nicht meine Schuld war. Ich war eine neunzehnjährige Geschiedene, und meine Eltern, die den Umständen meiner Trennung zwiespältig gegenüberstanden, brauchten einen zweiten Ehemann, um mich ihnen vom Hals zu schaffen.

»Ach, Yehudis, was hast du nur getan?«, sagte meine Mutter in demselben genervten Ton, den sie angeschlagen hatte, als ich meinen Schulfreundinnen den Sex erklärte.

Es war Ende 2006. Ich zog wieder bei Lea ein, die inzwischen sechs Kinder hatte. Dieses Mal wurde mir eine Miete berechnet. Zum Glück hatte ich noch meinen Job und etwas verfügbares Einkommen. Abends hing ich mit alleinstehenden Freundinnen ab, die noch nicht geheiratet hatten. Wenn ich etwas Geld übrighatte, kaufte ich mir Klamotten, und nachdem ich auf Mrs Blaus Shoppingtouren einen Hauch von Luxus kennengelernt hatte, kultivierte ich einen Look, den ich für schick hielt: A-Linien-Röcke, die bis knapp übers Knie reichten, dazu weiche Kaschmirpullover. Meine Haare mussten bedeckt bleiben – in dieser Hinsicht gab es kein Zurück in die Mädchenjahre –, also sparte ich und kaufte mir eine neue Perücke – weicher, länger, sexy.

Ich verbrachte viel Zeit in Leas Dachzimmer und scrollte heimlich auf meinem Blackberry. Internetzugang wird von der chassidischen Führung strikt verboten; die schiere Verfügbarkeit von Informationen wird als zu gefährlich, zu beängstigend angesehen. Nichtjüdische Ideen sind strengstens verboten, aber es wird stillschweigend akzeptiert, dass das Internet für E-Mail-Kommunikation, Bankgeschäfte und Reisewebsites notwendig ist – wichtige Faktoren, wenn man wachsende Familien um die ganze Welt transportiert, damit sie an den Lebensereignissen der anderen teilnehmen können. Aus diesem Grund hatte mein Vater als Rabbiner einen Desktop-PC zu Hause, und das Potenzial dieser reichhaltigen Informationsquelle war für mich faszinierend gewesen. Jetzt, da ich endlich über meine eigenen Mittel für den Internetzugang verfügte, fand ich meinen Weg zu Hashkafa.com, einem Forum, das Juden dazu einlud, philosophische Ideen aus religiösen Texten zu diskutieren. Die Website existierte in der Grauzone zwischen Erlaubtem und Verbotenem. Ich fand die Diskussionsstränge anregend in einer Welt, in der Frauen nicht dazu bestimmt waren, angeregt zu werden. Mir war immer nur gesagt worden, dass es falsch sei, G'tt infrage zu stellen, aber hier entdeckte ich eine Gemeinschaft, die sich dafür begeisterte, sich mit der Theologie insgesamt auseinanderzusetzen. Ich war wie eine ausgedörrte Wanderin, die zum Wasser geführt wurde, und genoss die Stunden, die ich dort mit tiefgründigen, fragenden Gesprächen verbrachte.

Eines Nachts klopfte Lea spät an die Tür. Ich ließ sie herein. Sie war aufgeregt.

»Es hat sich ein *Schidduch* ergeben«, flüsterte sie. »Der

Mann, der ihn vorgeschlagen hat, ist unten. Zieh dich an und komm runter.«

Ich zog mir einen schlichten Morgenmantel an und folgte Lea nach unten, wo ein freundlicher Mann, der die Freude G'ttes in sich zu tragen schien, an der Frühstückstheke in der Küche lehnte. Ich stand auf der anderen Seite, als er mir von seinem amerikanischen Cousin Zvi erzählte.

»Er ist ein bisschen anders«, erklärte er.

Er erzählte, Zvi stamme aus der New Yorker Satmar-Gemeinde, der größten chassidischen Dynastie der Welt, aber er trüge keinen *Schtreimel* – die breitkrempige Pelzmütze, die die Männer dort bevorzugten. Das sei ungehobelt von ihm und mache uns ähnlich, wie Zvi hoffe. Er interessiere sich für das Wesen G'ttes, aber nicht für die äußere Darstellung, was ein guter Anfang zu sein schien. Vielleicht, dachte ich, könnte er wie ich erkennen, dass es eine Möglichkeit gibt, seinen Glauben einzuhalten und zu genießen, ohne sich an jede einzelne Regel zu halten.

Sie hatten mich geweckt, weil Zvi gerade eine Tour zu den Gräbern heiliger Männer in Osteuropa machte – eine anerkannte, männerzentrierte Handlung für jemanden, der einen religiösen Neustart benötigte. In der folgenden Woche würde er vor seiner Rückkehr nach Brooklyn sehr kurz in London sein, sodass wir nur ein enges Zeitfenster hätten, um uns zu treffen.

In der folgenden Woche saß ich wieder an Leas Tisch, als mir ein weiterer Ehemann vorgestellt wurde, neunzehn Monate nach dem ersten. Ich fühlte mich wie eine falsche, platte, kleinere Version meiner selbst. Es war ein Déjà-vu-Erlebnis und damit verbunden ein Gefühl der Niederlage.

Zvi war mit einem Meter sechzig außergewöhnlich klein, hatte einen gestutzten roten Bart und einen dichten Schnurrbart. Er war sehr stämmig, sehr nervös und sehr verschwitzt.

Er war neunundzwanzig Jahre alt, zehn Jahre älter als ich, und auch er war schon einmal verheiratet gewesen.

Er schien so dankbar zu sein, hier zu sein. Ich sah ihn an und dachte: *Der* wird mich nicht schlagen.

Am nächsten Tag holte er mich mit dem Taxi ab. »Ich habe dem Fahrer fünfzig Pence extra gegeben, damit er dir die Tür aufhält«, sagte er, als er sich vom Vordersitz aus zu mir umdrehte. Wir fuhren zu einem Hilton-Hotel, wo wir in der Lobby saßen und Orangensaft tranken. Er redete ohne Unterlass. Ich konnte die Familienmitglieder, deren Namen er im Schnelldurchgang aufzählte, nicht im Kopf behalten, also schwieg ich. Es schien ihm nichts auszumachen. Zvi hatte ein freundliches Gesicht und eine schwankende, nervöse Art. Er war nicht sexy für mich. Ich fand mich mit der Tatsache ab, dass dies das Beste war, was ich bekommen würde; konnte ich keinen direkten Grund finden, der dagegen sprach, sollte ich zugreifen.

Ein paar Tage später trafen wir uns wieder, im Haus seines Cousins. Seine *Kippa* saß zusammengefaltet auf seinem Kopf, seine Hose hing zu tief, und er sah zerzaust aus. Ich fand ihn überhaupt nicht attraktiv, aber es war mir immer noch nicht in den Sinn gekommen, dass dies ein Faktor von irgendeiner Bedeutung sein sollte. Am Sonntag stand wieder Kuchen in Leas Esszimmer, und meine Mutter war da. Zvi sagte mir, dass mein Hemd aufgeknöpft sei und man mein Schlüsselbein sehen könne; sie fand es toll, dass er mich darauf aufmerksam machte. Endlich jemand, der die Aufgabe übernahm, mich auf die rechte Bahn zu bringen.

Wir setzten uns an den Tisch, Zvi flankiert von seinem Cousin und meinem Schwager, ich neben meiner Mutter und Lea, und niemand sagte etwas.

»Okay«, sagte ich. »Machen wir das jetzt?«

Er schwieg und dankte dem Herrn von Herzen für unsere

unausgesprochene Verlobung. Ich wusste nicht, was ich tun sollte, also stand ich auf. Meine Mutter strahlte. Alle sagten »*Masel tov*«, und seine Eltern riefen aus den USA an. Ich täuschte ein breites Lächeln vor, das mir in den Wangen schmerzte. Alles war wieder auf Kurs. Wie wunderbar.

An diesem Abend gab es eine Feier, kleiner als beim ersten Mal, weil wir natürlich nicht wollten, dass die Scheidung zur Normalität würde oder man alles folgenlos noch einmal machen könnte. Die Männer versammelten sich in Leas Wohnzimmer, die Frauen in der engen Küche. Auf der Frühstückstheke türmten sich die Kuchen. Ich hatte nicht das Gefühl, dass man mich hofierte, aber niemand erwartete, dass ich mich amüsierte – ich musste nur da sein und wusste inzwischen, wie das lief. Die Männer ließen mir ausrichten, dass mein Bräutigam draußen mit mir sprechen wollte. Ich ging zur Eingangstür hinaus.

Ich fand Zvi am Torpfosten. »Was willst du?«, fragte ich ihn.

»Ich rauche eine Zigarette«, sagte er. »Ich wollte nur, dass du mir Gesellschaft leistest.«

Ich hatte ihm nichts Besonderes zu sagen. Wir sprachen darüber, wer da war und was drinnen vor sich ging. Dann schaute ich nach unten und bemerkte ein Zelt in seinem Schritt. Verlegen entschuldigte er sich und ging wieder hinein.

Mir wurde übel, als ich auf dem Bürgersteig zurückblieb. Daran war absolut nichts Anziehendes für mich, es erinnerte mich vielmehr daran, was man nun wieder von mir erwartete. Ich musste es aus meinem Kopf verbannen, um es in den Flur zurück zu schaffen.

Die Hochzeit fand fünf Wochen später statt. Es gab keine Vorfreude wie bei meiner ersten Hochzeit. Eine zweite Hochzeit ist wie ein Leiterspiel: Ich war eine Schlange hinuntergerutscht, jetzt musste ich die Leiter wieder hinaufklettern und meinen Status als verheiratete Frau wiederherstellen.

Die Zeremonie fand in einem Raum über einem Blockbuster-Videoverleih statt, der fünfundvierzig Minuten entfernt war und als Veranstaltungsraum an eine örtliche Synagoge vermietet wurde. Es war Juni 2007. Es gab keinen Aufruhr wie beim letzten Mal. Ich machte mich auf dem Dachboden bei Lea fertig und durchlief die gleiche Reinheitsvorbereitung, diesmal ohne Anstandsdame; ich wusste, was zu tun war. Ich zog mir eine neue Perücke über. Dieses Mal hatte ich eine gewählt, die etwas länger war als die, die ich in meiner vorherigen Ehe getragen hatte. Mein Kleid war aus eierschalenfarbenem Satin mit einem perlenbesetzten Mieder, das ich mit flachen weißen Mary Janes von Primark trug. Mein Make-up war dezent; eine Freundin war vorbeigekommen, um mir beim Auftragen zu helfen. Mein Schwiegervater wollte, dass ich den schweren Schleier trug, aber meine Mutter war dagegen. »Sie ist keine jungfräuliche Braut«, sagte sie.

Meine Eltern fuhren mich im Auto. Es waren nicht mehr als fünfzig Gäste da – die Familie und eine Handvoll Freunde. Die Tische waren gedeckt, aber diesmal gab es keine Blumen. Der Raum sah genauso aus wie an einem normalen *Schabbes,* wenn sich die Gemeindemitglieder nach dem G'ttesdienst versammelten, um das Brot zu brechen. Die *Chuppa* befand sich im Inneren, weil man die Aufmerksamkeit nicht auf eine zweite Hochzeit lenkt, indem man sie öffentlich abhält. Es gab keinen *Jichud*-Raum, in dem wir unsere ersten privaten Momente als Ehemann und Ehefrau verbringen konnten, also wurden wir, als wäre es völlig normal, in das Gebäude nebenan geschickt, wo eine Familie ihr Heim für uns geräumt hatte.

In unserem provisorischen *Jichud* spürte ich, wie er hinter mich trat. Er legte seine Hände auf meine Taille, drehte meinen Kopf zu sich und küsste mich, seine Zunge überall. Mich immer noch festhaltend setzte er sich und zog mich auf seinen Schoß.

»Mein Lehrer hat mir gesagt, dass ich es so machen soll«, sagte er. Ich war still.

Als wir zum Fotografieren nach nebenan gingen, betatschte er mich weiter, während ich in die Kamera lächelte. Währenddessen waren einige unserer Gäste unzufrieden, weil sie die Entscheidung, Lachs und Hühnchen auf demselben Teller zu servieren, für unkoscher und nicht essbar hielten. Ich setzte mich neben Oma G. und sah sie an. Wir wussten beide, dass das eine Katastrophe war.

Zvi verbrachte einen Großteil des Abends damit, den Leuten zu erzählen, dass er es kaum erwarten könne, nach Hause zu kommen und Sex mit mir zu haben. Auf dem Rückweg im Auto begann er, die Gebete zu sprechen, die vor dem Sex gesprochen werden sollten, um keine Zeit zu verschwenden, sobald wir über die Schwelle traten. Ich hatte schreckliche Angst bei dem Gedanken, das noch einmal zu tun.

Wir gingen fünf steile Stufen hinunter in die schäbige Kellerwohnung, die wir in Stamford Hill gemietet hatten. Die Eingangstür führte direkt in den einzigen Raum, der eine Küchenzeile und einen Esstisch enthielt, wobei eine Trennwand ein Schlafzimmer mit zwei Einzelbetten abgrenzte. Ich duschte im kleinen Badezimmer neben der Eingangstür und zog einen pink-rosé-gold-gestreiften Satinpyjama an. Dann duschte Zvi und kam in einem marineblauen Bademantel heraus. Er hatte in dieser Nacht fünfmal Sex mit mir und stand zwischendurch auf, um Popcorn zu machen. Ich war in jeder Hinsicht gefühllos, jede Zelle war von dem Gefühl von Nichts durchdrungen.

In den darauffolgenden Tagen hörte er nicht auf. Der Sex nahm kein Ende. Mit Danny hatten wir so getan, als wäre ich nicht missbraucht worden, und folgten dem Zyklus der Reinheitsgebote, wie es jungfräuliche Jungvermählte tun sollten; bei Zvi musste man nichts vortäuschen, es gab keine offizielle Notwendigkeit, bis zum Ende meiner nächsten Periode zu warten, also machte er einfach weiter. In den Brautkursen, die ich nun zweimal bei derselben Lehrerin besucht hatte, war mir beigebracht worden, dass es zwar eine Option sei, Nein zum Sex zu sagen, dies aber Konsequenzen haben würde. Würde ich mich meinem Ehemann verweigern, könnte er sich an eine Prostituierte wenden oder, noch schlimmer, masturbieren, wodurch die Babys, die er gezeugt haben mochte, meinetwegen tot zur Welt kommen würden.

Also musste ich gute Miene zum bösen Spiel machen. Ich versuchte, Momente der Verbundenheit mit diesem Mann zu finden, der Sex mit mir hatte, den ich aber nicht genoss. Ich riss Witze und machte mich in dem winzigen Raum immer wieder frisch, manchmal ohne genügend Zeit, um mich fertig zu waschen, bevor er es erneut versuchte. Ich war wund, verzweifelt und müde.

Diesmal gab es keine *Schewa Brachot*, nichts, was das junge Paar in das häusliche Leben einführen konnte. Wir waren auf uns allein gestellt. Drei oder vier Morgen später, nach einer weiteren Runde Ficken, zog er sich zurück und zeigte mir seine weiße Unterhose mit Eingriff, die rot von meinem Blut war. Zu diesem Zeitpunkt hatte ich mich so sehr von meinem eigenen Körper entfernt, dass ich nicht einmal mehr Schmerz empfinden konnte. Ich rief meine Mutter an und fragte sie, was ich tun sollte. Natürlich musste ich in die Notaufnahme, aber sie bestand darauf, es nicht zu tun. Das würde die Angelegenheit nach draußen tragen. Stattdessen rief ich die Frau eines religiösen Hausarztes an, die in der Nähe wohnte, und bat darum, ihren Mann aufsuchen zu dürfen. Zvi und ich gingen zu ihrem Haus um die Ecke, und er bat mich, mich auf die

Couch in ihrem Wohnzimmer zu legen, wo er mich untersuchte und bestätigte, dass ich einen Riss hatte. »Legen Sie ihr das nächste Mal ein Kissen unter den Po«, sagte er zu Zvi. Sobald die Blutung ein oder zwei Tage später aufhörte, machte er weiter. Ich bekam nur eine zweiwöchige Atempause, als meine nächste Periode kam. Innerhalb von sechs Wochen war ich schwanger.

Neun

Mumsnet

נֶאֱמָנִים פִּצְעֵי אוֹהֵב וְנַעְתָּרוֹת נְשִׁיקוֹת שׂוֹנֵא׃

Treu gemeint sind die Schläge
eines Freundes, zahlreich
die Küsse eines Feindes.
SPRÜCHE 27,6

Die Mutterschaft hatte ich schon angestrebt, bevor ich Danny kennenlernte, aber mein Streben war mechanisch, keine Sehnsucht. Mein Bauch war meine Eintrittskarte zur Akzeptanz. Als Zwanzigjährige war ich nun ununterscheidbar von den anderen jungen Bräuten, die mit ihren Babys in Bugaboo-Kinderwägen durch Stamford Hill spazierten. Es verschaffte mir Anerkennung – oder zumindest keine Kritik.

Über eine Schwangerschaft zu sprechen, würde den Teufel herausfordern, es war also nicht angebracht, eine solche öffentlich zu feiern, ehe das Baby da war. In unserer winzigen Wohnung bereiteten wir uns still auf das Ereignis vor. Mein Albtraum war, dass ich wegen der ausbleibenden Periode immer rein war; ich hatte nichts, was mich von meinen Verpflichtungen Zvi gegenüber fernhielt.

Ich war während der gesamten Schwangerschaft ängstlich. Entweder machte ich mir Sorgen, das Baby zu verlieren, oder es plagte mich die Angst, eine unfähige Mutter zu werden. Ich hatte miterlebt, wie erschöpft meine Schwestern nach der Geburt ihrer Babys waren, und zudem quälte mich die Vorstellung, dass sich missbrauchte Menschen zu Missbrauchenden entwickeln. Als sich meine Nerven immer mehr anspannten, beschlossen wir, einige Wochen vor dem Geburtstermin, unsere Wohnung aufzugeben und zu Lea zu ziehen, wo wir auch nach der Niederkunft eine Weile bleiben wollten.

Auch vor der Geburt fürchtete ich mich. Im letzten Monat meiner Schwangerschaft besuchte ich eine Frau aus der Gemeinde, die werdende Mütter in ihr Wohnzimmer einlud und ihnen erklärte, wie sie während der Wehen atmen sollten; darüber hinaus gab es keine Geburtsvorbereitung. Frauen sollten keine Details über die Niederkunft preisgeben, sodass ich außer den allgemeinen Informationen keine Ahnung hatte, was mich erwartete. Am Abend des 18. Mai setzten meine Wehen ein. Wir fuhren im Taxi zum Homerton Hospital und nahmen, wie es üblich war, eine religiöse Doula mit, eine nichtmedizinische Helferin, die mir beistehen sollte, den Kulturschock zu bewältigen. Sie band ihr Kopftuch so sittsam wie möglich, sodass kein Haaransatz zu sehen war, und hatte Mundgeruch, den sie mir ins Gesicht atmete, als sie mir während der Wehen Lutscher anbot.

»Ja! Ja!«, ermutigte sie mich mit ihrem amerikanischen Akzent. »Mit jedem Schmerz sollst du spüren, wie *Haschems* [G'ttes] Licht auf dich scheint.«

Ich konnte diesen Schmerz nicht einordnen. Sollte er sich so anfühlen, oder stimmte etwas nicht? Ich war in diesem Gefühl verloren und war high vom Lachgas. Meine Hebamme war eine freundliche Dame aus Westafrika, die mit beruhigender Stimme sprach und deren Perücke leicht schief saß. Beim Pressen kroch ich voller Angst hilflos auf allen vieren herum. Sie kümmerte sich sanft um mich, wischte mich sauber und redete mir gut zu, weiterzumachen.

Zvi betete im Flur, weil er mich nicht unbekleidet und unrein sehen sollte, was ab dem Platzen meiner Fruchtblase der Fall war. Es war sieben Uhr morgens, und ich hatte eine ganze Nacht voller Wehen hinter mir, als sie mich aufs Bett legten. Dann, mit einem letzten schrecklichen Pressen, brachte ich einen Jungen zur Welt, ein winziges rotes Etwas, das schreiend das Licht der Welt erblickte. Die Hebamme reichte ihn mir. Ich hielt ihn einen Moment lang und gab ihn wieder zurück. Ich erinnere mich nicht einmal daran, sein Gesicht angesehen zu haben. Ich fühlte mich genauso wie in der ersten Nacht, als Todros mich missbrauchte. Abwesend. Vergewaltigt. Zvi wurde ohnmächtig, als ihm das Baby übergeben wurde, und meine Schwestern kamen und schwärmten davon, wie süß er war. Ich war mit meinen Gedanken ganz woanders.

Wir nannten ihn Noam. Er war wunderschön, winzig, schwerelos, aber ich war so benommen, dass ich all das nicht genießen konnte. Als er acht Tage alt war, hatte er seine *Brit Mila,* die rituelle Beschneidung, der jeder männliche Jude seit Abraham unterzogen wird; ein Zeichen seines Bundes mit G'tt. Normalerweise fand die Prozedur zu Hause statt, und meine Eltern kamen aus Israel und schwärmten von dem Baby. Ich blieb oben. Ich litt Höllenqualen wegen einer Risswunde, die nicht richtig zusammengenäht worden war und sich infiziert hatte, und innerlich entfernte ich mich immer mehr und quälte mich wegen des Traumas der Geburt und meiner Vergangenheit.

Bei Lea lebten nun mehr als ein Dutzend Menschen unter einem Dach, und es wurde schmerzlich klar, dass wir zu viel Platz einnahmen. Wir stritten über alles, von der Anzahl der Kinderwagen – es waren ihrer und meiner –, die den Flur verstopften, bis hin zur Frage, wann Besuch erlaubt waren. Als Noam zwölf Tage alt war, fand Lea einen Platz für mich in einem örtlichen Müttergenesungsheim, und Zvis Onkel bot an, dafür zu bezahlen. In diesen Heimen erhalten junge Mütter drei warme Mahlzeiten am Tag, und die Babys werden in einem Kinderzimmer betreut und zu ihnen gebracht, wenn sie gestillt werden sollten. Wenn man bedenkt, dass manche Frauen jedes Jahr ein Baby bekommen, hatte es den Charakter eines Ferienlagers – ein jährlicher Rückzugsort zur Entspannung und Erholung, bevor es Zeit war, nach Hause zurückzukehren und ein weiteres Baby zu bekommen.

Das Heim, an das man mich verwies, sah von innen aus wie ein Pflegeheim. Es gab ein Dutzend Schlafzimmer, und der Mittelpunkt war der Stillraum, ein Aufenthaltsraum mit hohen, abwischbaren Sesseln und Stillkissen direkt neben dem Kinderzimmer. Ich verbrachte meine Tage in einem Bademantel mit Reißverschluss, und Zvi besuchte mich täglich in einem Zustand wenig hilfreicher Panik. Offiziell hatten wir keine Unterkunft, und ich war zu sehr mit der neuen Mutterschaft beschäftigt, als dass ich darauf hätte achten können, wo er sich den Rest der Zeit aufhielt, oder es eilig gehabt hätte, das Heim zu verlassen. Hier erzählten sich die Frauen in aller Ruhe Babygeschichten und lachten zusammen, was mir jeden Tag Freude bereitete.

In mir drinnen jedoch spielte sich mehr ab. Noam war so klein, und ich lebte in der ständigen Angst, ihm wehzutun. Diesen Gedanken zu löschen kostete mich jedes Quäntchen meiner Kraft, wenn ich mich um ihn kümmerte. Die Angst, dass ich eines Tages irgendwie genauso werden würde wie die Monster meiner Vergangenheit, war überwältigend. Als ich elf Tage später auszog, hatte Leas Ehemann ein kaum bewohnbares Haus schräg gegenüber von ihnen gefunden, das wir mieten konnten. Es gab kein warmes Wasser und keine Heizung, doch immerhin war es Sommer und nicht zu kalt. Wir hatten eine Mikrowelle und einen einzigen Kochtopf, den ich benutzte, um Wasser für die Babynahrung abzukochen, weil ich nicht genug Milch hatte. Ich hatte mir im Genesungsheim einen Bandscheibenvorfall zugezogen, kroch also die Treppe hinauf, legte das Baby neben mich und weinte, verbrachte mein Leben in Schmerz und Erschöpfung.

Die Hebamme kam zu Besuch und fragte, wie es uns gehe, und ich sagte ihr: »Ich fühle mich selbstmordgefährdet.«

»Oh, es scheint alles okay bei Ihnen zu sein«, antwortete sie und füllte ihre Formulare aus.

Wir wurden von einem Gefrierschrank voller koscherer Krankenhausmahlzeiten ernährt, die jemand zum Selbstkostenpreis eingekauft hatte. Wir fühlten uns überhaupt nicht wie die Familie, die ich mir als Kind vorgestellt hatte. Ich fühlte mich zunehmend vollkommen allein und voller Angst. Ich wartete, bis Zvi von der Arbeit nach Hause kam, bevor ich Noam badete, damit jemand anderes da war. Ich sah mich als Missbrauchsopfer, als eine, die ständig überwacht werden musste, und nicht als taugliche Mutter. Die Tage, an denen ich mit dem Baby allein war, streckten sich in lange, qualvolle Stunden der Angst und Selbstzweifel.

Als Noam einen Monat alt war und meine Rückenschmerzen nicht nachgelassen hatten, bat ich Zvi, mich in die Notaufnahme zu fahren. Das Krankenhaus half mir bei meinen körperlichen Beschwerden, erkannte aber nicht, dass es um meine psychische Gesundheit viel schlimmer stand; ich war grenzwertig psychotisch.

Ich verließ das Krankenhaus und stand mit mir selbst redend mitten auf der Straße, ehe Zvi mich ins Auto verfrachtete und nach Hause brachte.

Er arbeitete damals als Buchhalter und war seit sechs Wochen Vater. Da zu Hause weniger Sex verfügbar war, weil ich nach der Geburt unrein war, hielt er es für unangemessen, sich allein mit einer Mitarbeiterin im Büro aufzuhalten, ohne das, was Talmudisten *pas besalo* nennen – Brot in seinem

Korb –, also eine Frau als Auffangbecken für alle seine möglichen Triebe.

Also arbeitete ich in der schlimmsten psychischen Verfassung meines Lebens wieder vier Tage die Woche und ließ mein Baby bei Zvis Tante. Niemand auf der Arbeit schien dieses Problem oder die vorgeschlagene Lösung seltsam zu finden. »Du bist nur hier, weil Zvi läufig ist«, sagte mein neuer Chef nach ein paar Wochen. Es war demütigend. Jeder im Büro wusste, dass ich wegen der Libido meines Mannes da war. Aber es war meine Aufgabe, unsere Ehe zu managen. Ich hatte nicht das Gefühl, eine Wahl zu haben.

Auf wundersame Weise brachte die erzwungene Routine, täglich ins Büro zu gehen, die Mutterschaft für mich in Ordnung. Ich wechselte aus einem endlosen Einerlei aus tränenreichen Tagen, an denen ich Tiefkühlkost aufwärmte und Flaschen sterilisierte, in eine funktionellere Routine, die uns eine gewisse Struktur gab. Jeden Morgen füllte ich vor der Arbeit den Schongarer, brachte das Baby zu Zvis Tante und ließ mich an meinem Schreibtisch nieder, wo ich die Atempause eines ruhigen Büros und die Gespräche unter Erwachsenen genoss. Die Verantwortung, sowohl die Bedürfnisse meines Sohnes als auch die meines Mannes zu erfüllen, zwang mich, mich in die Arbeit zu stürzen, um uns alle drei in Gang zu halten, und allmählich wurde mir klar, dass es mir gelang, uns immer wieder von Neuem durch den Tag zu bringen. Ich begann, mich als Mutter zu sehen und mir zuzutrauen, mich um meinen kleinen Jungen kümmern zu können.

Ich lernte, dass die Mutterschaft mir auch relative Freiräume bot: Einen Kinderwagen zu schieben, wirkte wie ein Schutzschild, wobei die Augen der Leute auf das Baby gerichtet waren und nicht auf mich. Mit Noam genoss ich es mehr als je zuvor, in der Gemeinde unterwegs zu sein. Er war ein entzückendes Kind, neugierig und hellwach, und er bot ein neues, sicheres Gesprächsthema mit anderen Leuten. Ich hatte das Gefühl, in meiner Familie wieder eine Aufgabe zu haben. Das zu tun, was die Leute von mir erwarteten, und den Status zu erreichen, nach dem ich mich so sehr gesehnt hatte, steigerte mein Zugehörigkeitsgefühl erheblich. Obwohl ich noch weit davon entfernt war, mir meiner Rolle als Mutter sicher zu sein, begann ich darauf zu vertrauen, tun zu können, was alle um mich herum taten. Ich konnte die »tapfere Frau« sein, die ich sein wollte, so, wie G'tt es von mir erwartete und wie meine Eltern es immer erhofft hatten.

Noam war sechs Monate alt, als eine Freundin mich in eine andere Art von Freiheit einweihte: Vibratoren. Sexuelle Lust war neu für mich. Sie war mir nie beigebracht worden und wurde nie besprochen, außer in Ehekursen, wo mir gesagt worden war, es sei eine *Mizwa* – eine gute Tat –, das Bedürfnis meines Mannes danach zu erfüllen. Ich hatte definitiv noch nie etwas von einem weiblichen Orgasmus gehört, obwohl mir geraten worden war, so zu tun, als würde ich den Sex genießen, um ihn schneller hinter mich zu bringen. Zvi hatte seiner Familie gegenüber seinen Unmut über meinen anscheinend zu geringen Sexualtrieb geäußert, was meine Schwägerin dazu veranlasste, homöopathische Mittel zu dessen Verbesserung zu empfehlen; ich jedoch fand meinen eigenen Weg. Ich saß auf dem Sofa meiner Freundin Ruchy und besprach das Problem bei einem Glas Wein, während das Baby in seinem Kinderwagen schlief, als sie mir einen riesigen, rosafarbenen Silikonklöppel zeigte. Ich hatte schon davon gehört, aber noch nie einen gesehen oder berührt. Sie sagte, es würde mir guttun, und bestellte mir einen. Er war batteriebetrieben, weshalb ich ihn am *Schabbes* nicht benutzen konnte, aber ich fand einen Rhythmus, indem ich das kurze Zeitfenster nutzte, wenn Zvi an einem Freitagabend vor *Schabbes*-Beginn in die *Schul* ging, um vor dem Anzünden der Kerzen einen schnellen Orgasmus zu genießen – dasselbe Zeitfenster, das meine Mutter benutzt hatte, um ihre Füße auf den Heizkörper zu legen.

Ruchy und ich kannten uns schon einige Jahre. Sie war nicht meine beste Freundin, aber sie schien zu bemerken, dass ich Schwierigkeiten hatte, mich an das Eheleben zu gewöhnen. Sie erkannte, dass ich Unterstützung benötigte, um außerhalb meiner Ehe mehr über mich selbst zu erfahren. Ich hatte ihr nie etwas explizit erzählt, aber sie spürte, dass ich Freundschaften und vor allem einen Mädelsabend nötig hatte. Ein paar Wochen später schlug sie einen Besuch der Candy Bar vor, eines Lesbenclubs in der Carlisle Street in Soho. Sie tat das nicht wegen der lesbischen Gäste, sondern weil die Bar nur für Frauen war und daher irgendwie sittsamer. Wir brachten unsere Babys zu Bett und erklärten unseren jeweiligen Ehemännern unsere Pläne, die sich nicht beunruhigt zeigten, da keine anderen Männer dort sein würden. Wenn überhaupt, fühlten sie sich galant, ja sogar cool, weil sie uns gehen ließen. Wir fuhren mit der U-Bahn nach Soho; ich trug meine Perücke, hoffte aber, dass ich ansonsten unauffällig aussah, mit einem schlichten, aber stilvollen, komplett schwarzen Outfit. Wir bogen in den schmutzigen, engen Eingang ein, ließen unsere Hände stempeln und betraten drei Stockwerke voller Frauen und Popmusik.

Das Meer von Frauen vor mir pulsierte vor Kraft, und ich wollte etwas davon abbekommen. Das letzte Mal, dass ich unter Frauen getanzt hatte, war auf meiner Hochzeit gewesen. Dort hatte ich den Spaß der Frauen gespürt; hier spürte ich meinen eigenen. An diesem Abend war ich zum ersten Mal seit vor meiner Hochzeit wieder mit meiner eigenen Sexualität konfrontiert. Wenn das, was der Rabbi sagte, wahr war, hätte ich schon lange keine lesbischen Gelüste mehr haben dürfen, aber in der Dunkelheit des Clubs wusste ich jetzt, dass sie immer noch da waren. Es machte mir Angst, wie sehr ich mich zu all dem hingezogen fühlte. Ruchy begann sofort zu tanzen, ich jedoch lehnte mich an die Wand und sog alles in mich ein. Es dauerte nicht lange, bis die Frauen Frischfleisch witterten und kamen, um mich zu begrüßen. Einige machten sich ran. Eine heiße, zierliche Südasiatin in meinem Alter, mit perfekter Haut, kurz geschnittenem Haar und einer dunklen Brille in einer dicken Fassung, war fasziniert von meiner Perücke und wollte mit mir tanzen. Ich lehnte ab, weil ich Angst vor der Hitze hatte, die ich bei ihrem Anblick spürte. Sie spendierte mir einen Drink, dann noch einen, bis ich mich betrunken genug fühlte, um ausgelassen zu sein. Ich nahm ihr die Brille ab und probierte sie an, genoss den flüchtigen Kontakt meiner Fingerspitzen mit ihren Wangenknochen. Als ich ihr sagte, dass ich nun gehen würde, hatten wir schon über zwei Stunden miteinander getanzt. Es war gegen Mitternacht. Sie zog mich zu sich heran und küsste mich, lang und intensiv.

»Okay, jetzt kannst du gehen«, sagte sie.

Mein Körper verflüssigte sich.

Diese Erfahrung war wie Wasser auf heißen Kohlen; sie verschaffte mir Erleichterung und die Erkenntnis, dass ich eine andere Person war als diejenige, deren Leben ich führte. Plötzlich sah ich die Welt außerhalb meiner Gemeinde nicht mehr als etwas, das ich meiden sollte, sondern als etwas, in das es mich hineindrängte; sie zu erkunden, könnte mir helfen, herauszufinden, wie viel mehr davon ich mir wünschte und wie viel ich zu verlieren hatte. Das Baby war meine Eintrittskarte, um rauszukommen. Natürlich nahm ich es nicht mit in die Clubs, aber ich begann, es als Ausrede zu benutzen, um über Stamford Hill hinaus zu fahren, es mit in Busse und U-Bahnen zu kostenlosen Museen und Parks zu nehmen, wo andere Lebensformen an mir vorüberzogen.

Ich arbeitete weiterhin mit Zvi im Büro. Und ich arbeitete hart. Ich wurde respektiert und stieg in der Wertschätzung meiner Kolleginnen und Kollegen auf, während er sich zurücklehnte, da ihm der Antrieb fehlte, es mir gleichzutun. Als Noam sechzehn Monate alt war, waren wir nach Edgware, an den Rand von Nordlondon, gezogen, wo es eine kleinere, etwas weniger religiöse Gemeinde gab. Ich war zum zweiten Mal schwanger. Diese Schwangerschaft war einfacher, jetzt wusste ich, was mich erwartete, und mit einem zweiten Kind im Bauch gewöhnte ich mich an meine Rolle als Ehefrau und Mutter. Eine der ersten Fragen, die mich beschäftigten, war, was ich tun konnte, um sicherzustellen, dass diese Geburt anders verlaufen würde als die von Noam. Ich gab auf meinem Blackberry bei Google »Wie gelingt mir eine gute Geburt?« ein und stieß auf eine Website namens Mumsnet (dt. »Mamanetz«) – ein Online-Netzwerk für Mütter.

Wenn die große Sünde des 21. Jahrhunderts darin besteht, das Internet zu nutzen, um sich nichtjüdische Ideen anzueignen, dann ist es eine noch größere Sünde, diese online mit Fremden zu diskutieren. Ich tat beides. Ich schloss mich der Gemeinschaft der Mütter an und kommentierte häufig ihre Beiträge über die Seitensprünge ihrer Ehemänner, über nervige Schwiegermütter, Haushaltsbudgets und Rezepte. Ich hatte eine nervige Schwiegermutter und ich hatte auch Suppenrezepte. Es war ein Einblick in das Leben anderer Frauen, mit dem ich mich identifizieren konnte. Ich übernahm den Jargon, lernte, einen verdeckten Angeber zu erkennen, wenn ich einen sah, und riet anderen Frauen: »VDK« (»Verlass den Kerl«). Natürlich war ich weit davon entfernt, dazuzugehören, aber ich liebte den Kameradschaftsgeist. Er erinnerte mich an die Frauen in meiner Gemeinde, doch ohne die engen Grenzen, die unsere Gespräche einhegten. Ich konnte eine ganz neue Welt in meine Tasche stecken.

Als Noam an Windpocken erkrankte, fragte ich auf Mumsnet, warum ich im Bus mit ihm komisch angeschaut wurde. In meiner Gemeinde erfuhr man nichts über Massenansteckung, und ich hielt die anderen Passagiere für unhöflich, weil sie Noams Aussehen beurteilten. Die Mumsnet-Mütter griffen mich online an. Wie konnte ich so egoistisch sein und die Gesundheit anderer Menschen auf diese Weise aufs Spiel setzen? Ich wusste nicht, was sie meinten. Ich wurde pauschal verurteilt und verspottet, aber ich genoss die Herausforderung. Ich war es gewohnt, dass man mir sagte, was ich nicht tun sollte, also ließ ich mich nicht abschrecken. Ganz im Gegenteil, ich war begeistert von dem, was ich über die Welt lernte. Als wir einen Flug buchten, um Zvis Familie in New York zu besuchen, fragte ich nach Vorschlägen, wie man ein Kleinkind auf einer langen Reise bei Laune halten konnte. Eine Nutzerin schlug Spielzeugdinosaurier vor. »Er liebt Spielfiguren, aber leider glauben wir nicht an Dinosaurier«, antwortete ich.

Am 7. Dezember 2010 wurde mein zweites Kind geboren – ein Mädchen, Talia. Bei Mumsnet hatte ich gelernt, mir für die Geburt Hilfe zu suchen, und die Frauen erklärten mir, wie ich eine engere Bindung zu meinem Baby aufbauen konnte, einschließlich des Rats, ein Tragetuch zu kaufen, in dem ich es herumtragen konnte. Mit der Hilfe einer anderen, besseren Doula machte ich im Krankenhausflur Kniebeugen, um die Fruchtblase zum Platzen zu bringen. Talia wurde blau geboren und schrie nicht. Als die Ärzte sie wiederbelebt hatten und sie mir in die Arme legten, schienen ihre winzigen, perfekten Lippen mich anzulächeln. Ich fand sie wunderschön. Ich war anders geworden.

Ich verbrachte eine Woche mit ihr im Genesungsheim. Obwohl ich mich in einer insgesamt positiveren Stimmung befand als beim letzten Mal, weinte ich immer noch, als wir nach Hause gingen. Die vor uns liegende Aufgabe ist für alle neuen Mütter einschüchternd. Aber ich hatte jetzt eine kleine Familie und war geradezu besessen von meinen Kindern. Meine früheren Ängste hatte ich hinter mich gebracht und ich wusste nun schon, dass ich Noam eine gute Mutter war. Auch für Talia würde ich eine gute Mutter sein.

Noam war klug, plapperte ohne Ende und lernte mithilfe von Spielzeugen und Puzzles das Alphabet. Talia war ruhiger, und ich trug sie in einem Tragetuch herum, wie es Mumsnet empfohlen hatte. Ab der sechsten Woche nahm ich sie mit zur Arbeit, während Noam zu seiner Tagesmutter ging, und das taten wir, bis sie acht Monate alt war und ich begann, sie einer Babysitterin zu überlassen.

Ich wurde immer tüchtiger, während Zvi sich schwertat, den Haushalt zu führen. An jüdischen Feiertagen oder am *Schabbes* lud ich mindestens zwei andere Familien ein. Ich genoss es, mich mit anderen zu unterhalten. An Sonntagnachmittagen nahm Zvi Noam zu dem nahe gelegenen Stadtbauernhof mit, damit ich mich mit Talia ausruhen konnte. Wir hatten einen neuen eingespielten Tagesablauf, aber ich konnte einfach keine Nähe zu meinem Mann empfinden, der weiterhin ständig Sex wollte.

Als ich mehr über meine eigenen Wünsche lernte, fand ich ihn immer abstoßender, und dank Mumsnet wurde mir immer bewusster, wie eine einvernehmliche Ehe – und weibliche Lust – aussehen sollten. »Bitte, lieber G'tt«, betete ich in der *Mikwe*, »hilf mir, zu kommen.«

Ich war im siebten Monat schwanger, zum dritten Mal, als ich den Mut aufbrachte, zu posten: »Hat noch jemand von euch das Gefühl, dass Sex Pflicht ist?« Die Frauen fragten besorgt, was ich damit meinte, und so postete ich die erste Metapher für mein Sexualleben, die mir in den Sinn kam: »Wenn dein Kind in Hundescheiße tritt, wirst du seine Schuhe doch auch sauber machen, oder? Du wirst es nicht dabei belassen. Aber Spaß wird es dir keinen machen.« Einige Nutzerinnen ermutigten mich, den Chat in den versteckten Teil der Website zu verschieben, wo man in einem sicheren, von Google unauffindbaren Thread posten konnte. Dort verteidigte ich Zvi zwar, aber ich war auch ehrlicher als je zuvor. »Es ist nicht das, was du denkst«, schrieb ich. »Es ist nur, dass ich lesbisch bin.«

Ich hatte diese Worte noch nie zuvor aufgeschrieben, aber es war die einfachste Möglichkeit, das Dilemma mit der Hundescheiße zu erklären und die vielen anderen Schichten dessen, was zu Hause abging, zu verbergen. Dieses erste öffentliche Eingeständnis setzte etwas in mir frei. Ich hatte es jetzt laut ausgesprochen und wollte nicht mehr aufhören. Später an diesem Tag spazierte ich mit Talia um den halbmondförmigen Teich in der Nähe unseres Hauses und sagte es laut vor mich hin: »Ich bin lesbisch. Ich bin lesbisch.« Es fühlte sich unglaublich an, wie eine Befreiung.

Am nächsten Tag saß Zvi an seinem üblichen Platz auf der Stufe hinter unserem Haus und rauchte eine Zigarette. Es war August, und ich setzte mich neben ihn und schaute über unsere im frühen Sommerabendlicht bescheiden wirkende kleine Terrasse.

»Ich muss dir etwas sagen«, sagte ich. »Ich fühle mich zu Frauen hingezogen und nicht zu Männern. Das ist meine Realität, und die wird sich auch nicht ändern.«

»Was ist mit mir?«, fragte er und inhalierte den Zigarettenrauch. »Fühlst du dich nicht von mir angezogen?«

»Ich kann beides nicht miteinander vergleichen«, erklärte ich. »Meine Gefühle für Frauen und die Verpflichtung, die ich dir gegenüber als meinem Ehemann empfinde, sind zwei verschiedene Dinge.«

»Heißt das, dass wir uns scheiden lassen?«, fragte er.

»Nein«, sagte ich. Ich glaubte wirklich, dass ich beides schaffen könnte: zu versuchen, ihm gegenüber liebevoll zu sein, und gleichzeitig diese Wahrheit über mich selbst anzuerkennen, aber nicht danach zu handeln. Für mich war dieses Gespräch nicht so sehr ein Ende als vielmehr der Anfang eines neuen, ehrlicheren Abschnitts unserer Ehe. Er drückte er seine Zigarette aus, stand auf und ging ins Haus; er weinte, als ich ihm sagte, dass alles so weitergehen würde wie bisher. Und so war es.

Roni wurde am 5. Oktober 2012 in einem Geburtspool im Krankenhaus geboren. Er hatte leuchtend rotes Haar, das sich beim Waschen aufstellte.

Ich wurde am Nachmittag entlassen und direkt in das Genesungsheim gefahren. An diesem ersten Tag wechselte ich beim Stillen zwischen Mumsnet und jüdischen Blogs hin und her, bis mich einer anhalten ließ. Ein von einer frustrierten jüdischen Aktivistin verfasster Thread zu einem Vorwurf gegen einen Rabbiner, der in London Mädchen sexuell missbrauchte, hatte sich wie ein Virus im Internet verbreitet. Hunderte Kommentare wütender, erschöpfter Gemeindemitglieder baten um interne Veränderungen oder zumindest um ein Mindestmaß an Verantwortlichkeit. Vergraben zwischen all den Mitteilungen hatte jemand geschrieben: »Was ist mit Todros Grynhaus?«

Als ich seinen Namen sah, haute es mich um.

Es war Freitagabend, kurz vor *Schabbes,* und ich begab mich zum Essen, das für die stillenden Mütter vorbereitet wurde, mit dem Gefühl, dass sich etwas zusammenbraute.

Trotz des Missklangs in meinem Leben liebte ich den *Schabbes* immer noch und genoss es normalerweise, mich von seiner Ruhe einhüllen zu lassen. Aber dieses Mal gingen mir die Gedanken nicht aus dem Kopf, und ungeduldig wartete ich auf das Ende des Mahls, um mich gleich wieder meinem Mobiltelefon zu widmen. Es erwarteten mich Hunderte weiterer Kommentare, in denen Todros' Name immer wieder auftauchte, über von ihm missbrauchte Mädchen und Vertuschungen. Als ich das letzte Mal seinen Namen genannt hatte, war das allen egal gewesen. Jetzt forderten die Leute, die Polizei einzuschalten. Das löste eine Entschlossenheit in mir aus, von deren Existenz ich nichts gewusst hatte. Ich war bereit.

Wieder zu Hause, scrollte ich beim Stillen durch Websites und Chatrooms und wartete gespannt auf mehr Informationen. Ich wollte eine Lösung.

Es dauerte nicht lange, bis sie kam. Als Roni drei Wochen alt war, erhielt Zvi einen Anruf von meinem Bruder Schmuel. Schmuel war vom Onkel eines anderen Opfers kontaktiert worden, der ihm sagte, man würde Todros bei der Polizei anzeigen und auch meinen Namen nennen. Zvi fand mich oben, als ich im Schneidersitz auf unserem Bett saß und das Baby stillte. Ich war es gewohnt, dass Männer über mich sprachen und Entscheidungen über mein Leben trafen, aber in diesem Fall wusste ich, dass ich die Kontrolle übernehmen musste. Ich sagte ihm, dass ich aussagen würde, dass aber alles direkt über mich laufen müsse. Ich wollte nicht, dass meine Worte verdreht und wie bei einem Spiel auf dem Spielplatz von Person zu Person weitergegeben würden.

Am nächsten Morgen erhielt ich einen Anruf von einer Polizistin. Ich erklärte mich bereit, eine Aussage zu machen, und wir legten einen Termin zwei Wochen später fest.

In der Zwischenzeit meldete sich ein Rabbiner, der dem anderen Mädchen die Erlaubnis erteilt hatte, auszusagen. Er stellte mir zwei Fragen:

»Hat er Sie missbraucht?«

»Ja«, sagte ich.

»Was wäre Ihre Motivation, ihn anzuzeigen?«

»Um andere Menschen zu schützen«, antwortete ich.

»In Ordnung«, sagte er. »Wenn Sie ›Rache‹ gesagt hätten, hätte ich abgelehnt.« Das hätte nicht zu seiner Auslegung der Tora gepasst.

Am Morgen der Befragung war ich nervös, aber entschlossen. Zwei Kriminalbeamte, ein Mann und eine Frau, kamen und stellten ein Stativ in der Ecke unseres Esszimmers auf, direkt neben dem Bücherregal mit einem vollständigen Exemplar des Talmuds. Zvi nahm Talia und Noam mit nach oben, und Roni schlief im Kinderwagen neben mir, während ich fünf Stunden lang sprach. Ich hatte Angst, dass ich Schwierigkeiten haben würde, meine Fassung zu bewahren, aber als ich zu sprechen begann, spürte ich, wie eine vertraute Taubheit über mich kam. Ich schaltete emotional ab und erzählte ihnen alles.

Zehn

Der 149er-Bus

…מִכֹּל עֵץ־הַגָּן אָכֹל תֹּאכֵל׃ וּמֵעֵץ הַדַּעַת טוֹב וָרָע לֹא תֹאכַל מִמֶּנּוּ …

Von allen Bäumen des Gartens darfst du essen,
doch vom Baum der Erkenntnis von Gut und Böse
darfst du nicht essen.
GENESIS 2,16–17

Es sollte über zwei Jahre dauern, bis das Gerichtsverfahren abgeschlossen sein würde. Bald würde Noam fünf Jahre alt sein, und die Entscheidung, ihn auf eine orthodoxe Schule zu schicken, war ein wichtiger Faktor, um auf dem Weg der Zugehörigkeit zu bleiben. Aber keine der Schulen in unserer Nähe, die ich anfragte, war bereit, ihn aufzunehmen, weil ich den Behörden gegenüber ausgesagt hatte – etwas, das nunmehr in unserer Gemeinde berüchtigt war.

Eine Sekretärin der Zulassungsstelle sagte mir: »Sie müssen verstehen, dass Ihr Sohn nicht an einer jüdischen Schule aufgenommen werden wird.« Ich wusste, dass das nicht der Fall war, und die Arroganz, mit der sie behauptete, für eine ganze Religion zu sprechen, ärgerte mich. Egal, wie viele Türen mir vor der Nase zugeschlagen wurden, ich würde nicht zulassen, dass man mein Kind ausgrenzte. Ich verabscheute die Risse, die sich zwischen denen, die akzeptiert wurden, und denen, die es nicht wurden, auftaten; eine Gemeinschaft sollte ihre Probleme gemeinsam lösen. Ich stellte fest, dass es auch andere Eltern gab, die keinen Schulplatz für ihre Kinder bekamen, entweder weil sie nicht als religiös genug galten oder weil ihre Kinder zusätzliche Bedürfnisse hatten. Also telefonierte ich herum und stellte eine Liste mit dreißig weiteren Familien zusammen, die im selben Boot saßen. Ich brachte sie zu einem örtlichen Rabbiner und bat um ein Treffen mit den Direktoren der orthodoxen Schulen im Umkreis, was er mir gewährte.

Das Treffen fand bei ihm zu Hause statt, und als ich durch die Tür trat, gab es keine Sitzplätze mehr am Tisch. Die Direktoren waren die einzigen, die saßen, und der Rest von uns drängte sich um sie. Da ich dieses Machtgefälle nicht akzeptieren wollte, suchte ich mir im Nebenzimmer einen Stuhl und zog ihn herein. Alle Direktoren waren Männer im schwarzen Gehrock und mit Hut, und jeder erklärte der Reihe nach, warum seine Schule keine zusätzlichen Kinder aufnehmen würde. Ihre Auslegung jüdischer Werte stieß mich ab. Ich kannte meine religiösen Regeln nur zu gut, und diese Ausgrenzung, eine Strategie zum Schutz der eigenen Gruppe, entsprach nicht ihrem Geist.

»Kinder auf diese Weise auszuschließen, ist nicht, wie eine Gemeinschaft funktionieren sollte«, verkündete ich einigermaßen zuversichtlich.

Die einzige jüdische Schule, die noch Platz hatte und Noam aufnehmen würde, befand sich in Stamford Hill, also trafen wir die schwierige Entscheidung, aus den Außenbezirken Londons in die erdrückende Umgebung zurückzukehren, die wir so gerne verlassen hatten. Zvis Familie war so begeistert, dass wir in ein religiöseres Viertel zurückkehrten, dass sie uns Geld schickte, um die höhere Miete für eine Maisonettewohnung in den beiden obersten Stockwerken eines dortigen Hauses zu decken.

Ich musste zwar meine weniger restriktive Existenz aufgeben, freute mich aber, näher an einigen der coolsten Gegenden Londons zu wohnen. Oft ging ich mit Noam zur Schule, brachte Talia in den Kindergarten und fuhr dann mit Roni im 149er-Bus zu den ausgeflippten Läden auf der Green Lane und der Stoke Newington High Street. Hier, wo es auffiel, wenn man normal aussah, wirkte alles für mich einladend. Es schien mir, dass man durchaus mehr als nur eine Sache gleichzeitig sein konnte, und die Möglichkeit, daran teilhaben zu können, beruhigte mich. Ich ließ die verschiedenen Charaktere auf mich wirken.

Ich schaute mir Keramiken, Kunst und Kleidung an, die ich mir nicht leisten konnte, oder ging in Buchläden, blätterte in der lesbischen Abteilung und in den Regalen für Belletristik und las Bücher, die ich mir nie kaufen würde. Ich sah aus wie eine charedische Jüdin, aber unter den Hipstern und Punks und der Vielzahl von Menschen in ihrer jeweiligen nationalen oder religiösen Kleidung hatte ich das Gefühl, dass niemand mich anschaute. Hier war ich anonym.

Mir war eingetrichtert worden, dass jüdische und nichtjüdische Menschen sich nicht mischen sollten, aber hier überschritt ich diese Grenze und stellte einmal mehr fest, dass nichts Schlimmes passierte. Es regnete kein Feuer vom Himmel. Vor mir taten sich keine Abgründe auf. Als ich durch die Straßen schlenderte, bildete ich mich weiter, übernahm soziale Normen, grüßte Verkäuferinnen und Verkäufer, während ich mit den Fingern die Regale entlangfuhr, stets in der Hoffnung, etwas zu finden, das ich mir leisten konnte, lächelte Leute an, an denen ich vorüberging, und belauschte andere Mütter und Kindermädchen auf den Spielplätzen. In Stamford Hill gab es eine strenge Hierarchie, wer wen grüßen durfte, hier jedoch nahm ich Augenkontakt auf und genoss flüchtige Kontakte mit Fremden. Ich schlug eine Brücke zwischen zwei Welten, und die Diskrepanzen und Heucheleien in meiner eigenen Welt erschienen mir umso größer. Ich war nun auch für meine soziale Akzeptanz weniger auf Zvi angewiesen als früher. Er war auf einen Kreislauf aus Abendessen, Fernsehen und Sex fixiert, meine eigene Welt jedoch erweiterte sich, und ich war diejenige, die an ihren Grenzen rüttelte.

Da das Gerichtsverfahren anstand und das Aufsehen in der Nachbarschaft immer größer wurde, fühlte ich mich auch in der Lage, offener mit den Menschen in unserer Gemeinde über das zu sprechen, was ich als Vertuschung sexuellen Missbrauchs ansah. Ich machte mir weniger Sorgen um ihr Urteil, weil dieses ohnehin schon gefällt worden war. Ich erwarb mir den Ruf, zu schwierigen Gesprächen bereit zu sein, und wurde eingeladen, mich einer Gruppe von Frauen anzuschließen, die einmal in der Woche gemeinsam an Vorträgen zu textbasiertem jüdischem Lernen teilnahmen.

Der Unterricht fand in einem Klassenzimmer in Nordlondon statt und brachte mich zum ersten Mal mit dem Talmud in Berührung – dessen Lektüre, wie mir gesagt worden war, eine Frau zur Prostituierten macht. Ich studierte die Tora, lernte ihren aramäischen Text und dachte ohne Schuldgefühle über theologische Fragen nach. Ich wurde sowohl eingeladen, von weniger restriktiven Lehrerinnen zu lernen als zuvor, als auch gebeten, einen Vortrag über das Gelernte zu halten, und es bereitete mir große Freude, diesen gleichgesinnten Frauen mein neues Verständnis der jüdischen Geschichte vorzustellen.

Eine von ihnen, Eve, war die Schwiegertochter des ehemaligen Oberrabbiners. Jede Woche nach dem Unterricht fuhr sie mich zur U-Bahn-Station Brent Cross, während wir uns unterhielten. Eve stammte ebenso aus Glasgow wie ich, wir blickten jedoch auf sehr unterschiedliche Kindheiten zurück. Wir waren beide gläubige Frauen, sie jedoch war in eine mir fremde Berufswelt integriert, zu der ich mir zunehmend Zugang wünschte: Sie war Steuerberaterin, hatte eine Regelschule und die Universität besucht und sich jahrelang für die fehlende säkulare Bildung für Jungen in unseren strengsten orthodoxen Gemeinden eingesetzt. Eve fand es spannend, wie offen ich über das sprach, was ich langsam als systemisches Problem erkannte, das weit über meine eigenen Erfahrungen hinausging, und gemeinsam suchten wir nach weiteren verborgenen derartigen Missständen.

Wir stachelten einander gegenseitig an. Wir brannten beide darauf, für andere in dieser Welt, der wir angehörten, zu kämpfen, und dazu gehörte auch der Wunsch, sich für Veränderungen einzusetzen, egal wie unangenehm sich das für alle und auch für uns selbst anfühlen mochte. Ich hatte innerhalb der Mauern meiner Gemeinde so viel ertragen, aber sie war mein Zuhause. Ich wollte, dass sie sich die Mittel und das Wissen aneignete, um mich zu schützen – und jetzt, wo ich Mutter war, auch meine Kinder. Ich wollte, dass wir sie von ihrer besten Seite erleben konnten, ohne Angst vor ihrer schlimmsten. Ich sehnte mich nach Trost.

Ungefähr zu dieser Zeit hatte ich auch angefangen, eine Selbsthilfegruppe für Frauen zu besuchen, die sexuellen Missbrauch erlebt hatten. Sie traf sich alle zwei Wochen in einer örtlichen Bibliothek. Wir waren ein halbes Dutzend Frauen, alles religiöse Jüdinnen. Wenn man so offen über eine so schreckliche gemeinsame Erfahrung spricht, lernt man sich rasch kennen, und wir wurden fast augenblicklich zu Schwestern. Nach den Sitzungen gingen wir in ein koscheres Restaurant, das bis spätnachts geöffnet hatte, und blieben dort, um uns bei heißen Pilzravioli bis Mitternacht zu unterhalten. Dank dieser Gruppen, deren Teil ich war und in denen wir Dinge besprechen konnten, die anderswo nicht zur Sprache kamen, entwickelte ich mich immer weiter. Als direkte Reaktion darauf zog sich Zvi zunehmend zurück.

Als Roni ein paar Monate alt war, war ich es, die unsere Familie finanziell zusammenhielt. Zvi arbeitete kaum, während ich einen neuen Job hatte, bei dem ich viel mehr verdiente als er.

Durch meine Gespräche in den Selbsthilfegruppen lernte ich auch, den Sex zu verweigern, was Zvis schlechte Laune nur noch verstärkte. Das bedeutete nicht immer, dass wir keinen Sex mehr hatten, aber wir hatten weniger und schnelleren Sex, und ich hörte definitiv auf, so zu tun, als würde ich ihn genießen.

Als ich ein paar Monate nach meiner Aussage bei der Polizei in der Selbsthilfegruppe saß, hörte ich das nächste Mal von Todros. Auf meinem Handy erschien eine Nummer, die ich nicht kannte. Am anderen Ende war ein Polizeibeamter. Es war Wochen her, dass ich etwas über den Fall gehört hatte, und plötzlich wurde mir mitgeteilt: Todros war verhaftet, und sowohl er als auch seine Frau waren auf einer Polizeistation verhört worden. Der Beamte erklärte mir, dass man ihn gegen Kaution freigelassen habe, aber schon allein das Wissen, dass es mit dem Fall voranging, war für mich eine enorme Erleichterung. Diese hielt allerdings nicht lange an. Innerhalb derselben Woche erhielt ich einen weiteren Anruf. Todros sei nach Brüssel gefahren und von dort nach Israel geflohen.

Monate vergingen, und jeder Versuch der Behörden, ihn zurückzuholen, scheiterte. Es gab Augenblicke, in denen dieses Gefühl der Ohnmacht so wehtat, dass ich in eine Schockstarre verfiel, doch jedes Mal holten mich die Frauen aus der Gruppe heraus, brachten mir etwas zu essen und sprachen mir gut zu, um mir Kraft zu geben. Dann, eines Abends, als ich zu Hause saß, erhielt ich einen Anruf von einer anderen Nummer, die ich nicht kannte. Am anderen Ende der Leitung sprach eine ältere Dame.

»Mein Sohn ist Flughafenseelsorger«, sagte sie. »Er hat

mir gesagt, dass Todros Grynhaus auf der Passagierliste eines Fluges steht, der morgen früh ankommt.« Die Gerüchteküche hatte ganze Arbeit geleistet, und zum ersten Mal zu meinen Gunsten.

Ich rief sofort auf der Polizeiwache an, um zu berichten, was ich gehört hatte. Dort bestätigte man mir, dass man bereits Bescheid wisse und alles Nötige in die Wege geleitet habe, um Todros bei seiner Ankunft am nächsten Morgen zu verhaften. Er wurde sofort in Gewahrsam genommen.

Elf

Hier bin ich

הִנֵּנִי

Hineni.
(dt. »Hier bin ich.«)
GENESIS 22,1

Ich schaute auf das Eichenholzgestell des Zeugenstands. Die Fingerspitzen waren der einzige Teil von mir, den ich spüren konnte, meine geschnittenen Nägel gruben sich in das Holz und ließen meine Knöchel weiß erscheinen, fast grau. Meine Beine konnten mich nicht tragen, und jeder andere Teil meines Körpers zitterte. Meine Handflächen waren schweißnass. Ich dachte, ich würde jeden Augenblick ausrutschen und in eine Pfütze meiner selbst fallen. An diesem Morgen hatte ich mich sorgfältig geschminkt und die Falten in Bleistiftrock, Bluse und Strickjacke, die ich ausgesucht hatte, gebürstet. Ich wollte mich als kraftvoll und gefasst darstellen. Hier war niemand geknechtet.

Es war mir unmöglich erschienen, die Schwelle zu diesem großen Raum zu überschreiten. Er wirkte wie ein Theater. Wie eine *Schul*. Ich bewegte mich mit Bedacht, hob meinen rechten Fuß, dann den linken, und legte den einen Meter von der Tür zum Zeugenstand zurück. Hier war ein Raum, der für mich offen gehalten wurde. Damit meine Stimme gehört werden konnte.

Reglos stand ich im Zeugenstand. Vor mir ein Meer von zwölf winzigen Gesichtern, die ineinander verschwammen. Die Geschworenen. Die Frauen sahen aus wie normale Menschen; ich hoffte, dass die Männer vernünftig waren.

Ich schaute auf den Gerichtsdiener hinunter, dann hinüber zum Richter, zu den Anwälten, ihren Perücken und Roben, Aktenordnern und Laptops. Zu meiner Rechten wurde ein schwerer roter Samtvorhang zugezogen, um mich vor *ihm* abzuschirmen, dem Mann, dessen Verbrechen uns alle hierhergebracht hatten. Alle Augen waren auf mich gerichtet. Ich stellte mir vor, dass seine es auch waren.

Jemand unter mir räusperte sich. Ein Gerichtsdiener in einem schwarzen Umhang rief meinen Namen. Ich hörte auf, mich umzusehen, und versuchte zuzuhören.

»Wollen Sie schwören, Mrs Fletcher, oder an Eides statt versichern?«, fragte er.

»Ich werde bitte an Eides statt versichern«, antwortete ich, denn das dritte Gebot besagt, dass man den Namen des Herrn, deines G'ttes, nicht missbrauchen soll.

»Ich erkläre feierlich, aufrichtig und wahrheitsgemäß, dass die Angaben, die ich machen werde, der Wahrheit entsprechen, der ganzen Wahrheit und nichts als der Wahrheit.«

Meine Stimme klang klar. Ich sah sie vor mir herfliegen.

Die Stimme einer Frau ist ihre Blöße. Ich hörte die Stimme meiner Mutter und stellte mir vor, wie sie ein Buch aus dem Bücherregal in unserem Esszimmer zog und mit dem Finger auf die kodifizierten Regeln zur Sittsamkeit von Frauen stach.

Die meisten Menschen im Gerichtssaal waren Männer. Aber ich fühlte mich nicht nackt. Überhaupt nicht.

»Mrs Fletcher, würden Sie bitte für das Protokoll Ihren vollständigen Namen bestätigen?«

»Yehudis Gittel Fletcher«, antwortete ich deutlich. Laut. Ich lauschte dem Klang meiner Stimme, die den Raum füllte.

Alle anderen hörten auch zu. Als dieser Fall das letzte Mal vor einem Gericht verhandelt wurde, in den Büros des *Bet Din*, war ich nicht einmal in den Raum gebeten worden. Jetzt waren alle Männer wegen meiner Worte hier. Das gefiel mir. Ich gab meinen Namen zu Protokoll, weil mein Name dorthin gehörte. *Mein* Name. Das war Macht. Nicht Macht *über* etwas – ich hatte keine Kontrolle darüber, was das Gericht tun oder wie die Geschworenen entscheiden würden –, aber Macht *in* etwas. Es war Atem, Sauerstoff. Es war der Beginn meines Aufstiegs. *Hineni*, dachte ich. Hier bin ich.

Zu meiner Linken saß der Richter auf seiner Bank. Sein graues Haar war unter seiner Perücke verborgen. Wie bei mir. Er hatte ein älteres Gesicht, dessen Alter ich nicht genau bestimmen konnte, aber es war menschlicher und weniger distanziert, als ich erwartet hatte, mit einem winzigen Anflug eines Lächelns. Er dankte mir für mein Kommen, sprach mich direkt an, und sein Blick traf meinen. Ich war es nicht gewohnt, einen männlichen Blick zu erleben, ohne Lust oder Objektifizierung. Es wurde mir bewusst, dass er mich mit Respekt ansah. Er sprach mich auch mit Respekt an. Ich und das, was ich zu sagen hatte, waren wichtig, mein Beitrag wurde geschätzt. Und das nicht nur von ihm. Der ganze Raum brauchte mich, um diesen Fall zu beweisen oder zu widerlegen. Ich war so wenig gewöhnt daran, dass es mich aus der Bahn warf.

Mein Blick war auf das Wappen gerichtet, das hinter dem Richter hing: »*Dieu et mon droit*«. Ich schlug es später nach: Es war Französisch für »G'tt und mein Recht«. Es erinnerte mich sofort an die Inschrift über dem großen hölzernen Toraschrein, in dem die Torarollen in der *Schul* meines Vaters aufbewahrt waren: »Ich will unter ihnen wohnen und mit ihnen gehen«, in hebräischer Schrift. So oft hatte ich dort als Kind gestanden und diese Worte gelesen, nach ihnen gegriffen, gewünscht, dass G'tt oder irgendjemand mich anhörte. Jetzt, endlich, stieß mein Schmerz auf offene Ohren.

Die Besuchertribüne war voller Männer in dunklen Hosen und weißen Hemden, die da waren, um *ihn* zu unterstützen. Die *Zizit* ihrer Gebetsleibchen hingen heraus, als sie sich wiegten und beteten und versuchten, G'tt auch in diesen imposanten Raum zu bringen.

Was wussten *sie* denn schon? Ich war diejenige, die G'tt in diesen Raum brachte.

Mein Anwalt hieß Alistair. Der Verteidiger war klein und schmierig, und in den folgenden Jahren las ich immer wieder in den Nachrichten, dass er Menschen vertrat, die versuchten, die Wahrheit zu vertuschen.

Ihre Fragen kamen in Wellen, und es gelang mir rasch und einfach, sie zu beantworten, bis mir der Mund trocken wurde.

Ich hörte aufmerksam zu. Ich hielt mich an den Fragen der Anwälte fest und sprach meine Wahrheit aus. Dabei veränderte sich meine Körpersprache. Ich entspannte mich und fühlte mich wohl in meiner Haut.

Ich konnte und würde mich von diesem Raum nicht aus dem Konzept bringen oder verwirren lassen. Mir wurde jetzt klar, dass die Menschen hier ohne mich nicht zurechtkommen würden. Ich war nicht die sittsame Braut, die sich die Männer, die ich kannte, wünschten, dass ich sie war. Ich war nicht die Verwaltungsangestellte oder Sekretärin, die für die religiösen Männer im Immobilienbüro, in dem ich arbeitete, übersetzte, für Männer, die ohne mich kein Englisch verstanden ... Diese Leute wollten mich als ihre Vermittlerin oder Mediatorin, eine Randfigur und austauschbar. Das war ich nicht. Nicht hier.

Ich beantwortete jede Frage und wartete auf die nächste. Manchmal war ich dreist.

Ich brachte meine Worte zu Gehör, auch jene, die mich abstießen. »Erigierter Penis«. »Samenerguss«. Meine Worte. Meine Erfahrung. Meine Erzählung.

»Ist es nicht so, Mrs Fletcher, dass Sie in Wirklichkeit gar nicht so naiv waren? Dass Sie genau wussten, was mein Mandant tat, und dass Sie daran beteiligt waren?«, fragte sein Anwalt.

»Nein, ich war ein Kind. Ich habe dem, was er getan hat, nicht zugestimmt, und ich habe nicht verstanden, was er tat.«

»Aber Sie waren nicht naiv, Mrs Fletcher. Trugen Sie nicht eine Hose, eine weite Hose mit Schnürbändern an der Seite?« Ein wenig Erbrochenes flutete meinen Mund. Wer hat ihm das erzählt? Wer hat sich so an mich erinnert, ein Kind ohne Hüften und Brüste, in einer superweiten Hose, die meine ganze Generation trug?

An diesem Punkt beugte sich dieser Mann bis zum Rand der Anklagebank, auf der er saß, und versuchte, mit mir Blickkontakt herzustellen. Vielleicht wollte er mich einschüchtern oder kontrollieren oder mich einfach nur sehen. Es war mir egal. Jedenfalls widerte er mich an. Ich wandte mich von seinem Blick ab.

Stattdessen wählte ich mir eine Frau in der ersten Reihe der Geschworenenbank aus und lächelte sie an. Ich suchte nach einer Verbindung, um die Frage nach meiner Kleidung zu beantworten, ohne mich in das Spiel dieses Mannes zu verstricken. »Ich habe eine Hose getragen, die damals alle trugen, mit Taschen und Bändern. Erinnern Sie sich daran?«, fragte ich. Sie lächelte mich an und nickte.

»Na ja, nicht jede trug sie.« Er rang er nach Worten. »Niemand sonst in Ihrer *Charedi*-Gemeinde trug sie.«

Ich glaube nicht, dass sich die Geschworenen dafür interessierten.

Als Nächstes verwies er mich auf mein Videobeweismaterial.

»Sie sagen, mein Mandant habe Sie gefragt: ›Wo ist deine Klitoris?‹« Sein derber Umgang mit meinen Erinnerungen traf mich unvorbereitet.

Jetzt fragte er mich: »Sie sind ein charedisches Mädchen? Woher wussten Sie, wo Ihre Klitoris ist?« Er betonte das »s« übermäßig und verletzte mich damit erneut. Ich wollte mich von ihm nicht aus der Fassung bringen lassen. Ich wollte das Richtige sagen.

Der Richter schaltete sich ein. »Sie müssen nicht antworten«, sagte er. »Mrs Fletcher. Sie müssen nicht antworten«, wiederholte er und sah mich direkt an.

Ich war so wenig daran gewöhnt, verteidigt zu werden. Und genauso wenig war ich daran gewöhnt, dass ein Mann mit mir zusammenarbeitete und mich unterstützte. Ich war nicht daran gewöhnt, auf solche Weise bedeutsam zu sein.

Als ich zum ersten Mal in der Mittagspause den Zeugenstand verließ, schaute ich auf mein Handy und sah einen Bildschirm voller verpasster Anrufe von Zvi. Ich rief ihn zurück und hörte mir sein Gejammer darüber an, wie schwer das, was ich tat, für ihn war. Ich war verärgert, versuchte aber, ihn eine Weile zu beruhigen, bis ich es satthatte, mich weiter anzustrengen, und das Gespräch beendete. Ich hatte nicht die Kraft, mich um sein Bedürfnis nach Aufmerksamkeit zu kümmern.

Als ich eine Stunde später wieder den Zeugenstand betrat, brauchte ich einen Augenblick, um meinen Rhythmus wiederzufinden. Vor mir lag ein großer Ringordner mit Plastikhüllen, die Fotokopien von Beweismitteln enthielten, die von beiden Seiten zusammengestellt und bewilligt worden waren. Die Anwälte gingen mit mir die Seiten durch, bis wir zu einem Foto eines Schlosses kamen, das an der Badezimmertür des Hauses angebracht war, in dem er mich missbraucht hatte. Ich dachte an dieses Haus, an diesen Ort, wo ich *in loco parentis*, in Vertretung der Eltern, leben sollte. Ich hatte der Polizei bei meiner Vernehmung erzählt, dass er das Schloss von außen aufgebrochen und sich so Zutritt verschafft hatte, wenn ich unter der Dusche stand.

»Mrs Fletcher, können Sie mir sagen, was Sie auf dem Foto sehen?«, meckerte sein Anwalt.

»Es tut mir leid, aber ich kann eigentlich nichts erkennen. Das Foto ist wirklich sehr undeutlich«, antwortete ich. Ich machte es ihm nicht leicht.

»Vielleicht kann ich Ihnen helfen«, drängte er. »Das ist das Schloss der Badezimmertür im Haus des Angeklagten. Sie sagten, er habe das Schloss von der anderen Seite der Tür geöffnet, während Sie unter der Dusche waren. Aber das kann er nicht getan haben – dies ist das Foto eines Schieberiegels. Man kann einen Schieberiegel nicht von der anderen Seite der Tür öffnen, oder?«

Es war nicht das Schloss, das vor einem Jahrzehnt dort gewesen war, und das war so grotesk, dass ich es kaum glauben konnte. Ich war dankbar, dass von mir nicht erwartet wurde, meine Gedanken hier zu verschleiern oder zu zensieren.

»Er hat die Tür geöffnet, während ich unter der Dusche war«, antwortete ich bestimmt. »Glauben Sie nicht, dass Menschen ihre Schlösser innerhalb von zehn Jahren austauschen können? Manche Leute wechseln ihr ganzes Badezimmer öfter.«

Die Geschworenen lachten verhalten. Der Anwalt zog sich zurück, aber nur kurz.

Was folgte, gehörte zu den schlimmsten Momenten des Prozesses. Er wies mich auf eine Notiz hin. Ich hatte diese Notiz seit einem Jahrzehnt nicht mehr gesehen. Sie war mit einem pinkfarbenen Textmarker auf ein Blatt Papier aus einem der dicken A4-Blöcke vom Supermarkt geschrieben, den ich für meine Schularbeiten verwendete.

»*Tate leibe*« – »Lieber Vater« – stand dort auf Jiddisch, dann auf Englisch: »Bitte weck mich um sieben Uhr früh.« Abschließend meine Grußformel auf Hebräisch.

»Das beweist, dass Sie liebevoll an ihn gedacht haben, nicht wahr? Dass Sie wollten, dass er Ihr Schlafzimmer betritt?« Sein Anwalt saß gebückt da, und es erfüllte mich mit Ekel und Entsetzen, bis heute.

Ich hatte diese Notiz als Kind geschrieben, im Alter von fünfzehn Jahren, für den Mann, der mit meiner Betreuung betraut und dafür zuständig war, mich jeden Morgen für die Schule wachzurütteln und dafür zu sorgen, dass ich am Abend sicher zu Hause war. Warum hat er sie aufbewahrt? Um sich einen runterzuholen? Als »Nur für den Fall«-Verteidigung all die Jahre in eine Schublade gestopft?

»O mein G'tt«, sagte ich und nahm wieder Augenkontakt mit der Frau auf, die sich mit mir an die Hose erinnerte. »Sehen Sie mich an, ich schreibe in drei Sprachen!« Alle Geschworenen verstanden mich und lächelten. Mitgefühl, Anerkennung, Komik – ich weiß es nicht. Ich hatte nicht vorgehabt, sie damit zu beeindrucken. Die Komik, die mich seit meiner Kindheit begleitete, kam zum Vorschein, und ich war jetzt so mutig, mich wie ein Pfau aufzuführen. Ich bin sicher, dass es für den Anwalt beunruhigend war. Er hatte erwartet, das Heft in der Hand zu haben. Aber ich war nicht das unterdrückte Mädchen, das er sich erhofft hatte.

Bis die Befragung gegen sechzehn Uhr fünfundvierzig zu Ende ging, gab es keine Angriffslinie, mit der ich nicht umgehen konnte. Nachdem ich meine neu entdeckte Macht entfesselt hatte, konnte ich meine Stimme ganz gewiss nicht mehr zurücknehmen. Das nahm ich mit. Auf keinen Fall konnte ich zu einem Leben des stillen Widerspruchs zurückkehren. Aber als ich den Zeugenstand verließ, verließ mich auch das Adrenalin. Der Prozess hatte es irgendwie geschafft, mich aufzubauen und mich dann vollkommen erschöpft zurückzulassen.

Auf dem Weg nach Hause rannte ich durch den Bahnhof, stürzte in die öffentliche Toilette und übergab mich.

Ich wusste nicht, welchen Zweck meine Aussage erfüllen würde, ob er für seine Verbrechen ins Gefängnis kommen würde oder nicht. Ich hatte keine Erwartungen. Ich wusste nur, dass mir diese Erfahrung einen neuen Einblick in das verschafft hatte, wozu ich wirklich fähig war. Als ich zu meinen Kindern und meinem weinenden Ehemann zurückkehrte, war ich mir sicher, dass ich das alles noch einmal würde durchstehen können. Und dass ich zu noch ganz anderen Dingen in der Lage sein würde.

Zwölf

Hanna

וְנָתַתִּי לָכֶם לֵב חָדָשׁ וְרוּחַ חֲדָשָׁה אֶתֵּן בְּקִרְבְּכֶם וַהֲסִרֹתִי
אֶת־לֵב הָאֶבֶן מִבְּשַׂרְכֶם וְנָתַתִּי לָכֶם לֵב בָּשָׂר׃

Ich gebe euch ein neues Herz
und einen neuen Geist gebe ich in euer Inneres.
Ich beseitige das Herz von Stein aus eurem Fleisch
und gebe euch ein Herz von Fleisch.
EZECHIEL 36,26

Der Prozess brachte ein Monster in den Knast. Zweieinhalb Wochen nach meiner Aussage fällten die Geschworenen einen Schuldspruch. Todros wurde wegen sieben Fällen von sexuellem Missbrauch an mir und einem anderen Mädchen zu dreizehn Jahren und acht Monaten Haft verurteilt.

Der Fall wurde in der Gemeinde zum zentralen Thema, aufgeheizt von der Tatsache, dass die Anklage vor Gericht von einem hochrangigen Rabbiner angeführt worden war, der die Behörden überhaupt erst auf den Fall aufmerksam gemacht und bei der Verhandlung für uns Opfer ausgesagt hatte.

Dass der Fall überhaupt vor Gericht kam und dieses Ausmaß an Unterstützung erhielt, war höchst ungewöhnlich; in der Woche nach Abschluss des Verfahrens ging der Oberrabbiner Großbritanniens sogar in die Geschichte ein, indem er über die Verurteilung nachdachte und dazu aufrief, weitere Missbrauchsfälle unverzüglich der Polizei zu melden.

Die Frage der Meldung und damit auch, inwiefern Schulen mehr tun könnten, um diesen Vorgang zu unterstützen, brodelte in der Gemeinde. Diese schmierigen Probleme wurden normalerweise nie öffentlich diskutiert. Nach wie vor herrschte die Meinung vor, dass Vorfälle innerhalb der Gemeinde zwar der Polizei gemeldet werden sollten, die Behörden aber immer noch nichts in unseren Schulen zu suchen hätten.

Die Nachricht hatte sich schneller verbreitet, als es selbst der Flurfunk vermocht hätte. Der langjährige Kampf der Rabbiner gegen die Nutzung des Internets war aussichtslos gewesen, und die Verbreitung wichtiger Nachrichten wie dieser im Internet war nun unvermeidlich. Menschen, die ich kannte und die ich nicht kannte, diejenigen, die die wochenlangen Diskussionen mitbekommen oder in regionalen und jüdischen Zeitungen darüber gelesen hatten, sogar der Mann, der meine Waschmaschine reparierte, sprachen mich täglich über Facebook, WhatsApp und auf der Straße an, um mir alles Gute zu wünschen und mir zu danken. Sie lobten meine Tapferkeit, mich öffentlich geäußert zu haben, und priesen das, was ich für die Gemeinde erreicht hatte.

Doch die Menschen, von denen ich mir am meisten Anerkennung wünschte, meine Eltern und Geschwister, schwiegen. Meine Familie betrachtete mein Vorgehen nicht als Dienst an der Gemeinde; sie waren nicht stolz auf mich. Ihrer Meinung nach hatte ich unserer Familie unangemessene Aufmerksamkeit verschafft, und in unterschiedlichem Ausmaß missbilligten sie das Selbstvertrauen, das der Fall in mir geweckt hatte. Ich zweifelte nicht daran, dass meine Brüder deswegen in der *Schul* angegriffen wurden; ich kann mir vorstellen, dass viele Männer ihre Verärgerung an ihnen ausließen und sie aufforderten, ihre Schwester zum Schweigen zu bringen. Ihre Unzufriedenheit stand im Widerspruch zur Reaktion aller anderen, die mir begegneten.

Unabhängig von ihrer Meinung diente der Gerichtsprozess einem größeren, persönlichen Zweck. Ich war jetzt eine Mutter von drei Kindern in meinen Mittzwanzigern, und die Behörden außerhalb meiner Gemeinde hatten mir beigebracht, dass ich über einen Rechtsstatus verfügte. Mein aufkeimendes Selbstbewusstsein war angeschwollen, und nichts konnte mehr so sein wie zuvor.

Jetzt hatte ich eine Stimme. Der Prozess hatte mir die Erlaubnis gegeben, lauter zu sprechen als je zuvor, als Person aufzustehen und in den Akten berücksichtigt zu werden. Und seit ich beim Spaziergang um den Teich »Ich bin lesbisch« gerufen hatte, hatte ich mir auch selbst die Erlaubnis erteilt, mehr über diesen Teil meiner selbst herauszufinden. Ich hatte es satt, mich anzupassen.

Ich kannte keine anderen charedisch-jüdischen Lesben, aber ich hatte eine alte Freundin, Adina, die im Erwachsenenalter herausgefunden hatte, dass sie intersexuell war. Ich hatte Posts gelesen, in denen sie über die Freiheit schrieb, die ihr die Tatsache gab, offen damit umzugehen. Es schien ihr Leben zu verbessern, und ich wollte mich auf ähnliche Weise weiterentwickeln können. Ich schrieb ihr auf Facebook und fragte sie, ob sie noch jemanden wie uns kenne: Menschen, deren Körper oder Chromosomen oder Sexualität in knapper, scharfer, unwillkürlicher Weise Nein sagten zu den Erwartungen der zutiefst konservativen Gesellschaft, in der wir lebten.

Ich genoss es, diese Worte zu schreiben und ihr angstfrei mitzuteilen, dass ich lesbisch war. Meine engsten Freundinnen und Freunde und die Frauen, die ich durch das Torastudium und die Opferhilfe kennengelernt hatte, akzeptierten mich bereits. Sie wussten, dass ich verheiratet war, mich aber zu Frauen hingezogen fühlte, aber das wurde nie ausgesprochen. Mich so offen darüber zu äußern, war noch neu für mich.

Adina war genauso erpicht darauf wie ich, sich mit anderen zu verlinken, also gründeten wir auf Facebook eine private Gruppe mit dem Namen »Queere Leute in London mit *frum* Hintergrund«. Sieben Personen schlossen sich an. Ich war das einzige verheiratete Mitglied; die meisten waren geschieden, eine war aus dem Land geflohen, um ihrer Hochzeit zu entgehen, eine andere hatte sich als trans geoutet. Wir alle bestanden darauf, dass die Gruppe geheim bleiben sollte.

Unter ihnen war eine Frau namens Hanna – die Ex-Frau eines Rabbiners und Mutter von drei Kindern. Hanna hatte sich mit erstaunlichem Mut und einem sorgfältig inszenierten Skandal als lesbisch geoutet. Sie war die einzige Person in der Gruppe, die ich noch nicht kannte, und sie war die erste, die vorschlug, sich im echten Leben zu treffen: »Ich würde gern ein paar Gleichgesinnte treffen, wenn jemand Interesse hat.«

»Ich bin dabei«, antwortete ich.

Ich legte einen Termin für die folgende Woche fest, in einem koscheren Bio-Restaurant in Golders Green. Zwei weitere Personen wollten sich uns anschließen. Ich war mir sicher, dass ich einen Weg finden würde, alle Ungereimtheiten meines Lebens zusammenzufügen, und meine ersten Versuche in diese Richtung ängstigten und erregten mich zugleich.

Ich ging zu Fuß zum Restaurant. Es war zwanzig Uhr an einem Mittwoch im November. Ich sah Adina, die an der Tür wartete, und neben ihr erkannte ich Hanna an ihrem Profilfoto. Sie trug ein Hemd und Chinos – ein Butch-Outfit – mit baumelnden goldenen Ohrringen und einer runden Brille. Ihr kastanienbraunes Haar war kurz geschnitten, und sie stand da wie ein schüchterner kleiner Junge, der viel jünger aussah als zweiunddreißig.

Dass ich mich mit diesen neuen Leuten wohlfühlen würde, war mir von Anfang an klar. Ich wollte mich nicht schon wieder auf etwas einlassen, was mir bereits vertraut war; ich war vielmehr begierig darauf, Verbindungen einzugehen, die sich echter anfühlten als die, die ich in der Vergangenheit gehabt hatte. Ich gab Hanna die Hand und klopfte ihr auf den Rücken. Ich trug einen Schlauchrock, einen Pullover, eine dicke schwarze Strumpfhose, Doc-Martens-Stiefel und einen kastanienbraunen Wollfilzhut. Ich hatte das Outfit sorgfältig zusammengestellt, um zu vermitteln, was es über mich zu sagen gab: Ich kleide mich sittsam und ich bin lesbisch.

Wir saßen an einem Vierertisch, und Hanna nahm mir gegenüber Platz. Um meinen Kopf zu bedecken, trug ich zu diesem Anlass keine Perücke, sondern den Hut, was bei *frum* Frauen üblich ist. Mutiger denn je schaute ich mich im Restaurant um, bevor ich mich entschied, meinen Hut abzunehmen, was ich noch nie zuvor in der Öffentlichkeit getan hatte. Hannas Neugier war geweckt.

»Wenn du dein Haar so einfach entblößen kannst, wozu bedeckst du es dann überhaupt?« Und so begann ein Ansturm an Fragen.

»Wie kannst du so selbstbewusst behaupten, lesbisch zu sein, und heute Abend trotzdem zu deinem Ehemann nach Hause gehen? Glaubst du wirklich, dass G'tt den Segen über dein Essen geben will, wenn du hier bei uns sitzt?«, fragte sie, als unsere Waffelstapel ankamen.

Für mich waren diese Dinge kein Widerspruch. »Ich kann das alles gemeinsam tun«, sagte ich ihr. Und glaubte es selbst.

Hanna und ich dominierten das Gespräch. Sie erzählte mir, was sie durchgemacht hatte, wie sie von zu Hause verstoßen wurde, als sie sich als lesbisch outete. Ich wusste nur zu gut, dass für mich alles auf dem Spiel stand, wenn ich mich öffentlich outen und meine Familie davon erfahren würde. In meiner Gemeinde gab es kein Szenario, in dem man als beides, orthodox und lesbisch, Teil unserer Welt bleiben konnte.

Sie schlossen sich gegenseitig aus. Hanna war für mich ein Vorbild. Sie führte das Leben, das ich mir wünschte, ein Leben in ihrer wahren Identität. Sie lebte immer noch in der Gemeinde, ihre Kinder besuchten jüdische Schulen, sie nahm sie mit in die *Schul*, und doch ging sie offen mit ihrer Sexualität um. Gewiss gab es einige Orte, an denen sie nicht willkommen war, aber überwiegend konnte sie alle Facetten ihrer selbst leben. Einen Augenblick lang fragte ich mich, ob mir das auch gelingen könnte.

Wir vier blieben bis nach zweiundzwanzig Uhr dreißig. Als ich nach Hause kam, schaute ich nach den Kindern und hörte Zvi in unserem Bett schlafen. Bis vor wenigen Stunden hatte ich dies als meine Realität akzeptiert, aber meine Gedanken waren bereits von dem lebendigen Zeugnis erfüllt, das ich gerade erlebt hatte: Es gab mehr Möglichkeiten als das.

Ein paar Tage später erschien eine Nachricht von Hanna in meinem Facebook-Posteingang.

»Wie geht es dir?« Und so begann ein Reigen regelmäßiger Unterhaltungen. Es begann immer mit etwas Banalem wie »Wie läuft dein Tag?«, aber schnell kamen bedeutungsvollere Themen zur Sprache. Wir unterhielten uns über Gender oder darüber, wie wir uns kleideten oder arbeiteten, oder über die Kinder. Ich erzählte nicht viel über meine Ehe, aber ich war fasziniert von Hanna und ihren Erfahrungen. Ich fühlte mich auch geschmeichelt und aufgeregt, dass eine neue Freundin mein wahres Ich besser kennenlernen wollte. Meine anfängliche Neugier und Erleichterung, eine Person gefunden zu haben, mit der ich mich identifizieren konnte, wurde zum Bedürfnis, sie besser kennenzulernen. Die Facebook-Gruppe traf sich nie wieder persönlich, aber die Verbindung zwischen Hanna und mir stand erst am Anfang.

Unser Gespräch beim Waffelessen hatte in mir den Wunsch geweckt, eine weitere Veränderung vorzunehmen.

Was Hanna über das Bedecken meines Haars gesagt hatte, ließ mich nicht mehr los. Jahrelang hatte ich mein echtes Haar in einem langen Zopf getragen, der bis zum unteren Rücken reichte und den ich jedes Mal unter meine Perücke oder meinen Hut steckte, wenn ich das Haus verließ. Jetzt wollte ich, wenn auch nur für mich selbst, in der Lage sein, mein wahres Ich zu sehen, wenn ich in den Spiegel schaute. Ich fand einen auf androgyne Schnitte spezialisierten Friseur in Stoke Newington und ließ mir einen kurzen, todschicken Bob mit einem seitlich hineinrasierten Undercut schneiden. Ich war begeistert. Wann immer ich es mir leisten konnte, ging ich in den Salon, um meinen neuen Stil beizubehalten, und wenn ich nach Stamford Hill zurückkehrte, schob ich jedes Mal meine Haare unter ein Haarband oder einen breiten Schal oder meine Perücke. Monatelang redete ich mir ein, dass dieses Ritual, meine Haare zu bedecken, etwas Schönes sei, und wiederholte meine Argumentationslinie immer wieder im Kopf – bis mir klar wurde, dass sie für mich keinen Sinn mehr ergab. Wem wollte ich etwas vormachen? Wenn ich die Perücke ablegte, war ich immer noch dieselbe Person mit demselben Glauben. Ich war doch immer noch Jüdin?

Ich fing an, außerhalb meiner Nachbarschaft immer öfter Hüte zu tragen – Baskenmützen, Beanies –, die ich so trug, dass Strähnen meiner neuen Frisur sichtbar waren, die gestutzten Kanten meines Bobs zur Schau gestellt. Bei der Veränderung ging es weniger darum, meine Haare zu zeigen, da sie immer noch größtenteils bedeckt waren, sondern vielmehr um die Botschaft, die ich anderen Menschen darüber vermittelte, wer ich wirklich war.

Zu Hause war das Geld knapp. Zvi war inzwischen so mürrisch, dass sein Job gefährdet war, und ich wusste, dass wir uns die Miete nicht mehr würden leisten können, wenn man ihm kündigte. Eines Tages, kurz vor dem fröhlichen *Purim*-

Fest im März, kam Zvi von der *Schul* nach Hause und bat mich um zwanzig Pfund für die Wohltätigkeitssammlung, die zu dieser Jahreszeit traditionell war. Ich hatte sechzig Pfund, um das Essen und die Rechnungen für uns fünf für den Rest des Monats zu zahlen. Wir waren selbst auf Spenden angewiesen.

Ich schälte das Fleisch von den Truthahnhälsen, um die Familie zu ernähren, und machte den Kindern dreimal in der Woche Pfannkuchen zum Abendessen. Ich verzierte sie wie etwas Besonderes und zählte fünf Schokoladenstückchen auf jeden Teller, damit die Tüte für einen Monat reichte. Ich war noch nie so arm gewesen.

Ich verweigerte immer noch den Sex, und eines Nachmittags erhielt ich eine SMS von Zvi, in der er mich bat, ihn nach der Arbeit im Haus eines Rabbiners zu treffen. Er hatte seinem Vater in New York von meiner Weigerung erzählt, und mein Schwiegervater hatte einen Rabbiner beauftragt, der sich um die Ehe seines Sohnes kümmern sollte. Wir sprachen mit ihm, diesem Fremden, über unser Sexualleben, gemeinsam und dann getrennt.

»Es ist schrecklich«, sagte ich ihm. »Ich will es nicht – ich fühle mich nicht zu ihm hingezogen.«

»Ich kann Ihnen ein Beruhigungsmittel geben, um es einfacher zu machen«, sagte der Rabbi.

Ich lauschte an der Tür, als er mit Zvi sprach. Ich hörte, wie der Rabbi ihm versicherte, dass er es nicht so oft brauche, wie er denke, oder nicht so dringend, wie er denke. Er dachte vielleicht, er könnte Frieden zwischen uns stiften, indem er uns dazu brachte, uns in der Mitte zu treffen.

Es gab ein Gespräch, aber keine Lösung. Das Problem bedurfte einer Lösung für uns beide, ja, aber einer anderen.

Kurz darauf erzählte ich meinem Bruder Schmuel bei einem Besuch in London davon und erklärte ihm, wie schwierig und angespannt alles war.

»Zvi arbeitet nicht«, vertraute ich ihm an, besorgt über die Ungewissheit unseres Haushaltseinkommens. »Und ich kann den Sex mit ihm nicht ertragen.« Das Gespräch war pragmatisch, nicht emotional. Es war nicht normal, mit meinem älteren Bruder so zu reden, und es war mir peinlich, aber ich war verzweifelt. Er war jedoch entgegenkommend, und ich war erleichtert, dass er mir zuhörte.

»Er will, dass ich die Pille durchgehend nehme«, erklärte ich. Täte ich das, hätte ich dazwischen nie eine Blutung, sodass das Reinheitsgebot keinen Grund für sexuelle Enthaltsamkeit bieten würde.

»So kannst du nicht funktionieren«, sagte er, er verstand meine Notlage.

Dann fragte er: »Was ist so schlimm am Sex?«

»Ich fühle mich nicht zu ihm hingezogen«, sagte ich.

»Fühlst du dich zu keinem Mann hingezogen oder nur nicht zu ihm?«, fragte Schmuel.

»Ich fühle mich zu keinem Mann hingezogen«, sagte ich sachlich. »Ich fühle mich zu *Männern* nicht hingezogen, einschließlich Zvi.«

»Ich kenne eine Ärztin, die dir helfen kann«, bot Schmuel an.

»Nein, danke«, dachte ich, aber notierte mir trotzdem ihren Namen und ihre Telefonnummer. Somit war die Angelegenheit erledigt.

Ich befolgte seinen Rat bezüglich der Pille und hörte mit Ende der Packung auf, sie zu nehmen. Als meine Blutung kam, war das meine erste sexuelle Schonfrist seit Monaten.

Für Zvi war es jedoch eine religiöse Abrechnung.

Eines Abends sagte er, wir müssten reden. »Ich habe einen Deal mit *Haschem* gemacht«, sagte er leise (*Haschem* ist der jüdische Name für unseren G'tt). »Ich habe Ihm gesagt, dass ich nicht glaube, dass Er mir eine Frau geben würde, die sich weigert, sich zu verhalten, wie eine Ehefrau es sollte. Wenn du es nicht tust, glaube ich nicht, dass ich an Ihn glauben kann.«

Von diesem Zeitpunkt an hatte ich das Gefühl, dass Zvi seine religiösen Pflichten an mich auslagerte. Wenn ich nicht nachgab – also meinen sexuellen Pflichten nachkam –, würde er auch nicht nachgeben: Er würde nicht beten, den *Schabbes* nicht einhalten oder sich nicht auf koscheres Essen beschränken. Manchmal stellte Zvi seine Ablehnung der Religion vor Leuten zur Schau, die wir kannten. Es fühlte sich an wie ein Versuch, mich durch Bloßstellung zur Unterwerfung zu zwingen, aber es erfüllte den gegenteiligen Zweck: Ich hörte fast ganz auf, mich zu unterwerfen, und gab nur gelegentlich nach, wenn die Erwartung so erdrückend war, dass ich mir vor allem Frieden wünschte.

Schmuel hatte weiter über unsere finanzielle Lage nachgedacht und rief ein paar Wochen später an, um mitzuteilen, dass er in Manchester ein Haus gefunden hatte, das wir mieten konnten. Es wäre viel billiger als in London und würde uns etwas entlasten; ich war erschöpft davon, von der Hand in den Mund zu leben. Ein Umzug in eine günstigere Stadt erschien als eine naheliegende Lösung für mindestens eines meiner Probleme.

»Ich ziehe nach Manchester«, sagte ich beim Abendessen zu Zvi und dachte dabei nicht an meine Ehe, sondern an das nackte Überleben.

»Okay«, sagte er teilnahmslos. »Packen wir.«

Noam war acht, Talia sechs und Roni vier. Es war jetzt April 2017, und ich hatte alles vorbereitet, um mit unserer Familie quer durchs Land zu ziehen. Ein Teil von mir hoffte, dass Zvi nicht mitkommen würde, der andere Teil jedoch konnte sich nicht vorstellen, es im Alleingang zu tun. Ich war ihm zwar entwachsen, aber ich wusste nicht, ob ich es allein schaffen würde. Alles, was ich tun konnte, war, erneut einen Fuß vor den anderen zu setzen.

Ein paar Tage vor unserer Abreise hatte ich mir die Haare unter meinem Bob frisch abrasieren lassen. Ich war mit den Damen der Selbsthilfegruppe verabredet, und eine von ihnen wollte meine Haare sehen, also nahm ich meinen Hut ab. Ich spürte eine leichte Brise, die mir den Nacken umspielte, und mir war klar, dass ich meine Haare nicht wieder bedecken wollte, wenn ich nach Manchester ging.

Wir beluden einen Umzugswagen und fuhren damit nach Norden zu dem Reihenhaus mit einem großen Garten, das Schmuel für uns gefunden hatte. Es lag innerhalb der jüdischen Gemeinde der Stadt, aber nicht im orthodoxesten oder restriktivsten Viertel von Manchester, wie damals, als wir in Edgware wohnten. Die Miete betrug günstige achthundertfünfzig Pfund im Monat, verglichen mit den zweitausend Pfund, die wir für eine Bruchbude in Stamford Hill bezahlt hatten.

Ich hatte seit meiner Jugend nicht mehr in Manchester gelebt, wo ich als Teenager missbraucht worden war. Jetzt war ich mutiger und kehrte mit dem Wissen zurück, dass die Straßen dieser Stadt nun sicherer waren, nachdem ich einen Pädophilen hinter Gitter gebracht hatte. Dieses Mal hatte ich das Gefühl, dass man es mir schuldig war, mich willkommen zu heißen.

Dreizehn

Jeden Donnerstag um achtzehn Uhr

כִּי־קָרוֹב אֵלֶיךָ הַדָּבָר מְאֹד בְּפִיךָ וּבִלְבָבְךָ לַעֲשֹׂתוֹ׃

Nein, das Wort ist ganz nah bei dir,
es ist in deinem Mund und in deinem Herzen,
du kannst es halten.

DEUTERONOMIUM 30,14

Mein Arbeitgeber hatte zugestimmt, dass ich trotz meines Umzugs nach Norden meinen Job behalten konnte, und bezahlte mir zweimal wöchentlich die Fahrt nach London. Die restliche Zeit arbeitete ich von einem Schreibtisch in einem Gemeinschaftsbüro in Manchester aus, in dem niemand sonst jüdisch war. Ich sah das als Gelegenheit, mich »gay« zu kleiden. Ich hatte meine Haare bereits befreit, und nun bot sich mir die Gelegenheit zu meinem nächsten Schritt, um mein Äußeres an mein Inneres anzupassen. Ich kaufte mir eine billige Röhrenjeans und ein paar Herrenhemden, die ich nur an diesen Tagen zu meinen Doc Martens trug. Ich zog einen langen Wollmantel darüber an und setzte statt meiner Perücke eine Mütze auf, um auf dem Weg zur und von der Arbeit in meinem Viertel sittsam zu wirken. Ich genoss das Gefühl, das die Art und Weise, wie ich mich kleidete, in mir auslöste.

Wir brachten die Kinder zur Schule und in den Kindergarten und einigten uns, dass Zvi sie hinbringen, abholen und kochen würde, während ich alles andere organisierte, was sie benötigten. Der Rollentausch war für uns beide eine Belastung.

Hanna und ich unterhielten uns weiterhin, nicht ständig, aber doch immer dann, wenn die Hektik des Lebens nicht überhandnahm. Wenn die Zeit es uns erlaubte, miteinander zu sprechen, merkte ich, wie sehr ich es genoss, von ihr wahrgenommen zu werden. Ich war nicht scharf auf sie, aber ich genoss es, wie es sich anfühlte, wenn eine Frau mit mir flirtete, und fand es nicht schwierig, ebenso zu reagieren.

Im Herbst tauchte Folgendes in meinem Posteingang auf: »Ist es zu Hause immer noch kompliziert?«

»Wie meinst du das?«, fragte ich.

»Hast du keine Lust, zu entkommen und frei zu sein?«, fragte Hanna.

»Ich bin nicht bereit, die Kinder zu opfern und ihnen die Familie zu zerstören«, antwortete ich.

»Du machst dir was vor. Sorry für die Offenheit, aber so ist es. Eine Ehe wegen der Kinder zu erhalten, ist Mist.«

Die Vorstellung, meine Ehe aufzugeben, hatte sich nie wirklich realistisch angefühlt. Alles, was mir in meiner Kindheit gesagt worden war, deutete darauf hin, dass eine Scheidung ein Versagen sei, das zerrüttete Familien schafft und meinen Kindern schaden würde. Das wollte ich nicht, weshalb ich es nie in Betracht gezogen hatte. Aber so, wie Hanna es jetzt ausdrückte, hatte es einen anderen Klang, und die Tatsache, dass sie es vorbrachte, war unglaublich verlockend.

Ich antwortete auf die naheliegendste Art, die mir in den Sinn kam: »Wir sollten mal etwas trinken gehen. Ich bin jeden Montag und Donnerstag um achtzehn Uhr am Bahnhof Euston.«

Wir vereinbarten ein Treffen für die folgende Woche. Ich arbeitete bis siebzehn Uhr in Stamford Hill und nahm immer den ersten Zug nach der Stoßzeit um neunzehn Uhr drei zurück nach Manchester.

Hanna und ich trafen uns am Eingang des überfüllten Bahnhofs. Ich spürte, wie mich eine freudige Erregung erfasste, als mir klar wurde, dass jemand auf mich wartete. So etwas hatte ich noch nie zuvor gespürt. Ich umarmte sie mit meinem linken Arm und hielt einen Augenblick lang ihr Gesicht in der rechten Hand, als wir uns zur Begrüßung auf die Wange küssten.

Wir setzten uns auf dem nahe gelegenen Platz ins Gras. Ich neigte meinen Kopf nach vorn, löste die Haarklammern von meinem *Scheitel* und legte ihn auf meinen Schoß, während ich meinen zotteligen Bob darunter ausschüttelte. Ich genoss den Ausdruck auf ihrem Gesicht, als ich das tat.

Unser Gespräch verlief eher oberflächlich. Wir hatten nur noch eine Stunde, bis mein Zug ging, also überquerten wir die Straße und kauften in einem Museumscafé auf der anderen Straßenseite Kaffee in Pappbechern zum Mitnehmen. Auf dem Rückweg zum Bahnhof wärmten wir uns die Hände an den Pappbechern und setzten uns auf eine Bank vor dem Bahnhof. In der kurzen Zeit, die uns noch blieb, kamen wir zum eigentlichen Thema, das wir die ganze Zeit vermieden hatten.

»Wem nützt es, dass du verheiratet bleibst und mit einer Lüge lebst?«, fragte sie und sprach damit meinen Schwachsinn aus.

Es stimmte – ich lebte in einer alternativen Realität, die ich mir selbst aufgebaut hatte: lesbisch zu sein, während ich mit einem Mann verheiratet war; meine Perücke nach Belieben auf- und abzusetzen; Romantik darin zu sehen, ein halbes Leben aufrechtzuerhalten, um die Erwartungen meines

Glaubens zu erfüllen. Was Hanna sagte, brachte mich auf einen Gedanken. Vielleicht bedeutete diese Art zu leben, dass meine Kinder eine unterdrückte Fassung meiner selbst erlebten. Das war weder für sie gut noch für mich. Ich legte meine rechte Hand ein zweites Mal auf ihre Wange und verabschiedete mich.

In den nächsten neun Monaten trafen wir uns fast jede Woche. Es wurde zu einer Atempause in meiner Woche, auf die ich mich enorm freute. Manchmal fanden wir einen Tisch in der Kneipe neben dem Bahnhof oder wir trafen uns in einem der vielen Cafés in der Nähe, aber es dauerte nie länger als eine Stunde, und wir berührten uns nie mehr als mit einer Hand im Gesicht. Wir sprachen nie über unsere wachsenden Gefühle füreinander, die unbestreitbar unter der Oberfläche loderten, und sparten uns das schwierigste Gespräch immer für den Schluss auf. Im Laufe der Wochen wuchs die Spannung zwischen uns. Jedes Mal wurde es schwieriger, sich zu verabschieden.

Es war auch immer schmerzhaft, zwischen den Städten hin- und herzupendeln und zu verpassen, wenn die Kinder ins Bett gingen. *Schabbes* mit ihnen zu verbringen und sie zum Kinderg'ttesdienst in die Synagoge zu bringen, war ein Höhepunkt meiner Woche. Ich liebte es, die glücklichsten Aspekte meines Glaubens mit ihnen zu teilen, und der *Schabbes* mit ihnen fühlte sich wie eine beruhigende, glückliche Zeit an. Es waren Tage, die uns zusammen umhüllten und an denen ich das Gefühl hatte, meine Mutterrolle am besten ausfüllen zu können, weil die Welt um uns herum stillstand.

Unter der Woche fand ich Momente, um allein in der Synagoge zu beten und die anderen Geräusche auszublenden, um leise mit G'tt zu sprechen. »Bitte, lieber G'tt, hilf mir, es zu schaffen«, flehte ich. Manchmal weinte ich und verbarg mein Gesicht mit meinem Gebetbuch. Genau wie als Kind erhielt ich nicht immer Trost von G'tt, aber das hinderte mich nicht daran, immer wieder darum zu bitten. Aber im Unterschied zu früher waren diese Momente für mich nicht mehr trostlos. Sie fühlten sich an wie eine kleine Blase der Liebe, ein heiliger kleiner Raum, den ich für mich und G'tt geschaffen hatte.

Durch den Umzug in den Norden hatten wir wieder etwas mehr Geld und mischten uns unter modernere orthodoxe Leute, die sich zwar immer noch sittsam kleideten und benahmen, aber weit weniger konservativ oder traditionell waren als die Leute von Stamford Hill. Ihre Haushalte waren traditionell, aber eher in der modernen Welt verankert, wobei sie die Grundpfeiler ihres Glaubens beibehielten.

Als Familie wurden wir ständig zu *Schabbes*-Lunches eingeladen, und ich konnte sehen, dass die anderen Paare, mit denen wir gemeinsam aßen, von mir fasziniert waren. Ich hatte mehr mit den Männern gemeinsam, die auch beruflich unterwegs waren, während jemand anderes zu Hause das Abendessen zubereitete, und diese Anomalie in einer ansonsten traditionellen Welt machte mich interessant.

Ich war auch clever – eine Verhandlerin – und machte mich gut bei der Arbeit, während ich gleichzeitig unsere Angelegenheiten zu Hause geschickt regelte. Ich gewöhnte mich an dieses Leben, in dem wir genug hatten und alles einigermaßen funktionierte, aber hin und wieder schossen mir Hannas Worte durch den Kopf, und ich dachte über Zvi nach und ob wir wirklich noch zusammen sein wollten.

Er drohte, dass er im Falle einer Trennung das Sorgerecht für die Kinder bekommen würde und ich ihm Unterhalt zahlen müsste. Ich könne ja gehen, sagte er, aber da er seit Jahren arbeitslos sei und deshalb die Kinder zur Schule gebracht und abgeholt habe, während ich arbeitete und reiste, müssten die Kinder bei ihm bleiben. Wir führten dieselbe Auseinandersetzung, wie Schauspielende in einem Theaterstück, und kamen immer wieder zu demselben Schluss. Ich war vielleicht stark genug, seine Annäherungsversuche trotz Manipulation und frommen Ultimaten zurückzuweisen, aber immer noch glaubte ich, dass er in unserem Haus die Oberhand hatte. Das Einzige, was ich nicht tun konnte, war, meine Kinder im Stich zu lassen, und das wusste er – ich atmete im Rhythmus des Auf und Ab ihrer kleinen Brust; ihr Fleisch war meins. Ich konnte nicht gehen.

Im Juni des folgenden Jahres, als die Kinder zehn, sieben und fünf Jahre alt waren, waren wir im Haus meines Bruders Elchanan in London zu Besuch. Elchanan bemerkte, was Bekannte in Manchester bereits beobachtet hatten: dass Zvi sich nicht an die Regeln unseres Glaubens hielt. Mein Bruder war überrascht von seinen kleinen Verstößen, wie Duschen am Morgen des *Schabbes* oder Überspringen von Gebetsg'ttesdiensten. Unsere Verwandten begannen miteinander zu telefonieren und sich über unseren religiösen Status Sorgen zu machen. Unsere beiden Väter sprachen miteinander und jeder von ihnen rief wiederum das *Bet Din* an. Um sich zu erklären, erzählte Zvi in der Zwischenzeit allen Männern, die damit in unsere Ehe- und Haushaltsangelegenheiten hineingezogen wurden, dass ich den Sex mit ihm ablehnen würde. Mein Schwiegervater nannte mich eine *Moredet*, eine widerspenstige Frau, die sich nicht an ihren Ehevertrag halte. Eine schwere Beleidigung.

Auf meiner Seite der Familie lud Lea zu einem Treffen mit ihr, mir, Mama und Papa, die sich gerade auf einem ihrer Besuche aus Israel in London aufhielten. Wir saßen alle zusammen in ihrem Esszimmer, das in den Jahren, seit meine beiden Verlobungen dort stattgefunden hatten, erweitert worden war. Es ist ungewöhnlich, dass bei Familienessen über Ehethemen gesprochen wird, aber wenn es doch einmal dazu kommt, ist Jagdzeit. Alle – auch viele, die nicht im Raum saßen – hatten eine Meinung.

Lea eröffnete das Gespräch: »Männer können nicht einfach auf Frauen zugehen, die sie sehen, und mit ihnen Sex haben«, warnte sie und erinnerte mich an meine Verantwortung, die Bedürfnisse meines Mannes zu befriedigen. »Man muss da sein und auf sie warten, wenn sie nach Hause kommen.«

Das gefiel meinem Vater nicht: »Was denkst du, was Männer sind – Tiere?«, sagte er, womit er sich für sein Geschlecht, für sich selbst und, ohne es zu wissen, für mich einsetzte. Ich war überrascht, ihn auf meiner Seite zu haben.

Dann schaltete sich meine Mutter ein. »Männer können ohne Sex nicht überleben«, sagte sie weise. »Kein Wunder, dass er keinen Job hat, sich so fühlt, wie er sich fühlt, und die religiösen Regeln nicht einhält – du willst keinen Sex mit ihm haben.«

Nach allem, was ich in zwei Ehen durchgemacht hatte, war es die Nichtbefolgung der religiösen Regeln durch meinen Mann, die meine Familie schließlich beunruhigte. Mit jemandem verheiratet zu sein, der nicht religiös war, würde nicht nur meinen Ruf, sondern den der ganzen Familie schädigen. Unsere Familie hatte G'tt weiß schon ausreichend Schaden genommen, und das bereitete ihnen große Sorgen.

Mein Vater brachte das Gespräch zum Abschluss. »Wenn ihr keinen Sex habt und er nicht religiös ist, solltet ihr euch scheiden lassen«, entschied er. Dann fügte er hinzu: »Du solltest mit niemandem Sex haben, wenn du es nicht willst.« Ich bin mir immer noch sicher, dass diese Meinung daher rührte, dass er sich wünschte, Männer sollten edler sein, als ich sie erlebt habe; aber trotzdem hatte ich das Gefühl, als ich diese Worte aus seinem Mund hörte, dass mein Vater mich dieses eine Mal beschützte.

Das war mein Exodus.

Ich hatte große Angst davor, wie das alles funktionieren würde: der Auszug, das Sorgerecht, wie ich überleben würde, aber zumindest waren sie sehr daran interessiert, mir zu helfen, den Ball ins Rollen zu bringen. Die praktischen Aspekte standen an erster Stelle; die Scheidung würde folgen. Mein Gehalt ging immer noch auf mein gemeinsames Konto mit Zvi. Darüber, wem dieses Geld gehörte, hatte es nie eine Diskussion gegeben – jedenfalls fühlte es sich nicht so an, als ob ich es anrühren dürfte. Ich hatte zwar eine Bankkarte für das Konto, nicht jedoch die Passwörter, um Geld zu überweisen oder abzuheben, sodass ich keine Möglichkeit hatte, eine Kaution für eine neue Wohnung zu hinterlegen. Als jedoch ein paar Tage später eine Steuerrückzahlung in Form eines Schecks über zweihundertzwölf Pfund vor meiner Haustür landete, brachte mich eine Freundin direkt zur Bausparkasse, wo ich als schutzbedürftige Kundin eingestuft wurde. »Wir sind hier, um Ihnen zu helfen«, sagte der Sachbearbeiter. G'tt sei Dank.

An einem Dienstagabend, nachdem ich die Kinder zu Bett gebracht hatte, ging ich nach unten zu Zvi, der im Sessel saß und fernsah. Ich nahm meinen üblichen Platz auf dem Sofa ein und schaltete den Fernseher aus.

»Ich möchte mit dir über etwas Wichtiges sprechen, worüber ich nachgedacht habe«, begann ich. »Ich glaube nicht, dass wir zusammenbleiben sollten.«

Er blickte auf. »Da bist du mir um eine Woche zuvorgekommen«, sagte er. Er schien sich mit unserem Schicksal abgefunden zu haben und schaltete den Fernseher wieder ein.

Ich rief bei der Arbeit an, um sechs Wochen Urlaub zu beantragen, während ich unser neues Leben regelte, wozu auch gehörte, einen Job für Zvi zu finden, der nun für seine eigene Wohnung aufkommen musste. Meine Arbeitsstelle lehnte ab.

»Entweder bist du hier oder nicht«, sagte mein Chef. Also kündigte ich.

Sie überwiesen mir mein letztes Monatsgehalt auf mein neues Konto, und ich beantragte Sozialhilfe.

Meine Mutter und mein Onkel boten mir an, im Haus meiner Großmutter G. zu wohnen, das seit ihrem Tod vor einigen Jahren vermietet war. Die Kinder und ich würden dort einziehen und die marktübliche Miete zahlen – kein Freundschaftspreis für mich. Meine Eltern halfen mir beim Umzug und gingen mit mir Handtücher und Geschirr kaufen, alles mit dem vertrauten Unterton: »Yehudis Gittel, was hast du dieses Mal wieder angestellt?« Als ich den Kindern einen Gutenachtkuss gab, das Licht in ihren Schlafzimmern ausschaltete und mich dann in mein eigenes Bett legte, war ich überglücklich. Ich hatte das Unmögliche geschafft, und vor mir lag eine Welt, die ich endlich berühren konnte.

Vierzehn

Aktivistin per Zufall

כִּי אָנֹכִי יָדַעְתִּי אֶת־הַמַּחֲשָׁבֹת אֲשֶׁר אָנֹכִי
חֹשֵׁב עֲלֵיכֶם נְאֻם־יְהוָה מַחְשְׁבוֹת שָׁלוֹם וְלֹא
לְרָעָה לָתֵת לָכֶם אַחֲרִית וְתִקְוָה׃

Denn ich, ich kenne die Gedanken,
die ich für euch denke – Spruch des HERRN –,
Gedanken des Heils und nicht des Unheils;
denn ich will euch eine Zukunft
und eine Hoffnung geben.
JEREMIA 29,11

Obwohl Zvi und ich getrennt waren, wollte ich die Scheidung unbedingt offiziell machen. Nach jüdischem Recht kann eine Frau sich nicht von ihrem Ehemann scheiden lassen; es ist das Recht ihres Ehemanns, sich von *ihr* scheiden zu lassen. Mächtige Männer konnten jedoch in meinem Namen intervenieren, um den Vorgang zu beschleunigen, und als Rabbiner hatte mein Vater eine weitaus angesehenere Position als mein künftiger Ex-Ehemann.

Wegen Zvis Abkehr von der Religion wünschte sich mein Vater eine möglichst rasche Trennung. Er tätigte einige Anrufe und veranlasste, dass mein religiöser Scheidebrief – der *Get* – innerhalb von zwei Wochen ausgestellt wurde.

Ich hatte nicht das Gefühl, dass es bei diesem Eingreifen meines Vaters um mein Wohlergehen ging – es ging eindeutig um mein Judentum –, aber ich war dankbar, dass er trotzdem etwas für mich unternahm. Es fühlte sich an wie Liebe.

Ein vorsitzender Richter rief mich vor der rituellen Scheidungsverhandlung, die vor dem *Bet Din* stattfinden sollte, auf meinem Mobiltelefon an. »Sagen Sie mir«, fragte er, um zu erfahren, was Zvi vom Weg der Pflichterfüllung abgebracht habe, »war es wegen des Internets?« Ich ließ ihn in dem Glauben, dass es so war.

Ein paar Tage später kehrte ich in dasselbe Gebäude in Manchester zurück, in dem ich mit sechzehn Jahren meine Beweise gegen Todros Grynhaus zurückgelassen hatte. Ich fühlte mich sofort wieder wie ein Teenager und verspürte dieselbe Beklommenheit. Ich wurde in einen Nebenraum geführt, um mit dem Richter zu sprechen – kein richtiger Richter, sondern ein Rabbiner. Eine Freundin begleitete mich zur Unterstützung.

Um vollständig korrekt zu sein, muss der Papierkram zur Gewährung eines *Gets* jeden Namen enthalten, den man jemals getragen hat. Ein Beamter und ich stellten folglich fest, dass meine Scheidung Yehudis, Yehudis Gittel, Gittel, Judit und Gertrude zugeschrieben werden musste.

Zvi stürmte lange nach meinem Eintreffen ins Gebäude, sein Haar war noch nass von der Dusche und tropfte auf sein Hemd, und meine Freundin und ich wurden in einen anderen Raum geschickt, um zu warten, während er stundenlang mit dem Rabbiner sprach.

Als der Rabbi entschied, dass es an der Zeit war, wurden Zvi und ich in ein großes Büro mit einem kratzigen marineblauen Teppichboden gebeten, in dem drei Rabbiner und zwei Zeugen hinter einem langen Tisch saßen.

Zvi und ich wurden gebeten, nach vorn zu treten, um das Ritual zu durchlaufen, das eine jüdische Ehe auflöst, wie es im Talmud für jedes Paar festgelegt ist – unabhängig davon, wie religiös sie sind. Zvi sah nervös aus. Er sollte mir als Erster das handgeschriebene Scheidungspapier mit all unseren vielen Namen in die Hand drücken. Ich sollte es dann in meinen Ärmel stecken, zur Tür gehen und wiederkommen. Wir schauten einander nicht ein einziges Mal in die Augen.

Einer der Zeugen bat uns, das Ganze zur Sicherheit zweimal zu wiederholen – das war nicht üblich, sondern einfach nur nervig.

Zvi sprach dann die Umkehrung der Worte, die er während unserer Trauung unter der *Chuppa* gesagt hatte: »Und jetzt sei losgelöst, entlassen und geschieden von mir, sodass dir erlaubt sei, über dich selbst zu verfügen und jeden Mann zu heiraten, den du willst.«

»Genau, wen *ich* will«, dachte ich bei mir.

Und damit war ich frei.

Ich war einunddreißig Jahre alt und eine alleinerziehende Mutter; das Sorgerecht teilte ich mir mit dem Vater meiner Kinder. Ich durchschritt diese Türen und begann, mein Äußeres wieder an mein Inneres anzupassen. Ich ging nach Hause und legte meine restlichen sittsamen Kleidungsstücke ganz hinten in den Schrank und ersetzte sie alle durch T-Shirts, Jeans und Pullover. Meine Haare waren zu diesem Zeitpunkt bereits unbedeckt, aber jetzt setzte ich auch meine Haut zum ersten Mal der Sonne aus und freute mich über jede Sommersprosse, die sich auf meinen Schultern und Unterarmen bildete, wie kleine Küsse von G'tt.

Ich textete Hanna.

»Hanna«, schrieb ich.

»Hallo, wie geht's?«, antwortete sie.

»Single geht's mir«, schrieb ich zurück. »Fühle mich wie neugeboren.«

Das Stallungshaus von Oma G. lag mitten im Herzen der Gemeinde, und ich sah nun überhaupt nicht mehr aus wie die

Menschen um mich herum. Zweimal geschieden, unbedeckt und in Jeans – die Leute hielten Abstand zu mir. Manche, die mich früher begrüßt hatten, wandten nun ihren Blick ab. Andere überquerten die Straße, wenn sie mich sahen. Aber nach Jahren der Hoffnung, zu diesen Menschen zu gehören, entstand ein neues inneres Selbstbewusstsein, das ihre Zustimmung nicht benötigte. Äußerlich hatte sich mein Verhalten geändert, aber mein innerer Glaube war so stark wie eh und je. Meine neue Persönlichkeit fühlte sich für mich immer natürlicher an, auch wenn andere sich nur schwer damit anfreunden konnten. Ich ging immer noch in die *Schul*, weil ich es gern tat, genau wie damals, als ich ein kleines Mädchen war. Ich trug einen angemessenen Rock, aus Respekt, weil ich mich im Haus G'ttes befand, aber mein Kopf blieb unbedeckt, da ich nicht mehr verheiratet war. Nach dem G'ttesdienst unterhielten sich die Leute miteinander, aber nicht mehr mit mir. Stattdessen unterhielt ich mich mit den Kindern. Auch die Einladungen zum Lunch blieben aus.

Dennoch sprach ich weiterhin dieselben Gebete, die ich immer im Kopf aufgesagt hatte, während ich meinem täglichen Leben nachging, und sprach den Segen, wenn ich aß, mich wusch oder etwas Neues unternahm. Meine Kinder besuchten weiterhin die jüdische Schule, da ich es für wertvoll hielt, dass sie dort etwas über ihr Erbe unterrichtet wurden und ihren Platz in ihrer eigenen Gemeinschaft einnehmen konnten. Nie ging es darum, das Judentum hinter mir zu lassen.

Zvi und ich ließen uns auch zivilrechtlich scheiden, was einige Monate später erfolgte. Es gab kein Vermögen aufzuteilen, und die Scheidung wurde einfach von Anwälten und auf dem Postweg abgewickelt – alles vollkommen unfeierlich. Meine Freundin Shevy, die um die Ecke wohnte, fügte mich einer WhatsApp-Gruppe für alleinerziehende Mütter mit dem Namen »Superwomen« hinzu. Wir waren etwa zwei

Dutzend – keine unbedeutende Zahl für unsere Gemeinde, in der Scheidungen weitaus seltener waren als beim Großteil der andern Menschen. Wir organisierten jeweils bei einer von uns zu Hause unsere eigenen kindgerechten *Schabbes*-Lunches, um die zu ersetzen, zu denen wir als Paar gegangen waren, und jede brachte etwas zu essen mit. Unsere Zusammenkünfte waren eine Zuflucht vor der Ablehnung und den Vorurteilen, denen wir alle ausgesetzt waren, weil wir unsere Ehen verlassen hatten. Wir wurden als Bedrohung für die Ehemänner anderer Frauen und als schlechten Einfluss auf die Frauen wahrgenommen, weil wir bewiesen, dass wir allein zurechtkommen konnten. Ich war so glücklich, wieder Freundinnen zu haben und den *Schabbes* mit anderen Menschen zu feiern, die lebten wie ich.

Mir war klar, was ich als Nächstes tun wollte. Ich wollte Hanna sehen. Die unausweichliche Realität war, dass ich mich durch unsere Achtzehn-Uhr-Treffen, die Facebook-Chats und die SMS, die wir uns regelmäßig schickten, allmählich in sie verliebt hatte.

Im Oktober fuhren die Kinder und ich zu Elchanan und seiner Familie für den letzten der Hohen Feiertage nach London. Ich passte mich ihrem streng religiösen Haushalt an und tat alles so, wie sie es erwartete. Sie wussten von meiner Scheidung, aber fast alles andere hatte ich vor ihnen verborgen. Ich log sie nie an, wählte aber sorgfältig aus, woran ich sie Anteil haben ließ. Ich hatte schreckliche Angst, dass sie herausfinden könnten, dass ich lesbisch war. Ich wusste, dass sie mich auf keinen Fall akzeptieren würden. Das Versteckspiel war anstrengend, aber im Gegenzug unterstützten sie mich in meiner neuen Situation, und das brauchte ich.

Am letzten Feiertag verabredete ich mich mit Hanna zum Gebet in einer alternativen Synagoge, in der Frauen aktiv teilnehmen durften. Das hörte sich für mich unglaublich an, und ich wollte unbedingt dorthin. Endlich konnte ich eine aktive Rolle in meinem Glauben übernehmen. Die Synagoge lag fünf Meilen von Elchanans Haus entfernt, und an Feiertagen galten dieselben Regeln wie am *Schabbes,* niemand konnte mich fahren, und der Weg dorthin war für meine beiden Jüngsten zu lang. Unbeirrt lieh ich mir einen Doppelbuggy, stapelte die zwei jüngeren Kinder auf die Sitze und machte mich auf den Weg, mit Noam an meiner Hand. Ich hatte den Buggy mit Snacks beladen, und wir liefen zwei Stunden durch Nordlondon.

Schließlich trudelten wir vor den Toren der *Schul* ein, und ich sah, dass Hanna draußen auf mich wartete. Sie roch gut, nach einem moschusartigen Herrenduft – »Creed«, wie ich später erfuhr –, und trug eine Lederjacke, die an ihr unglaublich sexy aussah. Ich ließ die Kinder aus dem Buggy aussteigen, wir betraten die Synagoge und nahmen nebeneinander Platz. Hanna setzte sich neben die Kinder, unterhielt sich mit ihnen, brachte sie zum Lächeln und verschmolz mit meiner Familie. Alles fühlte sich richtig an. Es war eine neue Art von Religiosität, die mir gefiel.

Hanna war eine von jenen, die einen Abschnitt der Tora vorbereitet hatten, um sie an diesem Tag vorzulesen. Ich sah zu, wie sie aufstand, zur *Bima* ging – der Plattform in der Mitte, die normalerweise dem Rabbiner vorbehalten ist, der den G'ttesdienst leitet – und den über hundert Frauen laut vorlas. Während sie in fließendem Hebräisch las, suchte sie meinen Blick und hielt ihn fest. Ich war noch nie so angetörnt gewesen.

Ja, dachte ich. Ich war definitiv bereit, eine Frau zu lieben.

Ich wartete bis zum Ende des Tages, als ich wieder technische Geräte benutzen konnte, und schaltete mein Handy ein. Ich textete Hanna: »Ich kann nicht aufhören, an dich zu denken.«

»Hör auf, an mich zu denken«, schrieb sie. »Vergiss mich. Geh schlafen.«

Ich hätte gerade eine Ehe verlassen, sagte sie, es sei zu früh für mich, diesen Weg zu gehen. Ich war vergrämt, zurückgestoßen zu werden, aber so sehr daran gewöhnt, dass Menschen mein Leben bestimmten, dass es mich nicht wirklich schockierte.

Ich versuchte zu schlafen; am nächsten Morgen wartete eine neue Nachricht auf mich. Hanna kam mit dem Auto vorbei, um mit mir darüber zu reden. Ich schlüpfte aus Elchanans Haustür und schlich um die Ecke zu Hannas weißem Nissan Micra, den sie außer Sichtweite geparkt hatte. Ich kletterte auf den Beifahrersitz und bat sie, meine Hand zu halten. Das hatten wir noch nie getan.

Sie legte ihre Hand, die kleiner war als meine, in meine, und unsere Finger verschränkten sich. Ich hatte das Gefühl, gefunden zu haben, wonach ich gesucht hatte.

Sie erzählte mir von ihren Ängsten vor einer Beziehung mit mir: dass ich frisch aus meiner Ehe kam und mit niemand anderem zusammen gewesen war, dass sie nicht mein Trostpflaster sein wolle und sich auch keine Fernbeziehung wünsche. Für Hanna schienen diese Details unüberwindbar zu sein – ich sah sie als Umstände, die wir gemeinsam meistern konnten. Ich hatte so lange damit zugebracht, mich zu befreien, dass ich keine Zeit mehr verschwenden wollte. Wir hatten keine Zeit, um eine Entscheidung zu treffen. Ich musste zurück sein, ehe mein Bruder und seine Familie bemerkten, dass ich nicht im Haus war. Also blieb unser Gespräch offen, doch ich merkte, dass ich zum ersten Mal eine Zukunft vor mir sah, in der ich das sein konnte, was ich war – eine verliebte orthodoxe jüdische Lesbe. Von da an konnte ich nur noch an Hanna denken.

In Manchester hatten Zvi und ich vereinbart, dass die Kinder drei Tage in der Woche bei ihm und vier Tage bei mir sein würden. Ich lebte von Sozialleistungen und Luft, aber endlich konnte ich finanzielle Entscheidungen über mein eigenes Geld treffen. Da ich nicht mehr die Last hatte, auch noch Zvi zu unterstützen, konnte ich effektiv haushalten, und das machte das Leben einfacher. Das Haus von Oma G. war nicht schön, aber wir hatten genug Platz für uns alle. Die beiden Jungs teilten sich ein Zimmer, und Talia und ich hatten jeweils unser eigenes. Ich nahm immer noch den Geruch meiner Großmutter in den Wänden wahr, und das gefiel mir. Ich schlief in dem Schlafzimmer, das meiner Mutter gehört hatte, bis sie meinen Vater heiratete, und ich hatte unten ein kleines Arbeitszimmer, in dem ich die Regale mit Büchern füllte, die ich mir selbst ausgesucht hatte, statt mit solchen, die mir vorgeschrieben worden waren. Seiten voller feministischer Theorie, politische Autobiografien und jüdische Kommentare, die mir bislang verboten gewesen waren, standen mir plötzlich zur freien Verfügung.

Von meiner neu gewonnenen Unabhängigkeit beflügelt, leistete ich mir Fahrstunden. Ich war fest entschlossen, Auto fahren zu lernen und mir noch mehr Freiheit zu verschaffen. Mein Fahrlehrer, Paul, war nebenberuflich Hausmeister in der Schule der Kinder. Er behandelte mich wie einen Menschen, eine Gleichberechtigte, und sein Respekt und das Vertrauen, das er mir entgegenbrachte, ermöglichten es mir, meine Prüfung innerhalb weniger Monate zu bestehen. Ich hatte den alten Toyota Yaris meiner Großmutter geerbt, den Zvi gefahren hatte, als wir zusammen waren, und plötzlich konnte ich alles tun. Er öffnete mir die Welt.

Da ich seit der Kündigung meines Jobs mehr Zeit hatte, intensivierte ich die Lobbyarbeit, die für meine Mitaktivistin Eve und mich seit unseren Vorträgen nur für Frauen in Nordlondon ein wesentlicher Bestandteil unseres Lebens geworden war. In den letzten Monaten hatte ich mich aus meiner unmittelbaren *Charedi*-Gemeinde herausbewegt, um Verbindungen aufzubauen, zunächst innerhalb der jüdischen Führungsriege, dann allmählich außerhalb, in Wohltätigkeitsorganisationen und zu Menschen, die an der Basis Sozialpolitik betrieben. Ich hatte mit allen über sexuellen Missbrauch und die systematische Vertuschung innerhalb der Gemeinde gesprochen, die nun begann, sich auch mit anderen Formen von Missbrauch und Einschränkungen von Rechten und bürgerlichen Freiheiten zu befassen. Ich hatte erkannt, dass Kinder wegen ihres Mangels an Bildung besonders gefährdet waren, das wusste ich aus erster Hand.

Mein Engagement verstärkte sich massiv, als eine Freundin von einem schweren körperlichen Übergriff in einer extrem orthodoxen Schule in London berichtete. In diesen Schulen für charedische Jungen ab dem Alter von drei Jahren wird in einer Mischung aus Jiddisch und Hebräisch fast ausschließlich jüdische Religion gelehrt. Die Kinder sollen von äußeren Einflüssen möglichst isoliert werden. Der archaische Unterrichtsstil umfasst leider auch die körperliche Züchtigung von Schülern.

Meine Freundin bat um Hilfe, da ich mich außerhalb der Gemeinde gut auskannte und keine Angst vor schwierigen Gesprächen hatte. Ich meldete den Vorfall über eine Meldestelle auf der Website der britischen Regierung. Daraufhin wurde ich zu Sitzungen eingeladen, in denen das Problem verhandelt wurde. Die Sitzungen wurden von Mal zu Mal größer und zogen viele Behörden an, die an Kindersicherheit interessiert waren. Es war jetzt für mich schwieriger geworden, zu schweigen. Es fühlte sich an wie eine Verantwortung.

Natürlich sahen das nicht alle in meinem Umfeld so. Eines Morgens öffnete ich die Haustür, um die Kinder zur Schule zu bringen, und stieß auf einen Haufen Hundekot vor meiner

Tür. Ich schob die Kinder zurück ins Haus, schnappte mir eine Scheuerbürste und Gummihandschuhe, schloss die Tür hinter mir und beseitigte den Kot.

Wow, dachte ich mir, als ich die Kinder ins Auto verfrachtete. Das ist eine Menge Aufwand, um mich zu ärgern. Ich war angeekelt. Doch anstatt mir Angst einzujagen, machte es mich nur noch trotziger. Wenn das das Schlimmste war, was sie tun konnten, spornte es mich nur noch mehr an.

Eve und ich bekräftigten unsere Lobbyarbeit formell und begannen, für unsere Bemühungen Geld zu nehmen. Mit einer kleinen Gruppe von Verbündeten gründeten wir eine junge Denkfabrik namens Nahamu*, was auf Hebräisch »sei getröstet« bedeutet. Wir riefen die Menschen dazu auf, sich zusammenzutun, Missstände in unserer Gemeinde zu erkennen und einander zu unterstützen. Gemeinsam veränderten wir uns und wurden stärker. Die Veränderungen, die wir anstrebten, würden nicht von der jüdischen Führung kommen, das wussten wir. Aber vielleicht konnten sie durch uns bewirkt werden, mithilfe der Außenwelt.

Am Ende des Jahres setzte ich mich erneut mit Hanna in Verbindung. Seit unserem Gespräch in ihrem Auto hatten wir kaum miteinander gesprochen, aber unsere Gefühle, unsere Sehnsucht waren nicht verklungen; sie waren einfach auf Eis gelegt worden. Der Gedanke an uns, an ein mögliches gemeinsames Leben, ließ mich nicht mehr los. Ich schrieb ihr, dass ich zur Bar-Mizwa des Sohnes einer Freundin nach London kommen würde, und sie lud mich ein, bei ihr zu übernachten. Obwohl mich ihre widersprüchlichen Signale durcheinandergebracht hatten, war ich aufgeregt, als ich ihre Nach-

---

* Nahamu setzt sich mit Extremismus in der jüdischen Gemeinschaft auseinander. Nahamu kämpft für das Recht jeder jüdischen Person, innerhalb ihrer Religion zu leben, ohne ihre persönliche Autonomie zu opfern.

richt las, und stimmte zu. Als der Tag kam, blieb ich lange genug auf der Party, um nicht unhöflich zu wirken, ehe ich ein Taxi zu Hanna nahm. Als ich dort ankam, trug ich immer noch mein sittsames Etuikleid, die Arme bedeckt, aus Respekt vor dem Anlass, an dem ich teilgenommen hatte, doch meine Lippen waren tiefrot geschminkt, was keineswegs sittsam war.

Ich stellte meine Tasche neben der Eingangstür ab und begrüßte sie, wie wir es immer am Bahnhof Euston getan hatten: mit meiner rechten Hand auf ihrer Wange. Ich folgte ihr ins Wohnzimmer, wo wir uns an den entgegengesetzten Enden der Couch niederließen. Ich war mir nicht ganz sicher, was ich dort tat, aber es fühlte sich gut an, eine Freundin zu haben, die mich in ihr Haus einlud.

Hannas Kinder waren beim Vater, wir waren also unter uns und unterhielten uns eine Weile, bis sie die Frage ansprach, die uns beide beschäftigte. Wollte ich in einem Gästezimmer schlafen oder bei ihr? Ich antwortete in Sekundenschnelle: »Wenn ich hier schlafe, möchte ich in deinem Bett schlafen.«

Ihr Schlafzimmer war klein, kaum größer als ein Abstellraum, und die Möbel beschränkten sich auf ein niedriges, an eine Wand geschobenes Doppelbett und eine kaputte Kommode, aus deren Schubladen Kleidung quoll. Der Anblick der Wäschehaufen auf dem Boden entspannte mich; ich musste Hanna nicht beeindrucken – niemand hier würde mich beurteilen.

Ich zog mich bis auf mein Unterhemd und die Boxershorts aus und wartete, bis Hanna aus dem Badezimmer kam, um es dann selbst zu benutzen. Ich kehrte zurück und kroch unter die Laken, ohne zu wissen, wie viel Platz ich zwischen uns lassen sollte. Unten hatten wir uns gegenseitig klargemacht, dass wir an diesem Abend keinen Sex haben würden, egal welche Gefühle auch immer durch die Luft schwirren mochten. Aber im Schlafzimmer knisterte es.

Ebenso wie beim ersten Mal, als ich diesen Frauenclub in Soho betrat, hatte ich tierische Angst vor dem, was ich spürte, als wir uns gegenüberlagen – davor, wie sehr ich Hanna anfassen und wie sehr ich von ihr angefasst werden wollte. Ich schämte mich für die Heftigkeit meiner Gefühle, für eine Hitze, die zu unterdrücken man mir seit jeher beigebracht hatte, und ich wusste nicht, wie ich Hanna deuten sollte.

Wir wälzten uns hin und her, redeten stundenlang und kamen uns allmählich näher, bis wir fast Nase an Nase lagen und dabei versuchten, die aufkommende Spannung zu ignorieren. Mitten in der Nacht nahm Hanna mein Gesicht in beide Hände und küsste mich.

Fünfzehn

Alle, die wählen müssen

קְרָא אֵלַי וְאֶעֱנֶךָּ וְאַגִּידָה לְּךָ גְּדֹלוֹת וּבְצֻרוֹת לֹא יְדַעְתָּם׃

Rufe zu mir, so will ich dir antworten
und dir Großes und Unfassbares mitteilen,
das du nicht kennst!

JEREMIA 33,3

Zum ersten Mal war ich aus freien Stücken mit jemandem zusammen. Ich fühlte mich von Hanna begehrt und benötigte weniger als zwei Monate, um »Ich liebe dich« zu sagen.

Alle zwei bis drei Wochen reisten wir zwischen Manchester und London hin und her, um das Wochenende miteinander zu verbringen, und entwickelten unseren eigenen, neuen Rhythmus. Wir luden Freundinnen zum *Schabbes*-Essen ein, teilten uns das Einkaufen, die Vorbereitung, das Kochen, zogen uns gemeinsam für den *Schul*-Besuch am Abend an und kamen dann nach Hause, um wie eine gut geölte Maschine das Essen vorzubereiten, die Salate anzurichten und unseren Gästen die Getränke zu servieren.

Wir übernahmen all die jüdischen Dinge, die wir liebten, und machten sie gay. Auf diese Weise versammelten wir um unseren Tisch Menschen, die sich entweder anpassten, aber sich danach sehnten, es nicht zu tun, oder solche, die wie wir aufgehört hatten, sich anzupassen, und an einem Tisch sitzen wollten, an dem man sie einfach akzeptierte, während sie gleichzeitig die Traditionen genossen, mit denen sie aufgewachsen waren.

Auch ich begann eine Ausbildung. Ich kannte nur sehr wenige Frauen, die eine Universität besucht hatten, man hatte mir beigebracht, dass sie für uns verbotene Orte waren.

Aber seit Todros mich aus der Schule gedrängt und zur Arbeit in die Druckerei geschickt hatte, sehnte ich mich danach, wieder zu studieren. Da ich keine formalen Qualifikationen hatte und nur noch wenige Wochen bis zum Beginn des neuen Semesters fehlten, schrieb ich eine Mail an den Zulassungsbeauftragten für den Studiengang Sozialpolitik an der Universität Salford, erzählte meine Geschichte und erklärte, dass ich mehr wissen wollte, um sicher zu sein, dass mein Aktivismus auf Wissen und nicht nur auf reaktiven Erfahrungen beruhte. Nach einem Treffen erhielt ich ein nicht an Bedingungen gebundenes Angebot zu studieren. Ich war überglücklich.

Eine Bildungseinrichtung dieser Größe mit ihren unzähligen Studienräumen, Hörsälen und Bibliotheken war für mich etwas völlig Neues. Ebenso die Art und Weise, wie mich das, was ich lernte, erfüllte. Ich war hungrig nach allem. Mein Vater erklärte sich bereit, meine Miete um dreihundert Pfund zu senken, damit ich mir das Leben als Studentin gerade so leisten konnte, und ich war dankbar für diese wichtige Hilfe, die er mir gewährte. Das Studium nahm viel Zeit in Anspruch, sodass Hanna und ich, wenn wir uns nicht treffen konnten, abends Videotermine vereinbarten, bei denen wir uns bei einer Tasse Tee auf dem Sofa unterhielten.

Wenn wir zusammen waren, fühlte ich mich mehr denn je wie ich selbst, aber jedes Mal, wenn wir Sex hatten, hing meine Vergangenheit wie eine Gewitterwolke über mir. Die Lust, die ich mir von der Beziehung mit ihr erhoffte, wurde durch die Tatsache getrübt, dass ich, obwohl ich mich im Bett mit einer Person noch nie so sicher gefühlt hatte, meine eigene Haut nicht spüren konnte. Es sollte Monate dauern, bis ich einen Orgasmus haben konnte.

Wenn Hanna in der Öffentlichkeit versuchte, meine Hand zu nehmen, zog ich sie zurück, aus Angst. Ich fürchtete, dass es meine Wohltätigkeitsarbeit stören könnte, wenn wir uns in der Öffentlichkeit als Lesben zu erkennen gaben. Ich wollte nicht, dass es von der eigentlichen Aufgabe ablenkte, und vor allem hatte ich ständig Angst davor, was meine Familie sagen und tun würde, wenn sie es herausfand.

Hanna und ich konnten uns jedoch nicht ewig verstecken, und wir wollten es auch gar nicht. Ich lebte in einem Viertel, in dem jeder dem anderen im Nacken saß, und als wäre das nicht schon beklemmend genug, wohnte ich dicht an dicht in einem Stallungshaus, in dem die Haushalte jedes Mal aufhorchten, wenn sich eine Tür öffnete oder schloss. Wenn also Hanna zu Besuch kam, sahen uns die Nachbarinnen und Nachbarn und Bekannte aus der Gegend unweigerlich zusammen. Ich lernte, mit ihrer Neugier umzugehen, indem ich ihre Blicke im Park, in dem wir an *Schabbes*-Nachmittagen spazieren gingen, erwiderte und ihnen ein schnelles »Gut *Schabbes*« wünschte oder indem ich als Erste »Hallo« sagte, wenn wir beim Einkaufen aufeinandertrafen. Oberflächlich betrachtet war alles sehr herzlich, aber ich fand auch heraus, dass die Straße als Reaktion auf die Lesben in ihrer Mitte zwei WhatsApp-Gruppen gegründet hatte: eine mit und eine ohne Yehudis.

Sich in der Öffentlichkeit zu verstecken, wurde allmählich zwecklos. Aber trotzdem war ich noch nicht bereit, meine Eltern einzuweihen. Ich wusste, dass die Zeit kommen würde, in der ich sie damit konfrontieren und auf ihre Akzeptanz hoffen musste, aber in der Zwischenzeit testete ich, wie es sich anfühlte, sich als lesbisches Paar an immer mehr Orten zu zeigen, und ich wusste, dass dieser Augenblick bald kommen würde. Auch wenn meine Eltern in Israel waren, würde die Nachricht sie früher oder später erreichen, aber ich wollte es so lange wie möglich hinauszögern.

Als im Herbst wieder *Rosch ha-Schana* und die Hohen Feiertage anstanden, rief ich im Büro der *Schul* an, um Plätze für die G'ttesdienste zu reservieren, wie es die Gemeindemitglieder an den geschäftigsten Tagen des Jahres tun mussten.

»Ich habe eine neue Begleitung«, sagte ich der Sekretärin. »Ich brauche bitte einen zusätzlichen Platz.«

Sie freute sich für mich und fragte, wo er unten sitzen wolle.

»Sie ist oben, bei mir«, antwortete ich.

»Bitte warten Sie«, kam die Antwort. Nach einigen Minuten der allerlautesten Stille teilte sie uns die Plätze F9 und F10 auf der Frauengalerie zu und verabschiedete sich.

Hanna und ich demonstrierten in der *Schul* unsere Zuneigung nicht öffentlich, und doch fielen wir auf. Alle anderen Frauen waren gleich gekleidet, in Stöckelschuhen, geblümten Kleidern, Hüten und Perücken, und wir beide sahen aus wie eine auf Hochglanz polierte Version von etwas ganz anderem, super-gay, in zugeknöpften Hemden und Chinohosen. Mir war schon lange klar geworden, dass die Regeln, wie ich mich zu kleiden hatte, menschengemacht und nicht g'ttlich vorgeschrieben waren, und mit Hanna an meiner Seite verabschiedete ich mich sogar von der Vorschrift, im Hause G'ttes einen Rock zu tragen. Waren wir vor Ihm nicht ohnehin alle nackt? Es wäre so einfach gewesen, nicht hinzugehen, uns selbst und andere nicht dem Unbehagen des Urteils anderer Menschen auszusetzen. Jetzt war ich mir sicher, dass sie meiner Familie Bericht erstatteten, obwohl meine Eltern sich weiterhin in Schweigen hüllten. Die Unwissenheit war vorerst ein Segen. Es war meine *Schul*, mein Glaube, auch mein

Feiertag, und ich hatte nicht die Absicht, das alles aufzugeben. Ich liebte es. Manche Leute begrüßten uns, als wäre es aufregend, jemand anderen in ihrer Mitte zu haben. Viele von ihnen hätten uns liebend gern nicht weiter in ihr Leben einbezogen, doch boten wir ausreichend Stoff für Klatsch, um ihre Tischgespräche zu füttern, und sie waren froh, den Schein zu wahren, indem sie in der Öffentlichkeit nicht unhöflich zu uns waren. Ich konnte mir jedoch nur zu gut vorstellen, wie sie ihren Verwandten von dem lesbischen Butch-Paar in der *Schul* erzählten. Unser sozialer Status unter den streng orthodoxen Jüdinnen und Juden von Manchester entwickelte sich in Richtung »berüchtigt«.

Die Kehrseite davon, meine Sexualität offen zu zeigen, war, dass die Leute nicht mehr wussten, wie sie mit mir umgehen sollten. Es gab diejenigen, denen das jüdische Gesetz und auch ich als Person wichtig waren, die sich aber nicht zwischen beidem entscheiden wollten – oder nicht wussten, wie. Einige luden uns zum *Schabbes*-Lunch ein, andere sprachen nie wieder mit mir. Ich war eine Ausnahme, für die es in unserer Gemeinde keine Vorschrift gab, sodass ihre Reaktionen immer unvorhersehbar und oft entmutigend waren.

Anfang 2020 wurden Hanna und ich zu einer Bar-Mizwa in London eingeladen: Es war unsere erste gemeinsame Partyeinladung. Wieder war ich nervös – all unsere ersten Male machten mich nervös –, aber ich versicherte mir, dass niemand dort meine Eltern oder meine unmittelbare Gemeinde kennen würde; es waren eher säkulare Jüdinnen und Juden, die nicht mit anderen Teilen meines Lebens in Berührung kamen, also hoffte ich darauf, die Feier einfach als verliebtes Paar genießen zu können. Es gab einen DJ und eine Tanzfläche, auf der wir zu Liedern tanzten, die ich noch nie gehört hatte. Ich hatte inzwischen schon einige weltliche Musik gehört – Destiny's Child und Katy Perry waren auf einer von mir selbst erstellten Playlist zu finden –, aber das war nur ein kleiner Einblick gewesen. Ein paar Wochen nach der Party schickte die Gastgeberin – eine Freundin von mir – Fotos von Hanna und mir, die sie in dieser Nacht gemacht hatte. Die einzigen Fotos, die ich zuvor von uns zusammen gesehen hatte, waren Schnappschüsse von intimen Momenten im Auto, im Park oder zu Hause, die wir mit unseren Handys aufgenommen hatten. Auf diesen Bildern sah ich zum ersten Mal, was andere sahen, wenn sie uns ansahen. Ich konnte kaum glauben, dass ich es war, die da zurückstrahlte. Obwohl mein inneres Selbstvertrauen noch nicht vollständig ausgereift war, war die Gelassenheit, die ich mir angeeignet hatte, bereits von außen sichtbar.

Als wir ein paar Monate später zur Bar-Mizwa von Eves Sohn eingeladen wurden, konnte ich die Angst immer noch nicht abschütteln, dass der Tag, an dem ich mich dem Urteil meiner Eltern stellen musste, näher rückte. Zugleich konnte ich meinen Stolz nicht unterdrücken, schon wieder einer Feier als eine Hälfte eines Paares beizuwohnen; doch diese beiden Gefühle vertrugen sich mit jedem Tag weniger gut.

Vor der Feier erklärte mir Eve, dass der Tora-Abschnitt ihres Sohnes – die Passage, die er vor den Gästen rezitieren würde – die Zeile aus Levitikus enthielt, die einer Verurteilung der Homosexualität durch das orthodoxe Judentum gleichkommt: »Du darfst nicht mit einem Mann schlafen, wie man mit einer Frau schläft; das wäre ein Gräuel.« Eve war eine echte Freundin geworden, ich spürte eine Nähe zu ihrer Familie und war daher gerührt, dass sie mich deswegen anrief. Sie und ihr Sohn baten mich, etwas zu schreiben, das im Rahmen der Zeremonie vorgelesen werden sollte, um den Schmerz zu lindern, den dieser Vers bei den Versammelten und bei Menschen wie mir auslösen könnte. In Absprache mit Hanna schrieb ich einen Segen. Ich stand in Eves Garten in Nordlondon im Festzelt, das für den G'ttesdienst aufgebaut worden war, und spürte, wie meine Stimme zitterte, als ich vorlas, was ich geschrieben hatte:

»Er, der unsere Väter Abraham, Isaak und Jakob und unsere Mütter Sara, Rebekka, Rahel und Lea gesegnet hat, möge all jene segnen, die unter den Folgen des Verses, den wir gleich lesen werden, gelitten haben. All jene, die ihre Sexualität und Geschlechtsidentität wie ein Joch um den Hals tragen. All jene, die ausgeschlossen werden und nicht in der Lage sind, ihre Wahrheit zu leben. All jene, die gezwungen sind, sich zwischen der Liebe ihrer Familien und der Akzeptanz ihrer Gemeinde zu entscheiden, anstatt so zu lieben, wie sie geschaffen wurden. Lasst uns ›Amen‹ sagen.«

Ich hörte, wie die Worte meinen Mund verließen, und konnte kaum glauben, dass es meine Stimme war, die ich hörte. Dass ich es war, die noch kein Jahr nach der Scheidung und dem Beginn meines unabhängigen Lebens die Gelegenheit hatte, diese Dinge im Namen anderer öffentlich zu sagen. Es hat mir fast die Sprache verschlagen. Als ich fertig war, blieb ich vorn stehen, bis der Abschnitt der Tora, der vorgelesen wurde, zu Ende war. Das gab mir etwa drei Minuten Zeit, die ich benötigte, bis mein Herz langsamer schlug, mein Gesicht sich abkühlte und meine Beine wieder die Kraft fanden, dorthin zurückzugehen, wo Hanna saß.

Ich setzte mich, und sie drückte meine Hand. Frauen in den Reihen vor und hinter uns drehten sich zu mir um und flüsterten »*Schkojach!*« (»Gut gemacht!«). Einige von ihnen streckten mir die Hand für einen Händedruck entgegen. Als die Gebete zu Ende waren und sich die Gäste vor dem Büffettisch tummelten, kamen noch mehr auf mich zu, um mir für meinen Beitrag zu danken.

Diese Augenblicke der Sichtbarkeit mehrten sich in meinem Alltag und gaben mir das Selbstvertrauen, das mir half, mich auch in anderen Bereichen weiterzuentwickeln. Ehe ich es mich versah, hatte ich einen randvollen Terminkalender mit Studium, Lobby- und Wohltätigkeitsarbeit. Ich erschien in den großen Zeitungen und auch im Fernsehen und im Radio als Sprecherin für das, wofür ich kämpfte. All das neben den Kindern und der Zeit, die ich für meine Beziehung mit Hanna brauchte. Es war meine Fähigkeit, meine Wahrheit zu leben, die mich vorantrieb.

Im Mai wählte mich die Zeitung *Jewish News* auf Platz sechs in einer Liste von vierzig Personen unter vierzig, auf die man in der Gemeinschaft einen Blick werfen sollte.

Hanna verkündete es stolz in ihrer WhatsApp-Familiengruppe. Sie hatte sich Jahre zuvor gegenüber ihrer Familie geoutet und diesen Prozess bereits mit ihnen durchgestanden. Hannas Mutter hatte mit der doppelten Herausforderung zu kämpfen, dass ihre Tochter nicht nur lesbisch, sondern auch noch mit mir zusammen war, die einen öffentlichen Ruf hatte. Aber sie waren mehr oder weniger freundlich und unterstützten unsere Beziehung. Hanna genoss die Freiheit, unser Leben mit ihnen zu teilen und mit dem Unsinn umzugehen, den sie sich als Reaktion darauf einfallen ließen. Ich hingegen war enttäuscht und neidisch, dass ich nicht das Gleiche tun konnte.

Bei all den öffentlichen Auftritten, die mein Engagement erforderlich machte, hielt ich meine Sexualität weiterhin verborgen. Ich war davon überzeugt, dass sich die Leute darauf stürzen würden, wenn ich sie preisgab, und dies von meinem Engagement für die Sache, auf die es ankam, ablenken würde. Und dann war da noch die Kleinigkeit, dass meine Eltern es herausfinden könnten. Dieses Problem stand weiterhin im Raum, aber als ich sah, wie Hanna meine Erfolge mit ihrer eigenen Familie besprach, begann ich mir vorzustellen, dass es vielleicht doch denkbarer wäre, als ich bisher angenommen hatte.

Die nächsten Monate waren für Hanna und mich nicht einfach. Nicht nur lebten wir in verschiedenen Städten und konnten uns nicht immer sehen, wir waren auch beide alleinerziehende Mütter mit wenig Zeit für uns selbst. Nach der Scheidung hatte die gemeinsame Sorgerechtsvereinbarung für eine gewisse Zeit funktioniert, aber inzwischen war sie angespannt. Zvi hatte mir mitgeteilt, dass er Schwierigkeiten hatte, der Betreuung der Kinder nachzukommen, und die Kinder verbrachten die meiste Zeit bei mir. Hanna und ich sprachen ständig miteinander und versuchten, unsere Online-Dates beizubehalten, um uns am Ende von anstrengenden Tagen eine Auszeit zu gönnen.

Ich hatte angefangen, einen Tag in der Woche als unabhängige Beraterin für sexuelle Gewalt zu arbeiten und Opfer von häuslicher Gewalt und sexuellem Missbrauch zu unterstützen, die dies den Behörden gemeldet hatten. Ich arbeitete mit Frauen in meiner Gemeinde und half ihnen und der Polizei, die Kluft zwischen den beiden Welten zu überbrücken und über die Rechte zu informieren, von deren Existenz sie häufig nichts wussten. Es war zeitaufwendig und anstrengend. Oft war ich emotional ausgelaugt, aber es war eine wichtige Arbeit.

Im Juni kam Hanna mit ihrem jüngsten Kind, das genauso alt war wie Noam, nach Manchester, um eine Woche mit uns zu verbringen. Wir hatten noch nie gemeinsam Kinder großgezogen, und ich war besorgt, aber trotz dieser Herausforderungen brachte uns der Umgang mit den kleinen alltäglichen Dingen auf eine nächste Ebene. Wir genossen es nicht nur, mit der geliebten Partnerin, die wir nachts im Arm halten konnten, zusammenzusitzen und zu reden, sondern begannen auch klarer zu erkennen, als es unsere Wochenenden bisher zugelassen hatten, wie es wäre, wenn wir zusammenlebten. Und wir begannen, uns ernsthaft darüber zu unterhalten und uns eine gemeinsame Zukunft auszumalen. Doch die Tatsache, dass ich erneut vor einer Veränderung stand, löste bei mir sowohl Beklommenheit als auch Aufregung aus. Ich stellte fest, dass wir zwar über die Hindernisse sprechen konnten, wenn wir zusammen auf demselben Sofa saßen, im selben Haus, in derselben Stadt lebten, aber jedes Mal, wenn Hanna nach London zurückkehrte und wir dadurch getrennt waren, wurde die Kommunikation wieder schwieriger, kantiger, angespannter. Unsere Fähigkeit, das Leben zu zweit zu meistern, ließ nach, und manchmal hatte ich das Gefühl, dass wir in völlig verschiedenen Welten lebten, insbesondere wenn es um die Kindererziehung ging.

Im Juli hatten wir einen heftigen Streit am Telefon. Ich hatte ein paar schwierige Tage hinter mir, in denen mich die Sorgerechtsvereinbarungen mit Zvi quälten, die rasch eskalierten und komplizierter wurden denn je. Er war launisch und kam mit dem Leben nicht zurecht, geschweige denn mit der Aufsicht der Kinder. Er kommunizierte überhaupt nicht mit mir, was es schwierig machte, für die Kinder eine einheitliche Linie zu finden. Es war zeitaufwendig und belastend, aber die Menschen, die mir am wichtigsten waren, die Kinder, waren mein einziger Fokus. Hanna hatte mit ihren eigenen Belastungen zu Hause zu kämpfen, und als wir telefonierten, um alles zu besprechen, gab keine von uns die Antwort, die die andere suchte – und auch nicht die Antwort, die wir beide gebraucht hätten. Eine Woche lang sprachen wir nicht miteinander.

Hanna war es, die das Schweigen mit einer SMS brach.

»Ich bin so wütend auf dich«, schrieb sie. Sie machte sich auch Sorgen um meine Gerichtsverhandlung, vor allem aber, schrieb sie, sei sie wütend.

»Es ist in Ordnung, dass du wütend auf mich bist«, antwortete ich.

Wir unterhielten uns an jenem Abend über Videocall, klärten aber nichts. Sie wollte Freiraum, aber ich musste einen Zeitpunkt finden, an dem wir das Gespräch fortsetzen konnten. In der Zeit, die vergangen war, seit wir uns das letzte Mal in persona gesehen hatten, war meine Vorstellung von einer gemeinsamen Zukunft mit ihr zur Ungewissheit geworden, ob es jemals dazu kommen würde und ob es überhaupt funktionieren könnte. Die Ungewissheit war zu quälend, um das Gespräch auf die lange Bank zu schieben.

»Ich brauche einen Zeitrahmen«, sagte ich.

»Drei Monate«, sagte Hanna. Und das war's – mit weniger Emotionen, als ich gedacht hätte: Wir hörten auf zu reden und konzentrierten uns auf unsere Familien. Es war nicht einfach – ich dachte jeden Tag an sie –, aber ich hatte genug durchgemacht, um zu wissen, wie man sich abgrenzt und das Beste aus dem Freiraum macht, den man mir gelassen hatte.

Zwei Monate später schrieb ich ihr eine Nachricht. Es war mein dreiunddreißigster Geburtstag.

»Babe, wäre es möglich, früher zu reden, als wir vereinbart haben?«, fragte ich.

Sie war einverstanden.

»Wir müssen richtig miteinander reden und uns im Arm halten«, schrieb ich.

»Wie gern«, antwortete Hanna.

Ein paar Tage später nahm ich den Zug nach London. Mein Zug sollte um elf Uhr sechsunddreißig ankommen, und Hanna holte mich an der Station Euston an unserer üblichen Stelle auf dem Bahnhofsvorplatz ab. Wieder legte ich meine Hand auf ihre Wange. Sie hatte ein Zimmer in einem billigen Hotel in der Nähe gebucht, wo wir übernachten und die nötige Privatsphäre genießen konnten. Wir checkten an der Rezeption ein und fuhren mit dem Aufzug in das kleine, zweckmäßige Zimmer. Ich zog meinen Mantel aus und setzte mich auf das Bettende. Zwischen uns lag etwas Dringendes. Das Bedürfnis nach Berührung, dachte ich. Wir zogen uns teilweise aus, hielten uns dann aneinander fest, meine Arme umschlangen sie ganz. Die letzten Monate waren so intensiv gewesen; es war so viel passiert. Hanna konnte es in meinen Augen sehen. Sie hielt inne.

»Bist du nach London gekommen, um mit mir Schluss zu machen?«, fragte sie.

»So würde ich es nicht ausdrücken«, sagte ich. Stille. »Aber wir müssen nicht zusammen sein.«

Die Wochen der Trennung hatten mir Zeit gegeben, zu erkennen, dass dies nicht der richtige Zeitpunkt für mich war, eine Beziehung einzugehen. Vielleicht hatte sie die ganze Zeit recht gehabt, seit jener Nacht vor Elchanans Haus, als sie in ihrem Auto saß und mir sagte, dass es für mich zu früh sei. Ich sagte Hanna auch etwas, das ich noch niemandem gesagt hatte, etwas, das ich seit dem ersten Mal, als ich die Worte »Ich bin lesbisch« laut aussprach, befürchtet hatte. Fühlte ich mich nicht zu Männern hingezogen, weil ich missbraucht worden war? War das der Grund? Wenn ich es ausprobieren würde, mich mit anderen Männern zu verabreden, bestand dann die Möglichkeit, dass ich mich zu einem von ihnen hingezogen fühlen könnte? Diese Gedanken waren während unserer Pause aufgetaucht, und ich wollte es herausfinden.

Hanna war sichtlich geschockt von all dem. Ich verstand, warum. Ich konnte sehen, wie sehr ich sie verletzte, und fühlte mich schrecklich, diesem Menschen, den ich ausgewählt und der auch mich ausgewählt hatte, einen solchen Schmerz zuzufügen. Zwei Stunden vergingen, und wir hielten uns weinend in den Armen. Wir blieben nicht über Nacht, das hätte den Schmerz nur verlängert. Wir nahmen ein Taxi zurück zum Bahnhof und verabschiedeten uns mit einer Hand auf der Wange der anderen.

Sechzehn

Drohen, zu bleiben

יְהוָ֣ה לִ֭י לֹ֣א אִירָ֑א מַה־יַּעֲשֶׂ֖ה לִ֣י אָדָֽם׃

Der HERR ist für mich, ich fürchte mich nicht.
Was können Menschen mir antun?
PSALM 118,6

Zwischen meiner Ehe mit Zvi und meiner Beziehung zu Hanna war ich nicht mehr als anderthalb Minuten Single gewesen.

Ich traf mich mit einer Freundin in meiner Einkaufsstraße in Manchester auf einen Kaffee. In einem Café setzten wir uns an einen Tisch und begannen, uns über Dating zu unterhalten. Ich erzählte ihr, was ich mich schon die ganze Zeit gefragt und Hanna auch gesagt hatte. Konnte ich mich mit einem Mann treffen? Bestand mein Problem einfach darin, dass ich noch nie eine Beziehung zu einem Mann hatte, in der ich mich sicher fühlte?

Sie fragte mich: »Wenn du mit einem Mann ausgehen würdest, auf den du wirklich stehst, wie müsste der aussehen?«

Ich überlegte kurz. Ich konnte mir beim besten Willen keinen vorstellen, den ich körperlich attraktiv finden würde. Sie bemerkte meinen verwirrten Gesichtsausdruck, als ich versuchte, eine Antwort auf die Frage zu finden, die sie mir gestellt hatte.

»Okay«, sagte sie. »Denk nicht an sein Gesicht. Das könnte

abschrecken. Was ist mit dem Körper? Welchen Teil seines Körpers könntest du attraktiv finden?«

Ich dachte und dachte. »Vielleicht seinen Unterarm?«, bot ich an. Mehr fiel mir nicht ein.

Sie lachte. »Du bist ein hoffnungsloser Fall.«

Wahrscheinlich hatte sie recht, aber ich wollte das Experiment noch abschließen, um sicher zu sein. Ich war in einer Facebook-Gruppe für geschiedene jüdische Menschen, wo es um Sorgerechtsfragen ging oder darüber, wie man die Hohen Feiertagen allein hinter sich bringt. Nach einem meiner Posts schrieb mir ein Mann aus New Jersey, ob er mich kennenlernen könne.

Er schien mich bereits vorher gegoogelt zu haben. Ich fand das etwas seltsam, aber er lebte in den USA, sodass es mir ausreichend sicher vorkam, mich noch ein wenig mit ihm zu unterhalten, ohne Gefahr zu laufen, dass er eines Tages vor meiner Haustür auftauchen würde.

Er war ein gutes Stück älter als ich, sagte, er kümmere sich intensiv um seine Kinder, was mir gefiel, und wirkte auf seinem Profil einigermaßen intelligent. Nach einigen Wochen interessanter Unterhaltung vereinbarten wir einen Videoanruf.

Obwohl er gut aussah, wusste ich sofort, dass ich nicht interessiert war. Definitiv nicht. Ich fühlte mich immer noch in keiner Weise zu Männern hingezogen. Ich blieb höflich, nahm sogar an dem Datingspiel teil, das er vorbereitet hatte, und beendete dann das Gespräch mit einer Ausrede. Das Experiment war beendet.

Natürlich wanderten meine Gedanken augenblicklich zu Hanna. Unsere Kommunikation war nicht abgebrochen, als wir uns am Bahnhof Euston voneinander verabschiedetet hatten. Wir waren beide verletzt, blieben einander aber freundschaftlich verbunden und hielten auch regelmäßig Kontakt.

Wir waren beide alleinerziehende Mütter, die versuchten, in einer Gemeinschaft zu bestehen, die nicht wusste, was sie von uns halten sollte; und in dieser Welt waren wir auf unsere gegenseitige Unterstützung angewiesen. Darüber hinaus war die Liebe zwischen uns in Wahrheit noch lange nicht erloschen.

Als der Oktober kam und ich zu Elchanan fuhr, um mit ihm *Sukkot,* das Laubhüttenfest zum Abschluss der Hohen Feiertage, zu begehen, nahm ich eine Ausfahrt früher von der Autobahn, um Hanna zu treffen. Sie öffnete die Haustür, und wir küssten uns zur Begrüßung auf die Wange. Ich hatte die Kinder dabei, und während wir uns unterhielten, machte Hanna ein Mittagessen aus Bratkartoffeln und Hähnchenschnitzeln. Wieder in einem Raum mit ihr zu sein, fühlte sich in dem emotionalen Neuland, in das wir uns begeben hatten, an wie ein Tanz, aber das Reden fiel uns leicht. Mir war nicht klar gewesen, wie sehr ich die Vertrautheit vermisst hatte, die ich in ihrer Gesellschaft genoss. Oder die Spannung, die immer noch zwischen uns knisterte.

Ein paar Tage später fragte ich meine Schwägerin, ob ich die Kinder bei ihr lassen könnte, um am Abend eine Freundin zu besuchen.

»Geh aus, amüsier dich«, sagte sie. Elchanan und seine Frau waren immer etwas offener gegenüber meinem neuen Leben gewesen als die anderen, obwohl sie immer noch nicht wussten, dass ich lesbisch war. Ich hatte ein schlechtes Gewissen, dass ich ihnen immer noch nicht die ganze Wahrheit gesagt hatte, aber früher oder später musste es sein.

Hanna holte mich mit ihrem Nissan Micra ein Stück weiter unten an der Straße ab. Sie hatte ein Picknick für uns eingepackt – noch mehr Hähnchenschnitzel und Bratkartoffeln –, und wir fuhren zum Welsh Harp, einem Stausee, benannt nach einem alten Pub, der sich früher in Hendon an dessen

Ufer befunden hatte. Wir setzten uns auf einen kurzen Holzsteg, der ins Wasser ragte. Es war zehn Uhr abends und stockdunkel, kühl, aber nicht eisig, und wir waren in Mäntel und Schals gewickelt. Wir saßen uns gegenüber. Während wir uns unterhielten, fiel mir allmählich auf, dass ich mich mit meinem ganzen Körper an sie gelehnt hatte. Sie schlang ihre Arme um mich, und wir küssten uns. Wir gingen zurück zu Hannas Wohnung und hatten die Art von Sex, bei der ich zum ersten Mal in meinem Leben jedes Nervenende meines Körpers spürte. Bis ein Uhr dreißig lag ich bei ihr und kehrte dann zurück ins Haus meines Bruders. Ich fühlte mich, wie ich mich noch nie zuvor gefühlt hatte.

Dieser heiße Sex, heißer als bei unserem ersten Mal, wiederholte sich, wann immer sich die Gelegenheit bot, und wir beschlossen, vorerst einfach die körperliche Beziehung zu genießen. So fühlte es sich gut an. Es war unkompliziert.

Als die Kinder ein paar Wochen später in die Winterferien aufbrachen, blieben Hanna und ihr jüngstes Kind die gesamten zwei Wochen bei uns, und es klappte wie bei jeder anderen Familie. Wir wollten einfach nur abhängen und Schritt für Schritt herausfinden, wie es lief, aber schon nach ein paar Tagen wurde offenbar, wie einfach sich das gemeinsame Leben anfühlte.

»Ich habe nachgedacht«, sagte Hanna eines Abends auf dem Sofa. »Ich sollte hierherziehen, nach Manchester. Mit dir.«

Ich war einverstanden. Und ich war so aufgeregt. Aber wir mussten es vorsichtig angehen, das wussten wir genau. In Wirklichkeit wusste keine von uns beiden, wie man so etwas macht. Wir hatten beide – jede für sich – eine Therapie hinter uns, als wir unsere Ehen verließen, und wir kamen bestimmt nicht aus einfachen Verhältnissen. Vor Hanna hatte ich mich noch nie freiwillig auf eine Beziehung eingelassen, und das war auch einer der Gründe, warum es bei der ersten Runde so schwierig war. Ich wusste nicht, wie ich mich einer anderen Person gegenüber verletzlich zeigen sollte.

Wir beschlossen, dass es für uns von Vorteil wäre, uns gemeinsam einer Therapie zu unterziehen; so würden wir herauszufinden, wie wir unsere Familien zusammenführen konnten. Für mich fühlte sich das wie eine notwendige, Halt gebende Erfahrung an, mit der wir die nächste Stufe erklimmen konnten. Es gab mir auch die Möglichkeit, dazuzulernen, denn wir waren uns einig, dass keine von uns in der Lage war, dies aus eigenem Antrieb zu tun; das hatte unser erster gescheiterter Versuch ja gezeigt.

Unsere Therapiesitzungen fanden alle zwei Wochen über Zoom statt. Wenn möglich waren wir am selben Ort, zusammen an einem Küchentisch oder auf einem Sofa, aber manchmal saßen wir auch in unseren jeweiligen Wohnzimmern in verschiedenen Städten. Eine der deutlichsten Erkenntnisse aus den ersten Sitzungen war, wie groß der Einfluss meiner Ängste vor der Reaktion meiner Familie auf unser weiteres Vorgehen war. Ich war so überzeugt davon gewesen, dass der Schritt, mich ihnen gegenüber zu outen, einzig und allein in meinem eigenen Interesse war und nicht im Interesse einer anderen Person, auch nicht Hannas. Aber indem ich ihnen gegenüber schwieg, ließ ich nicht zu, unsere nächsten Schritte einzuleiten. Ich fror uns in der Zeit ein. Abgesehen davon musste ich mich mit der Tatsache abfinden, dass ich mir etwas vormachte, wenn ich überhaupt in Betracht zog, dass sie nach unserem Outing in der *Schul*, meinem öffentlichen Profil und dem Geschwätz in der Gemeinde immer noch nichts über uns wissen konnten. Meine ganze Familie, mich eingeschlossen, hatte stets nach dem Motto »nicht fragen, nichts sagen« gelebt, um uns nicht der Realität stellen zu müssen. Die Wahrheit war, dass ich Angst hatte: Angst vor ihrer Ablehnung und Angst, von ihnen verlassen zu werden. Ich hatte Angst, sie zu enttäuschen.

Nach vier oder fünf Therapiesitzungen machte unsere Therapeutin eine Beobachtung, die mich überrumpelte.

»Sie betteln um Dinge, die die Leute Ihnen nicht geben wollen«, sagte sie zu mir.

Sie half mir zu erkennen, dass ich von einem Ort mit so geringen Erwartungen an Liebe kam, dass ich andere, einschließlich Hanna, anflehte, mich als eine Person zu sehen, die ein Recht darauf hatte. Ich wollte so sehr geliebt werden, dass ich mein ganzes bisheriges Leben damit zugebracht hatte, mich in eine für andere akzeptable Version meiner selbst zu pressen, auch wenn sie für mich selbst nicht akzeptabel war. Nur um in der Lage zu sein, um kleine Leckerbissen zu bitten.

»Stellen Sie Ihre Bettelschale weg«, wies sie mich an.

Ich weiß nicht, ob ich dem, was sie sagte, mehr Bedeutung beimaß, als sie beabsichtigt hatte, aber diese fünf Worte hatten einen starken Widerhall. Ich bin keine Bettlerin, dachte ich. Also hörte ich damit auf: Ich hörte auf, um Erlaubnis und Akzeptanz zu bitten; ich hörte auf, mich zu unterwerfen und mich zu dem zu machen, was andere für sympathisch und liebenswert halten mochten. In meinem Arbeitsleben wusste ich, wie wichtig es ist, auf die Bedürfnisse anderer einzugehen. Jetzt musste ich lernen, meine eigenen Bedürfnisse zu äußern. Ich wollte nicht mehr die Problemlöserin, die Helferin, die stets verfügbare Freundin sein, die Yehudis, die nach London fuhr, kochte, die Gefriertruhe ihrer Schwester mit Essen füllte, als diese Zwillinge bekam, und dann wieder nach Hause zurückkehrte. Das war nicht die Art von Verbindung zu anderen Menschen, die ich beibehalten wollte. Als Mutter musste ich versuchen, mich von der täglichen Achterbahnfahrt der Gefühle meiner Kinder zu lösen, und als

Liebende musste ich hart daran arbeiten, es nicht mehr zuzulassen, dass meine Unsicherheiten weiterhin meine neue Beziehung verzerrten. Und ich musste bereit sein, die Liebe zu empfangen, die mir angeboten wurde. In Wirklichkeit bedeutete das eine Menge Streit, wenn wir aushandelten, was jede von uns benötigte. Aber das Wegräumen von Unnötigem fühlte sich wie eine produktive Arbeit an, ehe wir überhaupt darangingen, Pläne für unsere Zukunft zu schmieden. Es vertiefte unsere Verbindung und eröffnete mir eine neue Ebene der Freiheit.

Währenddessen war Nahamu zum Durchstarten bereit. Wenn Frauen ihren Ehemann verlassen wollten, von ihrem Ex belästigt oder bei der Arbeit diskriminiert wurden, kamen sie zu mir. Manchmal waren es auch ihre Mütter oder Väter, die sich bei einer Person Rat holen wollten, die beide Welten verstand. Eve und ich hatten unser erstes Papier verfasst, das auf die nationale Politik Einfluss nehmen sollte und sich auf ein Thema konzentrierte, das immer wieder auftauchte, wenn wir die systemischen Missstände in unserer Gemeinschaft untersuchten: die Zwangsheirat. Als wir uns eingehend mit dem Thema der Sicherheit von Kindern befassten, sprachen wir mit vielen *Charedi*-Eltern über ihre Erfahrungen mit ihrer eigenen Ehe und mit der Verheiratung ihrer Kinder. Sie alle kamen zu demselben Schluss: Um in unserer Gemeinschaft in irgendeiner Weise erwachsen zu werden, musste geheiratet werden. Jede Person, mit der wir sprachen, beschrieb die Auswirkungen von Praktiken, die wir alle gekannt, akzeptiert und gepriesen hatten: von Verlobungen, die stattfanden, nachdem junge Menschen nur eine halbe Stunde miteinander verbracht hatten; denen Teenager zustimmten, die in ihrer Hochzeitsnacht Sex haben mussten, aber keine Sexualerziehung erhalten hatten.

Mit meinem Wissen von der Universität untersuchte ich

den Rechtsrahmen für die Zwangsehe. Ich sah, dass es für das, was anderen jungen Menschen auf anderen Lebenswegen angetan wurde, einen Namen und ein gesetzliches Verfahren gab. Es war gesetzlich definiert und als Straftat anerkannt. Doch bei uns bemerkte es niemand.

Eve und ich hatten diesen Umstand mit Anwälten, Gemeinderäten in Gegenden mit großen *Charedi*-Gemeinden, Regierungsstellen und jüdischen Führungspersönlichkeiten besprochen. Unsere Recherchen wurden von Organisationen, die sich mit Zwangsehen in anderen Gemeinschaften befassten, und von Menschen, die an der Ausarbeitung der ursprünglichen Gesetzgebung beteiligt waren, bestätigt. Das, was wir hörten und beschrieben, unterschied sich nicht von dem, wogegen auch sie sich eingesetzt hatten. Das legitimierte das, was ich zusammengetragen hatte. Ich konnte nicht nur selbstbewusst meine Ergebnisse präsentieren, sondern wusste auch, dass sie über die Gemeinschaft, der ich angehörte, hinaus dringend benötigt wurden.

Trotzdem wuchs bei den Menschen in der Gemeinde die Skepsis, dass wir etwas würden ändern können, und die Angst, wie wir als Gemeinschaft wahrgenommen werden würden, wenn das alles herauskäme. Und es gab Pessimismus und geringe Erwartungen auf Seiten des eher etablierten, liberalen Judentums, wo man dazu neigte, das, was ich vorbrachte, als das anzusehen, was »religiöse Menschen eben so tun«.

Als wir im Februar 2021 zur Veröffentlichung bereit waren, war ich zuversichtlich, dass das, was wir herausgefunden hatten, bahnbrechend war – nicht nur für Großbritannien, sondern für ähnliche orthodoxe Gemeinschaften weltweit. Ich wusste, dass es ein Leichtes sein würde, unser Anliegen Journalistinnen und Journalisten zur Veröffentlichung anzubieten. Und so war es. Wir machten international Schlagzeilen.

The Times veröffentlichte ein Porträt über mich, in dem ich meine eigene Geschichte genauer erzählen konnte als bisher, und ich wurde für *Woman's Hour* von Radio 4 und vom *Telegraph* interviewt. In jiddisch-sprachigen Chats und in jüdischen Foren konnte man überall über uns lesen. Und alle hatten dazu eine Meinung. Manche fanden meine Aktivitäten abscheulich und nannten mich eine Antisemitin, eine Jüdin, die es sich herausnahm, die Fehler unserer Gemeinschaft öffentlich zu machen; andere wieder mochten vielleicht manche meiner Formulierungen nicht, hatten aber grundsätzlich nichts gegen den Inhalt einzuwenden. Einem Reporter des *Telegraph* sagte ich: »Wir haben nicht die Zeit, den Antisemitismus auszumerzen, bevor wir uns mit den Schäden befassen, die innerhalb unserer Gemeinschaft angerichtet werden. Fanatiker sind für ihren eigenen Fanatismus verantwortlich. Wir haben Arbeit zu verrichten und keine Zeit zu verschwenden.« Das hat meinen Status als Aktivistin gestärkt und meinem Selbstvertrauen einen enormen Schub verliehen. Es fühlte sich an wie eine Demonstration von Stärke und einer Fähigkeit, die schon immer in mir gesteckt hatte; vor allem aber sah ich die Auswirkungen meiner Arbeit in Echtzeit. In Scharen schickten mir die Menschen Nachrichten und schrieben in Foren, um mir zu danken oder ihre eigenen Geschichten zu erzählen. Sie teilten mir mit, dass meine Arbeit sie ermutigt habe, den Kreislauf der Zwangsehe in ihren eigenen Familien zu durchbrechen. Ich erhielt einen Brief von der Staatssekretärin für Sicherheit, die mir dankte, und sogar der Premierminister beantwortete Fragen von Journalistinnen und Journalisten, die durch die Veröffentlichung unseres Papiers aufgeworfen worden waren.

Ich spürte, dass die Veröffentlichung für meine Familie ein weiterer »Yehudis Gittel, was hast du nur getan?«-Moment war. Ich hatte meinem Vater einige Wochen zuvor den Entwurf geschickt und ihm mitgeteilt, dass der Text bald öffentlich zugänglich sein würde. Er hatte mir geantwortet, er sei verärgert darüber, dass ich die halachischen (vom jüdischen Gesetz vorgeschriebenen) Praktiken kritisiert habe. Er war mit den Details nicht einverstanden, aber immerhin hatte er mir seine Meinung gesagt; einen Augenblick lang fühlte ich mich, als würde ich in seinen Augen »hochleben«. Das gab mir ein gutes Gefühl. Ich glaube aber nicht, dass er die Auswirkungen, die das alles haben würde, vorausgesehen hatte. Selbst ich habe sie nicht vorausgesehen.

Nachdem meine Arbeit bekannt geworden war, ging meine Familie mit meinem Engagement genauso um wie mit meiner nunmehr offensichtlichen lesbischen Beziehung: »Nicht fragen, nichts sagen.« Ich hoffte, dass ihre Reaktion auch Raum dafür lassen würde, ein wenig beeindruckt zu sein von mir – beeindruckt von der Tatsache, dass die Welt ihrer Tochter und Schwester zuhörte. Das lenkte jedoch nicht von der Tatsache ab, dass sie mit dem, was ich zu sagen hatte, grundsätzlich nicht einverstanden waren. Die Aufmerksamkeit, die mein Bekanntheitsgrad unserem Familiennamen sowohl in der unmittelbaren Gemeinde als auch im weiteren Umkreis verschaffte, begrüßten sie nicht im Geringsten. Trotzdem konnte ich manchmal meine Mutter und meinen Vater auf einer Bildschirmkachel im Publikum von Webinaren entdecken, in denen ich sprach – als stille Beobachtende oder vielleicht auch, um mich im Auge zu behalten.

Sowohl bei öffentlichen Vorträgen als auch im Gespräch mit meinem Umfeld wurde nicht selten angedeutet oder sogar von einigen nahegelegt, dass ich meine Gemeinde verlassen sollte – oder man ging davon aus, dass ich sie schon verlassen hätte. Viele fragten sich, wie ich angesichts der Veränderungen, die ich in meinem eigenen Leben vorgenommen hatte, und der Veränderungen, die ich allgemein forderte, noch bleiben konnte. Die Möglichkeit, mein Judentum hinter mir zu lassen, war immer vorhanden gewesen, und in gewisser Weise wäre es die nächstliegende Option. Es war alles, was ich je gesehen hatte, und es war das, was der Welt gezeigt wurde, insbesondere durch Darstellungen wie Deborah Feldmans Memoiren *Unorthodox*, ausgestrahlt als Netflixserie. Es war alles, was diejenigen, die voreilige Schlüsse zogen, kannten, ob sie nun zu meiner Gemeinde gehörten oder nicht: Man gehörte entweder dazu oder nicht; man sah aus und verhielt sich entweder so, wie es von einer erwachsenen charedischen Person erwartet wurde, oder nicht. Es gab keine Grauzone. Aber die Worte einer meiner Lehrerinnen waren mir im Gedächtnis geblieben: »Ich drohe nicht mit dem Austritt«, hatte sie uns beigebracht. »Ich drohe zu bleiben.« Perfekt.

Diesen Kampf zu führen und sich und seine Welt von innen heraus zu verändern, war für alle schwieriger, auch für mich; aber ich hatte bereits Wurzeln und eine Identität, die auf meinem Glauben beruhte, der mich bereicherte, den ich liebte und den ich praktizierte. Die Entscheidung, als eine Lesbe, die die Regeln infrage stellt, zu bleiben – obwohl zu gehen so viel einfacher gewesen wäre –, war umso bedeutsamer, weil sie auch für andere neue Möglichkeiten eröffnete. Ich wehrte mich gegen alle, die andeuteten, dass ich wegen meiner Entscheidung nicht mehr Teil dieser Gemeinschaft sei. Ohne es zu merken, war meine bloße Existenz zu meinem Widerstand geworden. Als ich das erkannte, wurde ich beharrlicher, was mein Bleiben anging, und ich fühlte mich wohler mit dem Gedanken, dass es keine Sünde sei, als Lesbe zu leben, nichts, wofür man sich schämen musste. Ich war ein Vorbild für alle, die sich fragten, ob es möglich sei, in meiner oder in der nächsten Generation auf diese Art ein *Charedi* zu sein. Als Lesbe in der Gemeinde zu bleiben, wurde für mich zu einer heiligen Sache.

Siebzehn

Die Bar-Mizwa

בְּהִתְעַטֵּף עָלַי רוּחִי וְאַתָּה יָדַעְתָּ נְתִיבָתִי בְּאֹרַח־זוּ אֲהַלֵּךְ טָמְנוּ פַח לִי׃

Wenn auch in mir mein Lebensgeist schwindet:
Meinen Pfad, du kennst ihn. Auf dem Weg,
den ich gehe, stellten sie mir eine Falle.
PSALM 142,4

Mit Hannas Umzug nach Manchester wurde es ernst, und wir begannen, im Internet und in den Schaufenstern von Immobilienmaklern nach Häusern zu suchen, die wir uns leisten konnten. Wenn wir zusammenzogen, dann gab es mit meiner Familie kein Versteckspiel mehr, das wusste ich, und das war für mich in Ordnung. Es war an der Zeit.

Aber es gab noch eine Sache, die ich genießen wollte, bevor ich mit ihnen sprach. Im Mai sollte Noams Bar-Mizwa stattfinden. Die Vorbereitungen waren anstrengend und kompliziert. Zvi und ich bemühten uns immer noch, die Kinder gemeinsam zu erziehen. Wir mussten diese Feier gemeinsam hinkriegen. Bei einer Bar-Mizwa wird ein Junge im Alter von dreizehn Jahren nach jüdischem Recht zum Mann und rezitiert zum ersten Mal in der Synagoge, wobei er diesen Anlass mit den Menschen begeht, die ihn lieben. Normalerweise nehmen an Bar-Mizwas Hunderte Menschen teil, aber für uns sollte es eine kleinere Angelegenheit werden; wir wollten ein paar Dutzend Freunde und Freundinnen, Angehörige und

Gemeindemitglieder für ein feierliches Wochenende einladen. Es sollte für Noam ein perfektes Ereignis werden.

Ich musste mit Hanna entscheiden, ob sie dabei sein sollte, um mit meiner Familie Noam zu feiern. Wir einigten uns darauf, dass sie fernbleiben sollte. Ich hatte so lange abgewartet – wenn sie und die anderen jetzt zum ersten Mal gemeinsam in einen Raum versammelt wären, hätte das von Noam abgelenkt. Wir trafen die richtige Entscheidung, aber traurig waren wir trotzdem.

Für den G'ttesdienst am Donnerstagmorgen in der *Schul*, bei dem man Noam aufrufen würde, aus der Tora zu rezitieren, würde es kleine festliche Frühstücksboxen geben, die die Gäste genießen konnten, nachdem sie ihm »*Masel tov*« gewünscht hatten. Am *Schabbes*-Morgen, wenn er vor einer etwas größeren Gemeinde lesen würde, gäbe es dann einen *Kiddusch* – Knabbereien, Kuchen und Wein, um auf den Bar-Mizwa-Jungen anzustoßen – und auch etwas Persönliches: ein »N« für »Noam« und das Datum als Dekoration auf Servietten und dergleichen.

»Ich kümmere mich um alles, was du für den *Kiddusch* brauchst«, bot Schmuel an, der Bruder, der am nächsten von mir wohnte. Ich fand das nett von ihm.

Für seine Hilfe und die finanzielle Unterstützung war ich dankbar. Ich hatte nur sehr wenig Geld, lebte von einem Studierendendarlehen und hatte ständig mit Anwaltskosten zu kämpfen. Mein Vater hatte zwar versprochen, Noams Bar-Mizwa-Unterricht zu übernehmen, tat es dann aber nicht, sodass ich im vergangenen Jahr bereits mehr für den Unterricht ausgegeben hatte, als ich mir leisten konnte.

Ich dachte, wir könnten auf das übliche Freitagsabendessen verzichten, aber Schmuel bestand darauf, einen Teil der Familie dazu einzuladen. Ein Abendessen zu Ehren des Bar-Mizwa-Jungen in einem Veranstaltungsraum oder, für diejenigen, die es sich leisten konnten, in einem Festzelt, war durchaus üblich, aber teuer. In Schmuels Augen sollte das Essen zu einer Bar-Mizwa unbedingt dazugehören, als Teil des Übergangsritus, weshalb er sich bereit erklärte, es für uns bei sich zu Hause um die Ecke auszurichten.

»Wir haben genug Platz«, sagte er. Seine fromme Frau Rachel, groß und breit, mit einer blonden, üppigen Perücke, erklärte sich bereit, mit mir gemeinsam zu kochen. Wieder war ich dankbar. Ich hatte so lange allein für eine Familie gesorgt, dass es eine Erleichterung war, die Last in einer so entscheidenden Zeit mit anderen zu teilen.

Eigentlich hätten meine Eltern dabei sein sollen, aber am Ende kamen sie nicht aus Israel herüber; die Reisevorbereitungen wären für sie zu kompliziert, sagten sie. Meine Schwestern waren am Donnerstagmorgen angereist, bevor sie nach London zurückkehrten, und ich hatte die Woche damit verbracht, Lebensmittel einzukaufen und zu kochen. Als ich am Freitagmorgen bei Schmuel ankam, um mit Rachel alles zusammenzustellen, war ich überrascht, als sie mir die Quittungen sowohl für das von ihr gekaufte Essen als auch für das Catering für den *Kiddusch* überreichte, um das sich Schmuel kümmern wollte. Hatte ich sein Angebot missverstanden? Vielleicht hatte er nur vorgehabt, bei der Organisation der Feier zu helfen und nicht bei der Finanzierung? Ich steckte die Rechnungen in meine Tasche und nahm mir vor, erst nach dem Wochenende wieder daran zu denken.

Am Freitagabend versammelten sich meine drei Brüder, ihre Familien und meine bei Schmuel. Meine Schwestern blieben nicht; mit fast zwei Dutzend Kindern, sagten sie, sei es für ihre großen Familien zu schwierig, teilzunehmen. Ich biss mir auf die Zunge, obwohl ich genau wusste, dass sie es für jeden anderen Anlass problemlos geschafft hätten.

Die Mutter eines Bar-Mizwa-Jungen zu sein, ist eine

krasse Sache, das kann ich sagen. An diesem Abend hätte ich die Königin sein sollen, aber ich fühlte mich wie eine Angestellte, die angeheuert worden war, um ihre eigene *Simcha,* wie wir einen glücklichen Anlass nannten, zu organisieren und dabei die Bewirtung zu übernehmen. Ich verbrachte den ganzen Abend damit, herumzuwuseln und eine Party zu schmeißen, zu der ich mich hatte überreden lassen und von der ich nicht wusste, wie ich sie bezahlen sollte. Im Laufe des Essens strömten immer mehr Freunde meiner Brüder herein, um Schmuel – nicht Noam oder mir – *»Masel tov«* zu wünschen.

Am *Schabbes*-Morgen gingen wir in die Synagoge, um Noam erneut beim Rezitieren zuzusehen. Es war der wichtigste Augenblick des Bar-Mizwa-Wochenendes. Noam hatte immer noch die Statur eines Jungen. Er trug einen marineblauen Anzug mit Karomuster und neue, glänzende, schwarze Budapester. Sogar Roni steckte in einem kleinen Anzug, und Talia trug ein geblümtes Kleid mit einer Lederjacke. Wir gingen hinein. Die *Schul* wirkte riesig.

Ich schaute mich um und fragte mich, ob wir zu früh gekommen waren. Es waren viel mehr Plätze frei, als ich erwartet hatte. Meine Brüder saßen unten, aber alle anderen Verwandten, die ich eingeladen hatte – Cousins und Cousinen, Schwägerinnen, Nichten und Neffen – waren der Veranstaltung ohne Entschuldigung oder Erklärung ferngeblieben. Ich nahm auf der Frauengalerie Platz und schaute nach unten, um meinem Sohn zuzusehen, der in seinem neuen Anzug wie ein kleiner Mann aussah und über die Schriftrolle spähte, die vor ihm auf einem Podium in der Mitte der *Schul* ausgelegt war. Ich hatte Hannas Anwesenheit für meine Familie geopfert, und diese hatte mich im Stich gelassen, Noam im Stich gelassen. Ich schaute nach links und rechts von mir und stellte fest, dass es meine Freundinnen waren, nicht meine

Familie, die gekommen waren, um meinen Stolz zu teilen. Ich war sowohl am Boden zerstört als auch entschlossen: entschlossen, mein Leben fortzuführen, offen und stolz, sobald die Bar-Mizwa vorüber war.

Zwei Wochen später heiratete meine Nichte, die Tochter von Dov Ber. Ich nahm an einer ihrer *Schewa Brachot* teil, den abendlichen Feiern, die in der Woche nach einer Hochzeit stattfinden. Schmuel war wieder Gastgeber in seinem Haus, und ich stellte mir vor, dass er für unsere Nichte etwas Ähnliches auf die Beine stellen würde wie für Noams Bar-Mizwa-Dinner. Als ich ankam, war das ganze Haus voller Menschen. Meine Eltern waren angereist, Schmuel und Rachel hatten Möbelbezüge gemietet, auf den Tischen stand Blumenschmuck, und jeder Tisch war mit teuren Weinen und handgemachten Schokoladenminiaturen für die Gäste gedeckt. Der Kontrast zwischen der Art und Weise, wie meine Nichte gefeiert wurde, und der, wie man mein Kind gefeiert hatte, war schmerzhaft offensichtlich.

Ich war bereits ausreichend vergrämt, als in den folgenden Tagen noch zwei Dinge passierten, die mir ein schleichendes Gefühl der Unsicherheit vermittelten. Das Erste war ein Gespräch zwischen meiner Mutter und mir. Ich versuchte es mit Small Talk, indem ich das goldene Armband kommentierte, das sie trug, eines von vier Familienerbstücken, die sie von meiner Großmutter geerbt hatte und die eigentlich für jede meiner drei Schwestern und mich bestimmt waren. Ich bewunderte es auf der blassen Haut meiner Mutter und sagte ihr beiläufig, dass es mein Lieblingsstück wäre. Ohne mich anzusehen, öffnete sie den Verschluss, befestigte das Armband an meinem Handgelenk und sagte fordernd: »Nimm es jetzt.« Ihre Augen zeigten Güte, und doch fühlte sich die Geste unheilvoll an. Wusste sie, dass sich etwas ändern würde? Wusste ich es?

Danach folgte ein Gespräch mit der frommen Rachel, die mir im Laufe der Hochzeitsfeier ein paarmal gesagt hatte, dass sie mit mir sprechen müsse, wenn alles vorbei sei. Wenige Tage später schickte sie mir eine SMS mit einer detaillierten Preisliste der Limonaden, die bei Noams Abendessen aus ihrer Speisekammer entnommen worden waren, und der Lebensmittel – Avocados, um genau zu sein –, die sie am selben Morgen für das Last-Minute-Catering gekauft hatte. Dies kam zu den Rechnungen dazu, die sie mir bereits ausgehändigt hatte. Rachel bat mich, vorbeizukommen, um alles zu klären, und so besuchte ich sie am Dienstagmorgen.

Kaum hatte ich die Küche betreten, schrie sie mich an: »Du machst mich so wütend, dass ich deine Gegenwart kaum ertragen kann!«

Ich hatte das Gefühl, dass es um mehr als nur um Limonade ging.

»Wenn ich dich so wütend mache, warum hast du dann angeboten, die Bar-Mizwa auszurichten?«, fragte ich.

»Es war sehr schwierig für mich«, antwortete Rachel. »Aber es war das Richtige.«

Eine Stunde lang redete sie auf mich ein. Sie sagte, sie müsse mir sagen, wie sie sich fühlte, dass sie es nicht ertragen könne, wie ich herumlief und über meine Erfahrungen redete, und was sie deshalb von mir hielt. Ich ließ sie reden, bis ich es nicht mehr aushielt.

»Warte mal«, sagte ich. Aber Rachel konnte nicht warten. Sie habe keine Kontrolle darüber, wie sie mit mir spreche, sagte sie, und ich könne es entweder ertragen oder eben nicht.

Ich entschied mich dagegen, dankte und stand auf, um zu gehen. Doch davor zog ich noch einen Stapel Zehn- und Zwanzig-Pfund-Scheine heraus, die ich abgehoben hatte, um meine Schulden bei ihnen zu begleichen – Geld, das ich ihnen schuldete, aber eigentlich nicht hatte. Ich warf es ihr vor die Füße, ging aus ihrem Haus und stieg in meinen kleinen grauen Yaris, der draußen auf der Straße geparkt war.

Durch die Windschutzscheibe schaute ich zum Himmel hinauf. Es war Juni, und aus den Sommerwolken über Manchester fiel Nieselregen. Die Spannungen in unserer Familie hatten schon viel zu lange geschwelt, eine Hierarchie der Zuneigung ließ mich, Noam, Talia und Roni auf der untersten Sprosse zurück. Mahlzeiten und Begegnungen waren durch unangenehm belanglose Gespräche getrübt, bei denen nichts gesagt wurde, oder jedenfalls nicht, solange ich im Raum war. So konnte es nicht weitergehen. Ich ließ den Motor an und fuhr zu Schmuels Büro. Ich wusste, was ich als Nächstes tun musste.

Achtzehn

Zurückweisung

כִּֽי־אָבִ֣י וְאִמִּ֣י עֲזָב֑וּנִי וַֽיהוָ֥ה יַאַסְפֵֽנִי׃

Wenn mich auch Vater und Mutter verlassen,
der HERR nimmt mich auf.
PSALM 27,10

Zu Schmuels Büro im Gebäude seines Unternehmens gab es keine Tür. Vielleicht stammte die Idee aus einem Management-Handbuch, oder er hatte einfach nie Zeit gefunden, eine einzubauen. Er hatte kürzlich die Wohnung über einer ehemaligen Bank gekauft, aber weder die Zeit noch das Geld für den Umbau aufgebracht, und nutzte sie nun, um sein kleines Immobilienimperium unterzubringen.

Ich wollte keine Kraftprobe, aber ich hatte Fragen zum Schweigen meiner Familie, ihrer Unbeholfenheit mir gegenüber, zu denen ich mir von meinem großen Bruder Antworten erwartete. Sein türloses Büro war zu Fuß erreichbar, aber um mich vor dem Regenguss zu schützen, nahm ich das Auto und rief von unterwegs an. Schmuel kümmerte sich um die geschäftlichen Angelegenheiten meines Vaters, und ich wusste, dass er regelmäßig mit ihm sprach, was ihn zum besten »Kenner« der Gedanken meiner Eltern und zu einer Art Boten machte. Mit Schmuel zu sprechen war einfacher als mit meinem Vater, und sprechen musste ich.

Ich ging in sein Büro hinauf. Sein Schreibtisch stand im

Erkerfenster, dahinter war ein Drehstuhl, sodass er mit dem Rücken zur belebten Straße arbeitete.

Ich war nervös. Schmuel ist von Natur aus ein zärtlicher Mann, aber er kann sich auch wie ein Tyrann aufführen. Wir sind viereinhalb Jahre auseinander, und er trägt sein eigenes Trauma und seine Unsicherheit aus unserer gemeinsamen Kindheit mit sich herum. Wenn er herausgefordert wird, wird er augenblicklich unangenehm defensiv. Diese Abwehrhaltung verschlimmerte sich nur noch dadurch, dass er bereits über meine Stärken und meinen Einfallsreichtum in solchen Situationen Bescheid wusste. Tatsächlich hatte es Zeiten in unserer Jugend gegeben, in denen er sich darauf verlassen hatte. Jetzt fragte ich mich, ob mein Bruder vielleicht Angst vor meiner Widerstandsfähigkeit hatte.

Ich wollte ihn fragen, ob sich noch irgendjemand in der Familie für mich interessierte, denn ich hatte in letzter Zeit das Gefühl, dass dem nicht so war. Nach der Bar-Mizwa hatte ich mich gefragt, wo ich im Familiengefüge stand. Erst am Tag davor hatte ich eine Gerichtsverhandlung mit Zvi gehabt, und keiner von ihnen hatte mich angerufen, um zu fragen, wie es gelaufen war. Mein Kopf sagte mir, dass man mich ausschloss, doch mein Herz war noch nicht bereit, dieses Urteil anzunehmen. Auf der Fahrt hatte ich mich über Rachels Tirade immer mehr aufgeregt, je länger die Fahrt dauerte. Als ich ankam, war meine Grundstimmung konfrontativ. Schmuel dachte wohl, ich wolle eine Kraftprobe, ich wolle Antworten. Doch seiner Meinung nach verdiente ich eine Standpauke, keine Antwort. Es war nur eine Frage der Zeit, bis wir unsere Stimmen erhoben.

Wir wussten beide, wie viele Menschen uns streiten hören konnten, und dieser öffentliche Schlagabtausch machte mich noch einsamer, als ich es ohnehin schon war. Mir schien es, als habe er eine Armee von Verbündeten um sich herum, aber vielleicht fühlte auch er sich allein – ein König ohne Gleichgestellte, der Geschäftsführer seines selbst gemachten Erfolgs.

Er gab sich große Mühe, mir zu sagen, dass er mit dem Segen meines Vaters handelte und alle meine sechs Geschwister vertrat, sogar Miriam. Dann beugte er sich vor und sah mir direkt in die Augen.

»Ich muss es dir sagen. Du bist ein Schwein«, sagte er.

Ich lachte ihm ins Gesicht – bitter, knapp, scharf. Das Lachen einer Draufgängerin. Für Juden sind Schweine natürlich die g'ttslästerlichsten aller Tiere. Ihr Fleisch ist verboten, weil ein Schwein rücklings im Schlamm liegt und mit seinen kleinen gespaltenen Hufen in der Luft strampelt. Auf diese Weise *gibt es vor*, koscher zu sein: Es lenkt die Aufmerksamkeit auf seine gespaltenen Hufe, wie die von anderen Paarhufern, welche aber zugleich Wiederkäuer sind, weshalb deren Verzehr von der Tora gebilligt wird. Ein Schwein ist ein hinterlistiger Betrüger, es verhöhnt das Gesetz, und deshalb verbietet es uns, Speck, Schinken oder Schweinefleisch zu essen. Zumindest wird uns das so gesagt.

Mein Bruder schrie jetzt lauter. »Du sagst, was du willst, und tust, was du willst. Du bist eine Schande. Du bist verrückt, du bist durchgeknallt.«

Ich stachelte ihn an. »Was tue ich denn, was so verrückt ist?«, fragte ich.

Ich begann zu ahnen, worauf es hinauslief, was aber unausgesprochen blieb. Wenn ich ihm schon Rede und Antwort stehen musste, dann sollte er sich auch unwohl fühlen. So lange hatte ich gewartet – nun würde ich den Ablauf bestimmen. Er würde sich seiner Anschuldigung stellen, nicht ich.

»Sag es«, forderte ich. »Sag es«, wiederholte ich.

Er stockte. Er legte den Kopf schief, sein zurückweichender kastanienbrauner Haaransatz und der kurz geschnittene Bart neigten sich nun nach rechts. »Diese Sache. Dass du beschlossen hast, lesbisch zu sein.«

Er stolperte über das Wort – »lesbisch« –, aber er sprach es aus. Ich entspannte mich. So schwer es mir auch fiel, es war ein Sieg, ihn eine Realität anerkennen zu hören, von der ich wusste, dass sie in unserer Familie schon viel zu lange verborgen war. In mir verborgen. Ich rief mir ins Gedächtnis, wie schon so oft, dass Lesben im jüdischen Recht als »lediglich zügellos« beurteilt wurden. Wenn es etwas gab, worin mein Bruder gut war, dann darin, seine Moralvorstellungen auf das jüdische Recht zu schieben.

»Ich habe nie beschlossen, lesbisch zu sein, Schmuel«, sagte ich. Denn wer könnte oder würde sich eine solche Ablehnung für sich selbst aussuchen?

Wir beide schlugen meine vermeintlichen Verfehlungen und seine latente Bigotterie hin und her wie einen Tischtennisball. »Früher hast du mir leidgetan«, sagte er. »Ich dachte, du wärst so, weil du als Kind missbraucht wurdest.«

Der Missbrauch. Er warf ihn einfach so in den Raum, rücksichtslos. Er hielt sich wohl für galant, wenn er die Grausamkeit, die mir widerfahren war, als Entschuldigung für meine Sünden anführte. Die vertraute Taubheit, die mich immer noch jedes Mal überkommt, wenn ich daran denke, fiel wie ein Feuervorhang herab, der sich abrupt über mein Gesicht senkte und mich zugleich erstickte und blendete.

Ich war wie erstarrt, aber er machte weiter. »Aber jetzt sagen mir die Leute, dass das deiner Meinung nach nichts damit zu tun hat«, fuhr er fort. Ein neugierigerer Bruder hätte es als Frage formuliert, aber nein, es war eine Feststellung.

»Weißt du, wie schwer das für mich ist?«, fragte er herausfordernd. »Die Leute sehen euch beide Händchen haltend im Park spazieren gehen, und ich muss mir etwas einfallen lassen, was ich ihnen sagen kann. Diese Leute geben ihr Geld nicht dafür aus, um in dieser Gegend zu wohnen, nur um so etwas erleben zu müssen.«

Also wusste er es. Natürlich wusste er es. Wie lange schon wusste er es? Was ging es die Leute an, die uns sahen?, fragte ich mich.

»Ach, lass dir ein Paar Eier wachsen«, spie ich ihm entgegen. »Warum musst du ihnen antworten?«

Er hatte tatsächlich Angst vor meiner Stimme, meiner Freiheit. Meiner Kraft.

Seine Beleidigungen gingen weiter, wirbelten durch die Luft, sprangen und überstürzten sich so schnell, dass er über seine eigenen Worte stolperte. »Du bist nicht mehr unsere Schwester«, sagte er und hielt dann inne. Er versuchte, einen Rückzieher zu machen. »Ich werde nett zu dir als Mensch sein«, bot er an, »aber nicht als Schwester.«

In diesem Moment verlor ich den Respekt vor ihm. Oder vielleicht war es nur so, dass er mich nicht mehr einschüchterte. Seine Gestalt vor mir veränderte sich von meinem vertrauten großen Bruder, der in meinen Augen alles konnte, zu einem kleinen, schwachen Männlein. Ich fragte mich nun, ob er jemals Respekt vor mir gehabt hatte. Er hatte wohl Mitleid mit mir gehabt, mit dieser Schwester, die keine Ehe aufrechterhalten konnte und nicht in das Bild einer Frau passte, wie er es kannte.

»Ist das deine Art, nett zu anderen Menschen zu sein?« Wieder schrie ich.

»G'tt will, dass ich so mit dir spreche«, sagte er, lehnte sich in seinem Stuhl zurück und ließ seine Worte nun langsamer aus seinem Mund fallen.

Ich wünschte, ich wüsste mit solcher genauen Zuversicht, was G'tt in jedem beliebigen Augenblick von mir wollte.

»Du bist kein *Charedi*«, schleuderte er mir entgegen und fügte mir jetzt tatsächlich Schmerz zu.

Ich lachte durch den Rotz, den Schock und die Tränen, die mir nun übers Gesicht strömten. Wer ist überhaupt ein *Charedi*? *Charedi* bedeutet »der, der zittert« (vor G'tt). Das Wort soll diejenigen bezeichnen, die mit dem konservativsten Ende des orthodoxen Judentums verbündet sind. Aber es ist ein künstlicher Begriff, der populär gemacht wurde, um den Menschen unsere Identität vor Augen zu führen und unseren Anführern zu ermöglichen, sich politisch und finanziell zu organisieren. *Charedi* ist niemand in unserer Gemeinde, und es sind alle in unserer Gemeinde. Wer war mein Bruder, um das zu entscheiden? Ich brauchte von niemandem die Erlaubnis, um mich mit der Gemeinde zu identifizieren, die mich geboren, erzogen, verheiratet und verletzt hat. Ich musste nicht mit jedem ihrer Werte einverstanden sein, um das Wort als Kürzel für mein Geburtsrecht und mein Erbe zu verwenden. Ich kann mich nicht vom Geschmack meiner Seele loslösen, von dem, was mir angeboren ist, egal wie viele Regeln ich breche.

Ich konnte nicht atmen. Ich konnte nicht sehen. Ich konnte nicht denken. Irgendwie schaffte ich es, die Treppe hinunterzugehen und aus dem Gebäude zu meinem Auto zu stolpern. Es hatte geregnet, und der Boden war glitschig von nassen rosa Blüten, die sich braun färbten. Ich schloss den Yaris auf, öffnete die Tür und setzte mich ans Steuer, aber ich wusste, dass ich nicht fahren konnte. Ich stieg wieder aus und ging blind den Bürgersteig entlang, bis ich mich im Park am Ende der Straße wiederfand, wo ich oft mit meinen Kindern spielte. Meine Füße fanden ihren Weg zu einem dicht bewaldeten Abschnitt, in dem der feuchte, holzige Duft von Kiefern in der Luft lag. Sie fanden den Ort, an dem ich weinen konnte.

Ich lief im Kreis durch Schlamm und Blätter. Ich war gedemütigt und hatte Angst. Das kleine Mädchen in mir dachte, wenn ich jetzt meinen Vater anrufe, wird er das regeln.

Das hatte er in der Vergangenheit nie getan, aber es hielt mich nicht davon ab, immer noch darauf zu hoffen. Es hat mich nie davon abgehalten zu hoffen.

Ich suchte seine Nummer in meinem Handy und drückte auf die grüne Anruftaste. Er meldete sich aus einem Taxi auf dem Weg zum Flughafen, er war auf dem Rückweg nach Israel. Plötzlich erinnerte ich mich an das Gespräch mit meiner Mutter über ihr Armband und an die Forschheit, mit der sie es mir überreichte. Mir wurde klar, sie wusste, dass ich in ihren Augen bald nicht mehr würdig sein würde, mein Erbe anzutreten.

Jetzt, als ich mit meinem Vater telefonierte, konnte ich im Hintergrund meine Mutter hören, die dem Taxifahrer den Weg zum Flughafen erklärte. Mein Vater sprach zunächst stockend und unsicher, denn wer möchte schon mit seiner Tochter über deren Sexualität sprechen, von der wir beide inzwischen wussten, dass sie der Grund für meinen Anruf und für das distanzierte Verhalten meiner Familie war. Dennoch fühlte er sich bald wohl dabei, mich zurechtzuweisen. Er sprach mit der Stimme, mit der er auch mit meiner Tante sprach, deren Leben er ebenfalls nicht guthieß, und schlüpfte in seine vertraute Rolle als Patriarch und Herrscher. Er bediente sich der Religion und der heiligen Schriften und schlug mich damit wie mit einem Stock. Mit Religion und den heiligen Schriften kannte auch ich mich aus, aber seine Stimme war lauter als meine. Er war nur am Telefon; nichts und niemand zwang mich, ihm weiter zuzuhören, aber ich tat es trotzdem. Immer noch hoffte ich darauf, dass er mir helfen würde, obwohl er derjenige war, der entschieden hatte, dass meine Sexualität von Anfang an ein Problem war. Irgendwo in mir drinnen hoffte die kleine Yehudis mit ihren roten Lederschuhen, dass er mich retten würde. Ich wusste, was er dachte, aber ich brauchte in diesem Moment dringend seine

Güte, dass er mich als seine Tochter annahm. Ich weinte in den Wind.

Er fragte mich direkt: »Brichst du den Kodex des jüdischen Gesetzes?« Und dann: »Hast du eine körperliche Beziehung zu einer Frau?«

Seine Worte machten mich sprachlos. Ich hatte nicht erwartet, dass er so deutlich werden würde. Ich dachte, er würde Euphemismen verwenden wie »verbotene Beziehung«, »unnatürlich« oder irgendeinen anderen veralteten Ausdruck. Das hatte er getan, als ich ihm zu erklären versuchte, wie schwer das Eheleben für mich war, dass ich keinen Sex mit Zvi ertragen konnte, wie sehr es schmerzte, körperlich und emotional. Er hatte Worte benutzt, die für ihn selbst akzeptabel waren, um das Unbehagen zu umschiffen. Es war schockierend, ihn jetzt, nach all dieser Zeit, eine so tiefgreifende persönliche Frage stellen zu hören.

Ich versuchte, auszuweichen. »Hast du Schmuel jemals gefragt, ob er gegen die Reinheitsgebote verstoßen hat, wenn er seine Frau umarmt hat, während sie ihre Periode hatte?«, fragte ich aus keinem besonderen Interesse heraus, nur, um ein Argument vorzubringen.

Er ignorierte mich und wiederholte seine Frage. »Hast du eine körperliche Beziehung zu einer Frau?«

Ich war ratlos. Ich wollte meine Beziehung zu Hanna nicht leugnen oder entehren, aber ich wollte mich auch nicht auf seine Übertretung einlassen und sie mit einer Antwort würdigen. Es war das erste Mal, dass er ihre Existenz anerkannte.

Ich fühlte mich klein. Mir wurde schlecht. Ich gab nach. »Ja«, sagte ich.

Er verstummte für den Bruchteil einer Sekunde, nur einen Herzschlag lang, nicht länger, und sagte dann: »Was hast du erwartet, dass ich sage? Du kennst das Gesetz. Vielleicht hast du etwas anderes von mir erhofft, aber du musst gewusst haben, dass das nur eine Hoffnung ist.« Er wusste, dass er grausam war.

»Bereue«, wies er mich an wie der Prophet Jeremia. Ich schwieg. »Dein *Schabbes* ist es nicht wert, eingehalten zu werden.«

Das war eine große Beleidigung für mich. Ich liebte den *Schabbes* – er wusste das: das Ausatmen, die Ruhe, die sich in meinem Haus ausbreitete, wenn sich der Himmel an einem Freitagabend verdunkelte, bis am nächsten Abend drei Sterne erschienen. Ich liebte das neue Leben, das der *Schabbes* mir einhauchte, wenn der Tag der Ruhe verblasst war und eine neue Woche begann. Mein *Schabbes* war Teil dessen, was mich in dieser Gemeinde festhielt, weshalb ich mich weigerte, sie zu verlassen.

Mein *Schabbes* gehörte nicht ihm.

Er drohte mir. Er sagte, er würde öffentlich verkünden, dass er mit meiner Entscheidung nicht einverstanden sei. Wir hatten vierzig Minuten telefoniert, meine Mutter unterbrach bei Bedarf mit Richtungsangaben, war aber nie Teil des Gesprächs. Er kam am Flughafen an, und einer von uns legte auf. Ich weiß nicht mehr, wer. Niemand verabschiedete sich. Ich war immer noch im Park und lief im Schlamm im Kreis.

Mein Vater hatte, wie Schmuel, G'tt für sich beansprucht. Beide dachten, dass sie G'tt auf ihrer Seite hatten. Aber war G'tt nicht groß genug für uns alle? Ich war mir sicher, dass Er es war. Mir wurde klar, dass mein Vater sich meiner schämte. Dieser Mann G'ttes war zu eitel, machte sich zu viele Sorgen, was die Nachbarinnen und Nachbarn denken würden, als dass er seine eigene Tochter so liebte, wie sie war. Was sonst könnte ihn dazu bringen, sich so lächerlich zu machen, von seiner eigenen Größe so wahnhaft überzeugt zu sein, dass er meinte, einen Anspruch auf G'tt erheben zu können? Es war Scham; eine Scham, die er hinter seinem Glauben versteckte.

In den engen Grenzen unserer Gemeinde ist es eine Schande, keine gehorsamen, heterosexuellen Töchter hervorzubringen. Aber G'tt war groß genug, um meine Unzulänglichkeiten neben denen meines Vaters zu verdecken.

Während ich mit meinen Schuhen Spuren durch die durchnässten Blätter zog, fragte ich mich, wo meine Mutter während dieses Anrufs gewesen war – mental, emotional. Ich bin mir sicher, sie konnte sich nie das Ausmaß vorstellen, in welchem ich mich dafür entscheiden würde, mich nicht anzupassen; dass die in der Kindheit gesäten Samen der Rebellion solche Wurzeln schlagen würden. Meine fragende Stimme war als erwachsene Frau viel zu laut geworden. Meine Mutter hatte sich immer zurückgezogen, sobald etwas schwierig oder kompliziert wurde. Das war es auch, was sie im Taxi tat. Sie tat, als wäre nichts geschehen. Das war es, was sie uns allen beigebracht hatte.

Noch im Park klingelte mein Telefon. Hanna. Sie war in London und hatte seit Stunden nichts mehr von mir gehört. Ich hatte jegliches Zeitgefühl verloren. Ich hatte mich auch in den Kiefern und im Schlamm verlaufen. Unter Tränen murmelte ich etwas davon, dass ich keine Luft mehr bekam und nicht wusste, was ich als Nächstes tun sollte. Sie sagte mir, ich solle zu unserer Freundin Shevy gehen. Shevy lebte in der Nähe und war immer hilfsbereit.

Auf Hannas Anweisung hin rief Shevy mich an und lotste mich am Telefon aus dem Park. Meine Füße fanden den Weg zurück zu meinem Auto, das immer noch vor Schmuels Büro stand, und ich fuhr die kurze Strecke zu ihr nach Hause, wo ich mich bei einer Tasse heißem Tee auf ihr Sofa fallen ließ.

Meine Mentalität des verirrten Mädchens verebbte und wich einem erneuten Bedürfnis nach Antworten – aber auf andere, neue Fragen. Ich musste verstehen, was gerade vor sich gegangen war. Ich schrieb jedem meiner älteren Geschwister eine SMS, um zu sehen, ob Schmuel recht hatte, ob er wirklich in ihrem Namen sprach, als er mir sagte, dass ich nicht mehr ihre Schwester sei. Ich tippte die Worte auf der Tastatur meines Telefons: »Laut Schmuel bin ich nicht mehr Teil dieser Familie und alle Geschwister sind damit einverstanden. Stimmt das?«

Alle antworteten der Reihe nach. Sie sagten mir, dass sie mich liebten – aber alle liebten mich jetzt zu ihren eigenen Bedingungen. Sie liebten mich, aber ich brachte sie in Verlegenheit. Sie liebten mich, aber ich hatte ihre Kinder sündigen Lebensentscheidungen ausgesetzt, und das war eine schreckliche, schreckliche Sache. Sie liebten mich, aber ich hatte mich verändert, und sie wollten, dass ich mich wieder zurückänderte. Das war keine Liebe, wie ich sie verstand. Als die Antworten eintrafen, las Shevy sie mit mir gemeinsam und hielt mich fest, während ich heulte. Ich war so dankbar für ihre Kraft.

Nur Elchanan, der religiöseste von allen und jetzt Lehrer, zeigte in seiner Antwort einen Hauch von Menschlichkeit. Er war der Einzige, dem ich offen von Hanna erzählt hatte. Als ich vor ein paar Wochen von meinem letzten Aufenthalt bei ihm und seiner Frau in London nach Hause kam, hatte ich den beiden eine Mail geschrieben und ihnen anvertraut, dass ich sie zu sehr respektierte, um meine Beziehung zu Hanna länger vor ihnen zu verheimlichen. Hanna sei in ihrem Haus nicht willkommen, hatten sie geantwortet, ich jedoch immer noch. Diese Bedingung hatte mich verärgert, aber ich wusste, dass er Zeit gehabt hatte, darüber nachzudenken – und er wusste, dass ich seine Grenzen bereits kannte. In der SMS bot er mir nicht mehr Akzeptanz an als in der Mail, aber er machte sich auch nicht über mich lustig. Er wies mich nicht ab und sagte mir nicht, ich solle mich ändern, wie es jetzt alle anderen taten. Das war nicht viel, aber zu diesem Zeitpunkt lag die Messlatte für das, was für mich Akzeptanz bedeutete, schon sehr niedrig.

Ich las jede Nachricht, sobald sie eintraf. Es hatte offensichtlich ein Geschwistertreffen stattgefunden – ohne mich –, das all den unangenehmen, distanzierten Gesprächen, der Bar-Mizwa und meinem Gespräch mit Schmuel vorangegangen war. Ich war immer noch ihre Schwester, aber ihre Liebe ging nicht einher mit Respekt, Akzeptanz, Unterstützung, Freude oder Freundlichkeit. Wenn ich jetzt zurückdenke, bin ich mir nicht sicher, ob das jemals der Fall war. All die Dinge, von denen ich heute weiß, dass sie die Grundlage für eine Beziehung sind, die es wert ist, gepflegt und aufrechterhalten zu werden, fehlten in der Beziehung zu meinen Geschwistern. Als mir das klar wurde, hatte ich das Gefühl, meine ganze Familie auf einen Schlag verloren zu haben.

In diesem Moment erfuhr ich über das primitive Medium WhatsApp, dass ihre Liebe an Bedingungen geknüpft war. Was für eine Närrin war ich, und wie klein fühlte ich mich, als ich das begriff. Man kann eine Person nicht mit einem »Wenn« lieben, man kann sie nur mit einem »Und« lieben. Sonst ist es keine Liebe. Jedes Mitglied meiner Familie sagte mir, dass sie mich liebten, *wenn* ich mich anpasste, *wenn* ich gehorchte. Sie liebten mich, wenn ich schwieg, wenn ich alles über mich ergehen ließ, und wenn ich in den Konstrukten, innerhalb derer wir aufgewachsen waren, Heteronormativität an den Tag legte. Konstrukte, die mich auf klägliche, fast irreparable Weise im Stich gelassen hatten.

Ich beschloss für mich, dass in dieser Familie von diesem Tag an meine Abwesenheit genauso wertvoll war wie meine Anwesenheit. Zu sein, wo ich niemals genügen würde, war zu schmerzhaft, und so befreite ich mich selbst. Ich akzeptierte ihre Abscheulichkeit und die Tatsache, dass es nicht meine Sache war, mich zu ändern. Genauso wenig war es ihre

Sache, mich zu ändern – egal, wie sehr sie es versuchten und wie sehr sie darauf bestanden. Von nun an würde der Platz, den ich verließ, mehr sagen, als mir jemals zuvor erlaubt war.

Dieser Tag – dieses Treffen, diese Nachrichten, ihre Antworten – markierte das Ende von etwas: von meiner Hoffnung auf Akzeptanz. Ich hatte mich so lange gefragt und gefürchtet, wie meine Eltern auf mich reagieren würden. Jetzt wusste ich es. Mich in religiöse Heteronormativität zu zwängen, hatte mich erstickt und krank gemacht, solange ich denken konnte, so sehr, dass es für mich ein sicherer und vertrauter Ort geworden war. Ich hatte etwas Besseres verdient, aber das war mir bis dahin nicht ganz klar gewesen. Bei meiner Entscheidung, mich meiner Familie zu offenbaren, hatte ich immer nur daran gedacht und war davon angetrieben, was Hanna meiner Meinung nach verdient hatte; wie sehr sie das Recht hatte, als meine Lebenspartnerin anerkannt und respektiert zu werden. Dafür, so dachte ich, hatte ich gekämpft, und das motivierte mich, mich dem Urteil meiner Familie zu widersetzen. Hinsichtlich unserer Beziehung zu lügen, fühlte sich an, als würde ich Hanna nicht respektieren, selbst wenn es nur darum ging, zu verschweigen, und dazu war ich nicht mehr bereit. Ich hatte es dabei nie als etwas angesehen, das ich nur um meinetwillen tat. Wie falsch ich lag. Diese Hoffnung aufzugeben, von der selbst mein Vater wusste, dass ich mich daran klammerte, hatte mir Leben eingehaucht. Mich zu outen und der Ablehnung ins Auge zu blicken, von der ich tief im Inneren schon lange wusste, dass ich sie von meiner Familie zu erwarten hatte, hatte meiner und Hannas Beziehung nun Sauerstoff eingehaucht.

Doch seit damals und bis zum heutigen Tag kann es vorkommen, dass ich mich krümme vor Erschöpfung angesichts des unerträglich hohen Preises meiner Freiheit.

Neunzehn

Hoch soll sie leben, Teil zwei

יְהִי רצוֹן שֶׁתְּהֵא מוֹרא שָׁמַיִם עֲלֵיכֶם כְּמוֹרא בָּשָׂר וָדָם

Möge es sein Wille sein, dass die Furcht
vor dem Himmel in euch so sei, wie die Furcht
vor [einem Menschen aus] Fleisch und Blut.

BRACHOT, 28B

Da nun alles offen auf dem Tisch lag, landeten immer häufiger lieblose Mails von meinen Eltern in meinem Posteingang. Es begann auf einer praktischen Ebene: Ich bekam eine Rechnung von den Anwälten, die mich in der Familienrechtssache mit Zvi vertraten. Mein Vater hatte etwas dazu beigesteuert, aber da ich nicht mehr wusste, wie der Stand der Dinge war, leitete ich sie an ihn weiter. Wollte ich die Rechnung selbst bezahlen, musste ich klären, wie ich sie mir leisten konnte. Ich hatte die leise Hoffnung gehabt, dass er mir trotz seiner Missbilligung beistehen würde, zumindest wenn es darum ging, für die Kinder und ihre Bedürfnisse zu sorgen.

Drei oder vier Tage später kam seine Antwort in Form einer Mail, in der er mich bat, einen beigefügten Brief von ihm zu lesen, den er von einem anderen Rabbiner hatte genehmigen lassen. Darin beschrieb er mein Leben als abscheulich und als schwere Verfehlung. »Einsamkeit ist keine Rechtfertigung«, schrieb mein Vater in einem Ton, der sehr nach einer Mahnung meiner Mutter klang.

Der Brief enthielt dann einen Hinweis auf eine »Idee«, von der sie glaubten, sie würde dazu beitragen, meine Situation zu »normalisieren«. Solange ich jedoch eine Beziehung mit »dieser Frau« hätte, könne das nicht funktionieren, schrieb er. Ich hatte keine Ahnung, worum es sich bei dieser »Idee« handelte, also musste ich warten, bis man sie mir erläuterte. Doch die Botschaft dahinter war sonnenklar: Meine Beziehung war zum Gesprächsthema bei allen geworden, die meine Eltern kannten, ebenso wie bei vielen, die sie nicht kannten, und das wäre nicht gut für sie. Es würde meinem eigenen Ruf schaden, sagte mein Vater; sie selbst aber seien fest entschlossen, nicht zuzulassen, dass die Wertschätzung, die unsere Familie – abgesehen von mir – genoss, durch meine Entscheidung, nicht nach den Maßstäben der Tora zu leben, beeinträchtigt würde.

»Ich habe keine andere Wahl, als allen Familienmitgliedern mitzuteilen, dass sie nicht mit dir über private Angelegenheiten sprechen sollen«, schrieb mein Vater – eigentlich meine Mutter und mein Vater. Ich musste akzeptieren, dass es nur natürlich war, dass sie und meine Geschwister meinen torafremden Ideen misstrauisch gegenüberstanden und sich und deren Familien schützen wollten.

Die Mail war mit »Alles Liebe, Papa xxx« unterschrieben, und jeder Kuss fühlte sich an wie ein weiterer Stich in mein Herz. Das tat er immer, verpackte seine Ermahnungen in Plattitüden, die ihre Grausamkeit nur noch verstärkten.

Der Umfang, die Tiefe ihrer Ablehnung drang zunächst nicht zu mir durch. Erst als ich die E-Mail in den folgenden Stunden und Tagen immer wieder las, sickerte der Schmerz in meine Seele. Jedes Mal war es noch viel beschissener, als ich gedacht hatte.

Ich weinte mich immer wieder am Telefon bei Hanna aus, und sie riet mir, nicht auf seine Nachrichten zu antworten. Ich fühlte mich von meinen Eltern völlig im Stich gelassen. Ich war untröstlich.

Ich antwortete, dass ich mich nicht auf die verletzenden Dinge einlassen würde, die sie mir schrieben, und schlug vor, dass wir uns über einen Mediator unterhalten sollten. Ich fragte Freunde und Bekannte umständlich nach einer Empfehlung für eine Person, die mir helfen könnte, mit meinen Eltern irgendwie weiterzukommen. Schließlich entschied ich mich für eine Frau, die sowohl in ihrem Fachgebiet erfahren zu sein schien, als auch die Arbeitsweise unserer Gemeinde kannte. Wir sprachen zuerst zu zweit miteinander, aber schon nach nur einem Gespräch mit meinem Vater schrieb sie mir zurück: »Es wäre nicht ethisch, in diesem Fall eine Mediation durchzuführen.« Sie sagte, der Inhalt der Nachrichten meines Vaters sei dergestalt, dass sie nicht bereit sei, sie mir weiterzuleiten. Ich wandte mich an eine zweite Person, mit der meine Mutter einverstanden war. Das Urteil, das mir von dieser dritten Partei übermittelt wurde, war dasselbe: »Meiner professionellen Meinung nach wäre es keine gute Idee, sich auf die beiden einzulassen.«

Mein Vater setzte mich weiterhin in seinen Mails herab und erklärte mich zum gemeinsamen Nenner meines eigenen Unglücks. Er gab mir die Schuld an allem, was in meinem Leben, noch bevor ich das Alter von zwanzig Jahren erreicht hatte, passiert war.

»Du wirst überrascht sein, wie ein wenig Demut eine Seele erhebt«, schrieb er in einer E-Mail, mit einer Herablassung, die mir einen seit meiner Kindheit so vertrauten Schmerz zufügte.

Währenddessen deutete er immer wieder diese »Idee« an, die die Dinge in Ordnung bringen würde, gab sich aber überzeugt, dass ich nicht auf ihn hören würde. Immer noch wusste ich nicht, worum es sich handelte.

»Es gibt keine Ideen, die mich davon abhalten würden, gay zu sein«, antwortete ich.

Wenn aus der Ablehnung meiner Familie etwas Positives erwuchs, dann war es meine Beziehung zu Hanna. Angesichts der Tatsache, dass ich nicht mehr mit der Unterstützung meiner Familie rechnen konnte, klammerte ich mich an jeden Winkel, an jede Ritze unseres gemeinsamen Lebens. Die Notwendigkeit, dass dies eine tragfähige Alternative sein musste, wurde immer dringlicher. Ich glaubte nicht, dass meine Psyche der Einsamkeit standhalten könnte, wenn es dieses Leben nicht gäbe. Und Hanna stand wirklich für mich ein.

Wenn meine Eltern mir Mails schrieben oder Lea mir WhatsApp-Nachrichten schickte, in denen sie sich ratlos gab, warum ich mich für Hanna entschieden hätte, gingen wir jedes Wort gemeinsam durch. Dies half mir, Sätze zu verstehen, die sich sinnlos anfühlten. Wenn mich Kleinigkeiten wie der starke Verkehr oder die Eile, mit der die Kinder zu Terminen gebracht werden mussten, oder drohende Abgabetermine an der Universität zum Weinen brachten, hielt mich Hanna fest oder war am anderen Ende des Telefons für mich da. Sie besaß eine Ruhe, die ich in mir selbst nicht finden konnte. Sie war geerdet, während ich mir vorkam, als wäre ich ständig auf der Flucht.

Ende August hatte ich Geburtstag. Hanna schickte mich nach oben, damit ich ein Nickerchen machen konnte, während sie sich im Haus mit den Kindern beschäftigen würde.

Es war früher Abend, als ich in unsere Küche hinunterkam, um Omas Avocado-Küchenfliesen mit Regenbogenfahnen-Dekorationen übersät vorzufinden, die die Kinder zur Feier meines Geburtstags angebracht hatten. Jedes Kind hatte eine

Karte geschrieben – handgeschriebene Wünsche, die ihre Persönlichkeit spiegelten: lustige und schrullige von Roni, überdrehte von Talia, ernste und dankbare von Noam. Auch Geschenke, die sie bei einem Besuch bei TK Maxx mit Hanna speziell für mich ausgesucht hatten, waren auf unserem Esstisch ausgebreitet: eine creme-orangefarbene Tagesdecke, Badeschaum und ein tiefgrüner Pullover aus Merinowolle – Dinge, von denen Hanna wusste, dass sie mir gefallen würden, gekauft von unserem nicht vorhandenen Budget. Ich dachte daran, wie ich mich fühlte, als Miriam mich mit der Schokoladen-Acht überrascht hatte. Ich liebte Hanna dafür, für all die Gedanken und die Aufmerksamkeit, die sie in die Auswahl meiner Geschenke gesteckt hatte.

Sie hatten alle zusammen einen Kuchen für mich gebacken und verziert: zweistöckig und mit etwa zwanzig verschiedenen Schokoladensorten überzogen, bedeckt mit vielen Schichten Fondantglasur und braunen und weißen Schokokugeln, alles bestreut mit bunten Streuseln. Der Kuchen stand auf einem schweren blauen Keramikteller, den ich gekauft hatte, als ich Zvi verließ. Hanna stellte ihn in die Mitte des Tisches mit seinem wackeligen Bein, das mit einem zusammengefalteten Taschentuch stabilisiert werden musste, damit er nicht umkippte. Ich konnte die Erwartung in ihrem Gesicht sehen, als sie meinen Blick suchte. Wusste sie, wie viel mir das bedeutete?

Endlich, dachte ich, lebte ich hoch, und ich benötigte niemand anderen, um es mir zu sagen.

Ein Rabbiner, den ich seit meiner Kindheit kannte, rief mich per Videocall an, um an der Feier teilzunehmen, und lächelte mich mit seiner Frau Zissy auf dem Bildschirm meines Telefons an. Rabbi Spielman war ein Hardcore-Chassid, sie kannten mich beide, seit ich ein Baby war. Aber er und seine Frau waren auch Teil der neuen Gemeinschaft, die wir um uns herum aufgebaut hatten: Menschen, die unseren Glauben teilten und uns so akzeptierten, wie wir waren; Menschen, die mich für meine Arbeit bewunderten und dafür, dass ich geblieben war. Rabbi Spielman trug einen Gehrock, der dem meines Vaters ähnelte, aber mit kleinen Unterschieden in der Anordnung der Knöpfe und der Art und Weise, wie die Abnäher genäht waren, die auf ihre unterschiedliche religiöse Zugehörigkeit hinwiesen. Zissy trug ein Kopftuch und eine trendige Brille, und wir konnten jeweils die Hälfte ihrer Gesichter sehen, als sie sich gemeinsam vor den Bildschirm drängten. Ich segnete sie beide, weil ich wusste, dass ich an meinem Geburtstag die Macht hatte, anderen Segen zu spenden.

Ein paar Monate später lagen Hanna und ich in Omas Haus in Manchester im Bett. Es war spät, etwa dreiundzwanzig Uhr dreißig, die Kinder schliefen, und wir hatten die Bettdecken zum Schutz gegen die Kälte bis zu den Ohren hochgezogen. Seit einem Jahr, seit wir begonnen hatten, uns unsere gemeinsame Zukunft vorzustellen, hatten wir über eine Verlobung gesprochen. Meine Entscheidung, meine Familie damit zu konfrontieren, war zum Teil eine Vorbereitung darauf, dass wir zusammenziehen würden und ich Hanna endlich bei Familienfeiern an meiner Seite haben würde.

An diesem Abend lagen wir zusammen und unterhielten uns darüber, wie wir es umsetzen könnten. Wir gingen pragmatisch vor, konsultierten unsere Kalender auf unseren Mobiltelefonen und ermittelten, wann zwischen meinem Studium und ihrer Arbeit und den verschiedenen Bedürfnissen der Kinder der richtige Zeitpunkt für diesen nächsten Schritt wäre. Wir schauten von den Daten auf unseren Bildschirmen auf und einander direkt in die Augen, unsere Gesichter erleuchtet von den Geräten in unserer Hand, wie Glühwürmchen in einem dunklen Raum. Worauf warteten wir noch, fragten wir uns? Die einzigen Menschen, die wir für diese Entscheidung brauchten, befanden sich genau hier, zusammen im Bett. Wenn wir wollten, könnten wir uns jetzt direkt verloben, im Bett, im Schlafanzug.

»Willst du keinen Antrag?«, fragte Hanna und setzte sich auf.

»Na los«, sagte ich und fühlte mich wie der glücklichste Mensch auf der Welt. Sie hielt mein Gesicht in beiden Händen, und ich hielt den Atem an.

»Yehudis Gittel Fletcher, willst du mich heiraten?«, fragte Hanna.

»Ja, Hanna«, antwortete ich. »Willst du mich heiraten?« Sie nickte.

Wir grinsten uns an. Ich weiß nicht, wer es zuerst gesagt hat, aber wir hatten beide denselben Gedanken: Erzählen wir es den Kindern.

Wir klopften an ihre Türen und weckten sie nacheinander, meine drei und Hannas Jüngste, und das Haus füllte sich mit aufgeregtem Geplauder über eine Familie und ein Heim und eine Hochzeit. Aber nicht nur das, es war auch erfüllt von Hoffnung.

In den darauffolgenden Tagen gaben wir auf unseren Social-Media-Seiten bekannt, dass wir uns verlobt hätten, und beobachteten, wie sich unsere Posteingänge mit Nachrichten von Menschen füllten, die uns als Paar liebten. Roni freute sich darauf, in der Schulversammlung aufgerufen zu werden, was üblich war, wenn ein Kind eine Familienfeier hatte. Um der Reaktion der Schule zuvorzukommen, schickte ich einer Lehrerin, die ich als Freundin betrachtete, eine SMS, um sie über die Situation zu informieren – dass Roni voller Vorfreude war, weil er wusste, dass man bei einer *Simcha* in der Familie, einem freudigen Anlass, nach vorne gebeten wurde, damit die Schulkameraden dem Kind »*Masel tov*« wünschten.

Sie antwortete nicht, doch später am Tag kam eine Mail vom Schulleiter, in der er erklärte, dass die Schule uns zwar »*Masel tov*« wünschte, aber keine ihrer »Prioritäten« gefährden wollte, weshalb er Roni nicht aufrufen und seine Neuigkeit auch nicht in der Versammlung verkünden würde. Stattdessen würde er meine Kinder in sein Büro einladen und ihnen einen Festtagsaufkleber geben, den sie auf ihrer Uniform tragen könnten. Das war es also, was sie erhielten: eine Privatvorlesung darüber, dass das Liebesleben ihrer Mutter nicht mit den Werten der Tora vereinbar war, versüßt mit einem Aufkleber, den sie sich trotzdem auf ihre dunkelblauen Schulpullover kleben durften.

Eine Woche später fand in unserem örtlichen Pub in Hendon unsere Verlobungsfeier statt – es war dasselbe Lokal, in dem Hanna und ich uns am Freitagabend vor der *Schul* getroffen hatten. Ich trug ein neues Paar silberfarbener Budapester, die mir das Gefühl gaben, etwas Besonderes zu sein. Wir hatten den Außenbereich reserviert, und vierzig unserer Freunde waren gekommen. Die Terrasse war mit Außenbeleuchtung und Heizstrahlern ausgestattet und mit Holzbänken und -tischen. Als immer mehr Leute kamen, trugen wir zusätzliche Barhocker hinaus. Personen aus allen Bereichen unseres Lebens kamen zusammen, von denen sich viele noch nie getroffen hatten, aber uns als gemeinsame Freundinnen hatten. Niemand dort hatte so etwas schon einmal gemacht – eine lesbische Ehe unter *Charedi*-Frauen –, daher fühlte sich die Atmosphäre wie ein Talisman an, wie ein Triumph. Als sich der Pub leerte, machte eine Freundin ein Foto von Hanna und mir, wie wir auf dem Asphalt standen und uns von einem der letzten Gäste verabschiedeten. Hanna hatte ihren Daumen in der Gesäßtasche meiner Jeans und ich hatte meinen Arm um ihre Schultern gelegt. Spürbar lag die Freude zwischen uns, dass wir es bis hierher geschafft hatten.

Einige Zeit darauf weckte mich am Freitagmorgen ein Anruf von Zvi. Er hatte die Kinder, also nahm ich sofort ab, aus Angst, es sei ihnen etwas zugestoßen. Er wusste von der Verlobung und hatte uns bereits gratuliert, daher überraschten mich die Worte, die er nun aussprach – und ihr Timing.

»Dein Vater hat mich gebeten, wieder mit dir zusammenzukommen«, sagte er.

Was zum Teufel?

»Ja«, fuhr er fort. »Er hat gesagt, es würde sich für mich lohnen.«

Noch mal, *was* zum Teufel?

Ich konnte nur vermuten, dass mein Vater – von dem ich natürlich nichts zu meiner Verlobung gehört hatte – ihm Geld oder einen anderen Anreiz angeboten hatte. Und schon berichtete Zvi, wie mein Vater ihm eine Mail geschickt und dann einen Zoom-Anruf eingerichtet hatte, um eine Idee zu besprechen, die der Familie nützen könnte. *Das* war also die Idee, auf die meine Eltern in ihren Mails an mich angespielt hatten. Ich fühlte mich elend. Mein Vater wusste, was in meiner Ehe passiert war; er hatte mir geholfen, mich daraus zu befreien. Nun, da ihm Yehudis' Lösung nicht gefiel, hatte er beschlossen, dass eine *frum,* unglückliche Familie besser für die Kinder wäre als eine Mutter, die sich von ihrem Ehemann befreit hatte. Wie konnte er nur auf den Gedanken kommen, dass das irgendwie gut für mich wäre?

Ich postete meiner Mutter: »Ich bin eine Aktivistin gegen Zwangsheirat, und ihr kommt auf diese Idee?« Es gab erneut ein Hin und Her wütender Mails mit meinen Eltern.

Da Hanna wieder in London und ich in Manchester war, begannen wir, uns täglich Liebesbriefe zu schreiben.

»An meinen wunderbaren Menschen«, schrieb Hanna, oder »An meine wunderschöne Verlobte«, während wir Mails darüber austauschten, wie sehr wir einander vermissten und es kaum erwarten konnten, zusammenzuleben und gemeinsam alt zu werden. »Ich frage mich, wessen Haare zuerst grau werden«, schrieb sie an Tagen, an denen mir ein Lachen guttäte, oder »Ich sehe deinen Schmerz«, wenn ich ihr von meiner Familie vorweinte.

Im November nahmen wir, für mich zum ersten Mal, an einer lesbischen Hochzeit teil: von zwei von Hannas Freundinnen, einer Rabbinerin in einer liberalen Gemeinde und der Kantorin, die die Gebete in der Synagoge leitete. Beide trugen ausladende weiße Brautkleider, und die Hochzeit fand in einem Festzelt auf dem Gelände eines Landhotels in der Nähe von Nottingham statt. Hanna und ich verbrachten den Tag dort mit anderen queeren Paaren und Freundinnen und Freunden, die die beiden von ganzem Herzen feierten – ohne irgendeine Andeutung von Ablehnung oder Feindseligkeit. Es war eine Explosion dessen, was möglich war.

Etwa einen Monat später, als Manchester vom zuverlässigen Dezemberfrost erfasst wurde, ging ich eines Abends nach unten, um abzuschließen, und fand einen handgeschriebenen Umschlag ohne Briefmarke auf der Fußmatte vor. Ich bückte mich, um ihn aufzuheben, und erkannte auf der Vorderseite Schmuels mit blauem Kugelschreiber geschriebene Handschrift. Ich nahm ihn mit nach oben in die Küche und riss ihn auf. Ich schaute auf den ersten Absatz und warf einen Blick auf den Namen am unteren Rand … Papa. Er hatte den Umschlag von Schmuel beschriften lassen, um sicherzustellen, dass ich ihn öffnete. Ich wandte meinen Blick wieder nach oben, um weiterzulesen. Er schrieb über eine Passage aus dem zweiten Buch der Propheten, Richter, Kapitel 11, in dem die Geschichte von Jiftach erzählt wird, einem Vater, der sich G'tt so sehr verpflichtet fühlte, dass er Ihm seine einzige Tochter zu opfern versprach. Jiftach war ein Kämpfer, der so sehr auf G'ttes Hilfe hoffte, als er in die Schlacht zog, dass er versprach, denjenigen oder dasjenige zu opfern, der oder das bei seiner Rückkehr zuerst sein Haus verließ. Als seine Tochter herauskam, hielt er sein Versprechen.

Als Kind hatte ich diese Geschichte hundert Mal gehört, und als ich älter wurde, hatte ich mich mit dem Text befasst, aber es überstieg meine Vorstellungskraft, dass mein Vater uns in diese Geschichte einbauen würde. Ich las es immer und immer wieder. Was wollte er damit sagen? Wollte er sagen, dass er mich töten würde? Wie Jiftach? Mich für meine Sünden opfern würde? Ich versuchte, es auf jede erdenkliche Art zu lesen, aber ich konnte das Entsetzen nicht loswerden, das mich durchfuhr, als die Worte jetzt die Seite verließen. Selbst wenn er etwas anderes vorhatte, so wollte er mir doch Angst einjagen. Zu welchem anderen Schluss konnte ich bei einer Geschichte über einen Vater, der seine Tochter tötet, kommen?

Ich gelangte zu seinem Schlusswort: »Alles Liebe von deinem alten Vater xxx«. Das hat mich umgehauen.

Ich rief eine mir bekannte Sozialarbeiterin an, deren Aufgabe es war, Opfern von Missbrauch im Namen der Ehre zu helfen. Sie meldete meinen Brief der Polizei, und ein Beamter rief am nächsten Tag an. Ich erinnere mich, dass er mich fragte: »Was steht in Richter 11 genau?«

Als ich ihm erzählte, dass Jiftach einen Deal mit G'tt geschlossen hatte, seine Tochter zu ermorden, drängte er mich, mit den Kindern in ein Frauenhaus zu ziehen. Ich konnte den Gedanken nicht loswerden, dass eine tote Tochter für meinen Vater vielleicht besser wäre als eine lesbische, gleichzeitig konnte ich mir einfach nicht vorstellen, dass er diesen Schritt tun würde. Ich kam schließlich zu der Überzeugung, dass er mich einschüchtern und nicht verletzen wollte und dass es sein Ziel war, mich letztendlich dazu zu bringen, ihm zuzuhören. Wir entschieden uns dafür, zu Hause zu bleiben.

Aber nun verließ mich der letzte Rest von Respekt, den ich jemals für ihn empfunden hatte. Die Polizei bat meinen Bruder, mich nicht mehr zu kontaktieren. Aber im Januar tat er es doch.

Zwanzig

Heim

אבֶן מָאֲסוּ הַבּוֹנִים הָיְתָה לְראשׁ פִּנָּה׃

Ein Stein, den die Bauleute verwarfen,
er ist zum Eckstein geworden.
PSALM 118,22

In meinem Posteingang fand ich eine Mail von Schmuel, gesendet von der gewöhnlichen Büro-E-Mail-Adresse seiner Immobilienfirma. In der Betreffzeile stand meine Adresse – die von Omas Stallungshaus –, und ich fragte mich, ob es sich um einen Termin zur Überprüfung der Gaszertifizierung oder etwas ähnlich Alltäglichem handelte.

»Liebe Yehudis …«, begann das Anschreiben.

Schmuel hatte mich mein ganzes Leben lang Gittel genannt, wenn dies also eine persönliche Nachricht von ihm war, entsprach sie nicht unserem üblichen Schriftverkehr. Ich las weiter. In der Mail wurde erklärt, dass er und meine Eltern das Haus, meines und das der Kinder, renovieren wollten. Sie planten, dies in nicht allzu ferner Zukunft zu tun und es nach Fertigstellung leer zu verkaufen. Sie schrieben mir, um einen Zeitplan zu besprechen, wann ich bis zum Frühjahr ausgezogen sein würde, verbunden mit der Bitte, mich mit den Immobilienmaklern in Verbindung zu setzen, die sie mit dem Verkauf beauftragt hatten. Schmuel unterzeichnete im Namen seiner Immobilienfirma als Geschäftsführer.

Ich saß am Küchentisch vor meinem Laptop, an dem ich an einem Essay für das Abschlussjahr gearbeitet hatte. Ich hatte noch ein halbes Jahr an der Universität vor mir – sechs Monate, in denen ich von meinem Darlehen leben würde –, und sie wollten mich rauswerfen? Nach allem, was zwischen uns bereits vorgefallen war, wollten sie alles, wofür ich gearbeitet hatte, zunichtemachen und mir und meinen Kindern jetzt das Dach über dem Kopf nehmen? Ich fragte mich, ob das alles von Schmuel und meinem Vater kam; ich konnte nicht glauben, dass meine Mutter dem zugestimmt hatte, nicht im Hinblick auf das Haus ihrer Mutter, auf das Zuhause ihrer Tochter. Ich schickte ihr eine SMS mit einem Screenshot von Schmuels Mail und schrieb: »Nur für den Fall, dass du nichts davon weißt, so weit ist es gekommen.«

Sie antwortete schnell und knapp. Das sei, was getan werden müsse, schrieb sie. Sie sei sicher, dass alles gut gehen würde. Ich schrieb ebenso schnell zurück: »Nimm nie wieder Kontakt mit mir oder meinen Kindern auf.«

Ich fühlte mich zutiefst verraten. Wie tief waren sie gesunken, nicht nur mich, sondern auch ihre eigenen Enkelkinder zu bestrafen? Ich geriet sofort in Panik, weil ich nicht wusste, wo wir leben sollten und wie ich es mir würde leisten können. Ich hatte mich so sehr bemüht, mein Studium abzuschließen und in meiner Interessenvertretung erfolgreich zu sein, in der ich gerade erst meinen Rhythmus gefunden hatte, und jetzt: Zwangsräumung. Ich konnte mir nicht vorstellen, wie ich das schaffen sollte. Ich bat sie um eine Verlängerung über das Frühjahr hinaus, bis zum Abschluss meines Studiums im Sommer. Sie stimmten zu, aber eine Woche später schickte mein Vater eine Nachricht vom Handy meiner Mutter – und befolgte damit die Warnung der Polizei, keinen direkten Kontakt zu mir aufzunehmen –, um mir einen weiteren Schlag zu versetzen. Bis zu diesem Zeitpunkt hatte er die Mietlücke gestopft, damit ich mir die Wohnung leisten konnte. Bis zum Verkauf des Hauses würde er die Kosten nicht mehr übernehmen, sodass ich zusätzlich dreihundert Pfund im Monat aufbringen musste, wenn ich meine Rechnungen bezahlen wollte. »Ich hoffe, dass du bereust, was du gesagt und getan hast«, schrieb er.

Jahrelang hatte ich jeden Cent für meine Familie verplant, sodass es buchstäblich um das Essen meiner Kinder ging. Meine eigenen Eltern taten uns das an – sie machten uns obdachlos, um ihren Standpunkt zu verdeutlichen.

Ich vermutete, dass sie damit eigentlich nur verhindern wollten, dass man sie für meine Sünden mitverantwortlich machte, indem sie mir ein Leben in der Gemeinde ermöglichten. Das hätte sie zu Mittäterinnen und Mittätern gemacht. Ungünstig für sie war, dass das britische Recht es nicht gutheißt, wenn Menschen aufgrund ihrer Sünden vertrieben werden, aber ich war müde. Ich hatte nicht aufgehört, um einen Platz in meiner Gemeinde zu kämpfen, doch ich hatte gelernt, wofür ich meine Energie aufwenden sollte. Ich wollte nicht mehr gegen sie ankämpfen. Wenn sie dachten, dass sie dadurch Macht erlangten, indem sie mir und meinen Kindern Not zufügten, fand ich meine Macht darin, mich von den letzten Resten der Abhängigkeit von ihnen zu befreien. Ich stimmte zu, dass ich umziehen würde, sobald ich meine Abschlussarbeit eingereicht hatte. In der Zwischenzeit musste ich einen Weg finden, die Rechnungen zu bezahlen.

Ich konnte nicht mehr Tage arbeiten und musste meine Abschlussarbeit fertigstellen. Beides, zusätzlich zu den Kindern, nahm meine gesamte Zeit in Anspruch. Ich war verzweifelt, *echt* verzweifelt, und dachte ernsthaft über Sexarbeit und Chatlines nach. Als ich meinen Freundinnen und Freunden erzählte, was mir durch den Kopf ging, bildeten ein paar von ihnen ein kleines Komitee, und wir trafen uns, um eine

Strategie zu entwickeln. Sie baten mich, die finanzielle Lücke zu berechnen, die sich aus der gestiegenen Miete ergab, von da an bis zu dem Zeitpunkt, an dem ich umziehen musste. Es waren noch sieben Monate, also über zweitausend Pfund. Innerhalb weniger Tage fügte einer von ihnen einen GoFund-Me-Link in unseren WhatsApp-Chat ein – sie hatten eine Spendenaktion mit dem Titel »Hilf einer alleinerziehenden Mutter, die wegen ihrer Homosexualität aus ihrer Wohnung geworfen werden soll« ins Leben gerufen. Als meine Freundinnen und Freunde und dann deren Freundinnen und Freunde den Link an einige ihrer Gruppen weiterleiteten, kletterte der kleine Balken schnell in Richtung seines Ziels. Am Ende der Woche war die Aktion abgeschlossen, und Hunderte kleiner Spenden waren eingegangen. Ich war nicht allein.

Das Leben stellte mich zwar vor neue Herausforderungen, aber die alten verschwanden nie. Mir wurde mitgeteilt, dass Todros in einem Monat eine Anhörung zur Bewährung haben würde. Er war nun seit sieben Jahren im Gefängnis, und ich wurde gebeten, eine Opfererklärung einzureichen, die bei der Festlegung der Bedingungen für seine Entlassung helfen würde.

Ich gab meine Aussage per Videoanruf ab, wobei sich Hanna und zwei Freundinnen neben mir die Couch teilten, während ich auf einem alten Stuhl an meinem Esszimmertisch saß. Todros' schleimiger Anwalt war bei dem Gespräch dabei, obwohl mir versprochen worden war, dass er es nicht sein würde, und das fühlte sich wie eine weitere vertraute Grenzüberschreitung an. Ich beschrieb, welche Auswirkungen seine Verbrechen in den Jahren seit ihrer Begehung und seit dem Prozess weiterhin auf mich hatten, emotional, sexuell, praktisch und finanziell; wie schlecht ich immer schlafen konnte; wie ich mit Therapeutinnen und Therapeuten zusammengearbeitet hatte, um meine Gedanken tagsüber in

Schach zu halten, während sie nachts jedoch in Form von Albträumen wiederkehrten; wie schwierig es für mich gewesen war, eine gesunde sexuelle Beziehung aufzubauen. Als ich das zwanzigminütige Videogespräch beendet hatte, löste ich mich in meinen Freundinnen auf.

In den darauffolgenden Tagen hatte ich das Gefühl, dass meine letzten Verteidigungslinien endlich durchbrochen waren. Ich hatte gegen Todros' Freilassung Einspruch eingelegt und mein Anliegen vorgebracht, aber ich wusste, es war unvermeidlich, dass er bald wieder auf der Straße sein würde. Meine Kinder waren jetzt größer, und wenn ich seine Freilassung hinauszuzögern versuchte, ging es nicht nur darum, sie zu schützen, sondern auch die Gemeinde, in der sie aufwachsen sollten. Ich wurde immer unruhiger und konnte noch weniger schlafen als zuvor. Der Schmerz über die Ablehnung meiner Familie, verstärkt durch den Schrecken meiner Vergangenheit und die Angst vor der Zukunft, waren einfach zu viel. Hanna stärkte mich mit vielen Schüsseln hausgemachter Suppe, während ich in aller Stille meiner Arbeit, meinen täglichen Aufgaben und meiner Erziehungstätigkeit nachging. In den Schulferien fuhr ich mit den Kindern in einen Butlin's-Ferienpark im Süden Englands und fand allmählich ins Leben zurück. Ich packte koschere Tiefkühlgerichte und Instantnudeln ein; wir gingen schwimmen, fuhren mit der Seilrutsche, machten fluffigen Schleim und saßen an einem eiskalten britischen Strand. Das alles erinnerte mich daran, wozu ich fähig war und wofür ich weiterkämpfen musste.

Die Monate tickten dahin. Als im April das *Pessach*-Fest anstand, veranstalteten Hanna und ich in Manchester einen Sederabend – ein Festessen. Es sollte mein letzter *Jom Tow* (jüdischer Feiertag) in Omas Haus sein, in meinem Zuhause, aber wir hatten beschlossen, dass wir gleich nach meinem Rauswurf ein gemeinsames Zuhause suchen würden. Dieses

Essen markierte einen weiteren Neuanfang für unsere Familie. Wir luden einige Freunde ein, darunter die Nachbarinnen, die mir von der »Ohne Yehudis«-WhatsApp-Gruppe erzählt hatten: Vera, die in ihren Neunzigern und immer noch außergewöhnlich glamourös war, immer zurechtgemacht mit Lippenstift und Perücke (die sie eher aus Eitelkeit als aus religiösen Gründen trug), und ihre Tochter Mel, die in ihren Siebzigern war und fast täglich ins Fitnessstudio ging. Sie waren jüdisch, aber nicht *frum* wie der Rest der Bewohnerinnen und Bewohner des Stallungshauses. An sonnigen Tagen zogen sie sich beide bis auf Bikinis aus und saßen vor ihrem Haus, während die Kinder und ich uns auf der Hollywoodschaukel drängten, die ich nebenan vor unserer Garage aufgestellt hatte. Vera und Mel kümmerten sich um uns, und das Gefühl beruhte auf Gegenseitigkeit.

Am Mittwoch, dem 11. Mai, erfuhr ich in einem Brief von der Bewährungshilfe, dass Todros auf Bewährung entlassen werden sollte. Ich hatte mein Bestes getan, um diese Gemeinschaft zu schützen; irgendwann musste ich akzeptieren, dass dies nicht mehr meine Verantwortung war, sondern nun in ihren Händen lag. Er durfte sich nicht in unserer Gegend aufhalten, aber ich war gestresst, weil ich mir sicher war, dass er die Sperrzone nicht respektieren würde. Ich schrieb auf Twitter: »Der heutige Tag markiert ein Ende und einen Anfang. Ich werde denen, die seinen Missbrauch ermöglicht haben, passiv oder aktiv, durch ihre Handlungen oder ihr Schweigen, niemals vergeben.«

Anhängerinnen und Anhänger, Menschen aus der Gemeinde, aus Wohltätigkeitsorganisationen und aus Interessengruppen, alle meldeten sich, sogar Rabbiner, die in der Öffentlichkeit feindselig waren, aber privat meine Arbeit unterstützten. »Schockiert von der gerichtlichen Entscheidung«, schrieb meine Mutter in einer SMS. Ich war mir nicht sicher, was ich davon halten sollte. Es spendete mir keinen Trost.

Ich steckte meine restliche Energie in meine Abschlussarbeit. Damals wusste ich noch nicht, dass ich eine brillante Arbeit abliefern würde. Ich untersuchte darin Beweise für Sicherheits-Risikofaktoren in meiner Gemeinschaft. Ich wollte einfach, dass meine Arbeit reale Auswirkungen auf Politik und Praxis in *Charedi*-Gemeinschaften wie der meinen hatte.

Im August erhielt ich eine WhatsApp-Nachricht von meinem Betreuer an der Universität, der meine Arbeit benotet hatte, und er drängte mich, einen Blick ins Intranet der Universität zu werfen. Ich hatte eine eins bekommen. »Sie können sich bestätigt fühlen«, schrieb er. Ich las seine Nachricht wieder und wieder. Meine eigene Leistung erfüllte mich mit Glück. Drei Jahre zuvor wusste ich nicht, wie man einen Aufsatz schreibt; jetzt hatte ich nicht nur einen Abschluss, sondern war zu einer Gelehrten geworden. Ich hatte Wissen produziert, das genutzt werden konnte, und ich war stolz darauf. Ich fühlte mich auch wahrgenommen, denn zusammen mit meinem Abschluss erhielt ich auch den »Rising Star«-Preis der Universität für hervorragende Leistungen von Frauen. Nach einem Leben, in dem ich mich nach Wissen gesehnt hatte, war die Universität alles gewesen, was ich mir erhofft hatte, und noch viel mehr.

Noch dazu waren Hanna und ich auf der Suche nach einer Unterkunft. Der einzige Vorteil des Rauswurfs war, dass wir uns schneller für ein Zusammenziehen entscheiden mussten, und wir begannen, Besichtigungen über die örtlichen Immobilienbüros zu vereinbaren. In einer Gegend, in der alle Mieter *Charedi*-Jüdinnen und -Juden waren, waren es natürlich auch die Vermietenden. Wir gingen zur Besichtigung, dann warfen sie einen Blick auf uns und fragten: »Leben Sie zusammen?«

»Ja«, antworteten wir und mussten dann feststellen, dass das Haus, das verfügbar war, als wir kurz zuvor an die Tür geklopft hatten, nun auf wundersame Weise schon vergeben war.

Niemand wollte der Makler sein, der einem Paar ein Haus überließ, das die Nachbarn und Nachbarinnen nicht als Nachbarinnen haben wollten. Aber ich wollte nicht irgendwohin ziehen, ich wollte diese Gegend nicht verlassen, die mein Zuhause war. Ich hatte bereits so viel verloren, dass ich es nicht ertragen konnte, noch mehr zu verlieren. Keine von uns wollte irgendwo anders als in einem jüdischen Viertel wohnen, und wir wollten unsere Kinder nicht aus den jüdischen Schulen nehmen. Trotz allem wollten wir, dass unser Glaube ein zentraler Bestandteil unseres Familienlebens blieb, das war nicht verhandelbar. Mein Viertel zu verlassen, hätte sich angefühlt, als würde ich meinen Platz in der Gemeinde aufgeben. Aber ich machte mir zunehmend Sorgen, dass wir nichts finden würden.

Ich verlor allmählich die Hoffnung, bis eine Freundin Mitte Juli ein paar Straßen weiter eine Anzeige für ein Haus sah. Sie kannte die Vermieterin, und ich rief sofort an. Es stellte sich heraus, dass auch ich sie bereits kannte – ihr Mann stammte aus Glasgow, und sein Vater war der Handwerker gewesen, der für meine Eltern gelegentlich Arbeiten in unserem Haus erledigte. Ich verriet jedoch nicht zu viel über mich, da sie meine Geschichte kennen würde und ich nicht wusste, wie sie zu mir stand.

Ich vereinbarte mit ihr eine Hausbesichtigung am folgenden Montagmorgen.

Vor mir stand eine etwas heruntergekommen aussehende Doppelhaushälfte, von deren Fensterrahmen sich die einst weiße Farbe löste, mit einem grob zusammengezimmerten Garagenanbau aus Wellblech. Es gab eine kurze, schmale

Auffahrt, gesäumt von einem verwachsenen Garten und einer wuchernden Hecke. Schön war es nicht, aber zu diesem Zeitpunkt benötigte ich nur ein Dach über dem Kopf für meine Kinder und hoffte, dass die Frau, der dieses Haus gehörte, so freundlich sein würde, uns eines zu geben.

Ich war gebeten worden, an der Tür des Nachbarhauses zu klingeln. Eine Frau namens Amanda öffnete mir lächelnd die Tür und begrüßte mich mit einem warmen, singenden südafrikanisch-jüdischen Akzent.

Zusammen gingen wir zur freien Immobilie. Es gab zwei Schlafzimmer, und die Garage war in ein drittes umgewandelt worden. Als ich durch das Haus ging, sah ich die Kinder der aktuellen Mieterin, die schliefen oder spielten. Sie erzählte mir, es seien insgesamt zehn Kinder, einige waren zu Hause, einige waren in örtlichen Schulen untergebracht. Wenn diese Mutter so viele Kinder beherbergen kann, dachte ich mir, dann wird unsere sechsköpfige Patchworkfamilie auch gut unterkommen.

Amanda zeigte mir den Garten mit seinen beiden Apfelbäumen und die Küche, die zwar winzig war, aber durch großzügige Fenster Licht einfing. Das könnte ein Zuhause für uns sein, dachte ich. Wir kehrten zurück zu Amandas Haus, und ich wusste, dass es an der Zeit war, es ihr zu sagen. Ich wollte nicht für dieses Haus unterschreiben und es dann wieder verlieren, wenn Amanda und ihr Mann herausfanden, wer wir waren. Wir setzten uns in ihren Garten und genossen die frische Luft.

»Ich möchte, dass Sie wissen, dass meine Partnerin eine Frau ist«, sagte ich.

»Ah«, sagte sie. »Sie brauchen also *wirklich* ein Haus.«

Seit der Veröffentlichung ihrer Anzeige war sie mit Anrufen überschwemmt worden und nahm während unseres Gesprächs immer noch welche entgegen. Sie sagte alle ab.

»Sie brauchen es dringender als die«, sagte sie. »Ich weiß nicht, ob ich zu eurer Hochzeit kommen würde, aber einer meiner guten Freunde ist gay, und ich komme damit klar. Wir mögen alle möglichen Leute.«

Ich hatte ein Video aufgenommen, um Hanna das Haus zu zeigen, und schickte es ihr, noch während ich dort mit Amanda saß.

»Ich hätte gern etwas Schöneres gefunden«, tippte ich.

»Das können wir uns leisten«, antwortete sie. Mit eintausend Pfund im Monat lag es innerhalb unseres Budgets. Wir entschieden uns dafür.

Am 25. August, drei Tage vor meinem fünfunddreißigsten Geburtstag, zogen wir aus Omas Haus in unser neues Zuhause. Es war verwirrend, das Haus leer zu sehen, ohne alle meine Sachen, und mit anzusehen, wie meine Welt, wie ich sie seit dem Auseinanderbrechen meiner Ehe gekannt hatte, vor meinen Augen zerfiel. Aber jetzt waren wir auf dem Weg in eine neue Welt.

Die Kinder fanden es toll, die Verantwortung für das Einrichten ihrer Zimmer zu übernehmen, und Amanda kam mit einer riesigen Aluschale mit Brathähnchen und Kartoffeln an. Wir stellten einen provisorischen Tisch aus einem noch vollen Pappkarton auf und saßen zu sechst – plus die beiden Umzugshelfer – zwischen Kisten voller Bücher und Bilder und unserem hastig wieder zusammengebauten Sideboard, um unsere erste Mahlzeit als Familie in unserem neuen Zuhause einzunehmen. Wir aßen mit Einwegbesteck und aus Tellern, die wir auf unseren Knien balancierten. Natürlich hatten Hanna und ich unseren ersten Streit – über den Standort des Kühlschranks. Aber ich schaute zu meinen Kindern und den Kisten voll mit meinem Leben, an einem Ort, den ich mein Zuhause nannte, mitten im Herzen meiner Gemeinde, und fühlte mich unbesiegbar. Es würde alles klappen.

Epilog

Sich nicht vom Fleck rühren

ותאמר יהודית שמעוני אחי הנה יזמתי לעשות דבר
אשר לא יסוף זכרו לדור ודור

Da sagte Judit [Yehudis] zu ihnen: Hört mich an!
Ich will eine Tat vollbringen, von der man noch in fernsten
Zeiten den Kindern unseres Volkes erzählen wird.

JUDIT 8,30 BZW. 32

In vierzig Minuten war *Schabbes*, und Hanna und ich erwarteten dreißig Personen an unserem Esstisch.

Es war März, ein paar Monate bevor wir in unser erstes gemeinsames Zuhause zogen, und wir luden unsere Gäste in Hannas Mietwohnung ein, einem ehemaligen Sozialbau in London.

Der Geruch von Brathähnchen und wallender Suppe auf dem Herd zog durch die kleine Küche und vermischte sich mit dem Duft des Frühlingsregens, der durch das Fenster drang; es stand nur einen Spalt weit offen, um die Brise hereinzulassen.

Es war zu unserer Tradition geworden, Menschen um unseren Tisch zu versammeln, um alle, die am Freitagabend Gesellschaft suchten, unter unserem Dach zusammenzubringen. Mit der Zeit wuchs die Zahl der Teilnehmenden, und es entstand eine Gemeinschaft von Menschen, die wie wir waren: jüdische Frauen und Männer, schwul oder trans, jung und alt, einstige Mitglieder orthodoxer jüdischer Gemeinden oder noch Teil davon, die alle Sehnsucht nach einem Raum hatten, in dem sie sich vollständig zugehörig fühlen konnten. Ich war stolz auf diesen Raum, den wir gemeinsam geschaffen hatten, stolz auf die Freude und den Trost, die er den Menschen bot.

Der friedliche Ablauf meines *Schabbes*, der mit dem Essen am Freitagabend seinen Anfang nahm, war stets Höhepunkt meiner Woche gewesen, für mich als Erwachsene ebenso wie als Kind. Darauf hatte ich in den sechs Tagen, die dazwischen lagen, mit meinen Kindern hingearbeitet. Als kleines Mädchen war er der *Sijum* (Höhepunkt) meiner Woche gewesen; als ich verheiratet war, bildeten die Gäste, die ich zu meiner Familie einlud, eine Struktur, die mir half, mein Leben zu überstehen; als ich Hanna kennenlernte, standen diese Mahlzeiten mehr und mehr für meine Zukunft: Sie fanden an einem bescheideneren Ort ohne großen Glamour statt, an dem sich jedoch niemand entscheiden musste. An meinem *Schabbes*-Tisch ergänzten sich unsere Sexualität und unsere Herkunft auf wunderbare, einfache und erfolgreiche Weise.

Wir machten uns daran, das Durcheinander wegzuräumen, schoben genügend kleine Klapptische zusammen, um einen einzigen großen Tisch zu bilden, und stellten Klappstühle um ihn herum. Da jedoch zwischen ihnen kein Platz zum Atmen war, lehnten wir sie noch zusammengeklappt gegen den Tisch; sobald sich die Leute setzen wollten, konnten sie sie aufklappen.

Wir breiteten drei weiße, leicht unterschiedliche Tischtücher über die Länge unseres zusammengesetzten Tisches und legten dreißig Sätze nicht zusammenpassenden Bestecks, Trinkgläser und Weingläser aus, die einander jeweils berührten. Wir legten regenbogenfarbene Servietten unter die Gabeln, traten dann zurück und hielten inne. Licht und Ruhe breiteten sich im Raum aus.

Es war kurz vor achtzehn Uhr, und es waren nur noch wenige Minuten bis *Schabbes*. Hanna schaute nach den Hähnchen, die im Ofen brutzelten, und ich rannte nach oben, sprang unter die Dusche und zog mir dann eine marineblaue Nadelstreifenhose und ein weißes Oxfordhemd an. Hanna trug eine graue Chino und ein gemustertes Hemd. Wir sahen uns an und grinsten. Wir waren ein heißes Paar.

Unten zündeten wir die *Schabbes*-Kerzen an. Uns fehlten die silbernen Kerzenständer, die wir als frisch Vermählte bekommen hatten – unsere Ehemänner hatten sie behalten –, aber wir zündeten zwei Teelichter an, die wir gefährlich auf einem Stück Alufolie auf der Mikrowelle drapierten. Immer war ich es, die die Kerzen entzündete, ob bei Hanna oder bei mir zu Hause. Ich zündete das Streichholz an und beobachtete, wie warmes gelbes Licht aus den beiden Dochten züngelte, dann flocht ich meine Finger ineinander, hielt mir mit den gefalteten Händen die Augen zu und sprach mit Hanna an meiner Seite das erste *Schabbes*-Gebet: »Gesegnet seist du, G'tt, unser G'tt, König des Universums, der uns geheiligt hat durch Seine Gebote, und uns befohlen hat, das Licht des heiligen Schabbes zu entzünden.« Hanna und ich wünschten uns gegenseitig »Gut *Schabbes*« und küssten uns.

Wie auf ein Stichwort hin trafen unsere Gäste ein. Einige klingelten, andere klopften an, je nachdem, wie genau sie die Regeln für den *Schabbes* befolgten. Es war uns egal, ob sie *frum* waren oder nicht.

Viele von ihnen kannten sich, einige nicht, aber alle wussten, warum sie hier waren, und augenblicklich wurde jede Person, die durch die Tür kam, in Freundschaft eingehüllt. Der Klang ihrer Stimmen wurde lauter, als neue Gesichter eintrafen und man herausfand, wer wen von woher kannte, während Hanna und ich Getränke einschenkten und verteilten – Gin Tonic, Wodka Orange, Wein. Die Gäste füllten den schmalen Flur, scharten sich in der Küche ums Essen oder ließen sich auf der Treppe nieder, um sich zu unterhalten.

Ich schaute mich um und sah, dass alle unsere Gäste gleichermaßen begeistert waren, einen *Schabbes*-Tisch vorzufinden, an dem sie sie selbst sein konnten. Darunter war auch unser befreundeter Arzt, der sich in jungen Jahren als schwul geoutet hatte und an unserem *Schabbes*-Tisch genauso ein bekanntes Gesicht war wie wir an seinem, und zwei junge Frauen, Universitätsstudentinnen Anfang zwanzig, die beide gläubig und begeistert davon, wie jüdisches Leben aussehen konnte, als sie sich unseren Treffen anschlossen. Freundinnen und Freunde, die in der Wohltätigkeitsarbeit tätig waren, unterhielten sich mit einem Grundschullehrer; ein Rabbinerstudent mit viel Sinn für Humor und dem Talent, sich zu betrinken, gesellte sich zu ihnen und erzählte von seinem Studium und davon, dass er bald in der weltoffeneren reformierten Gemeinde ordiniert werden würde.

Dann war da noch Ed, der in seinen Siebzigern war und die Manieren eines wahren Gentlemans besaß. Er hatte miterlebt, wie die Homosexualität im Vereinigten Königreich legalisiert wurde, und brachte Weisheit an unseren Tisch, aber auch ein wenig Traurigkeit, weil er zum ersten Mal auf diese Weise jüdische Akzeptanz fand.

»Schau dir nur diese Gemeinschaft und diese Freiheit an, über die du verfügst«, sagte er zu mir.

Wir führten unsere Gäste ins Esszimmer und ermutigten sie, ihre Metallstühle aufzuklappen und sich zu setzen.

Hanna nahm an einem Ende Platz, ich zu ihrer Linken. Mehr als einmal würden wir alle den Platz wechseln, ehe die Nacht um war.

Hanna stand auf, um den *Kiddusch* zu sprechen, und alle folgten ihr, erhoben sich beim Segnen des Weins und beim Gebet, das mein Vater immer laut aufgesagt hatte: »Gesegnet seist du, G'tt, unser G'tt, König des Universums, Schöpfer der Frucht des Weinstocks.«

»Amen«, antworteten wir im Chor, und alle tranken wir etwas von dem, was wir uns eingeschenkt hatten.

Ich kündigte an, dass ich mir die Hände waschen würde, und wer wollte, könne mir folgen. Ich hatte schon lange aufgehört, mich vor dem Essen rituell zu waschen, und gab endlich der Neugierde nach, die ich seit meinem sechsten Lebensjahr verspürt hatte, als ich über dem Waschbecken der Fisher-Price-Küche im Klassenzimmer über dem *Schul*-Saal stand. Das galt natürlich nicht für die *Schabbes*-Mahlzeiten. Am *Schabbes*, an diesem heiligen, ruhigen Tag, den ich so sehr liebte, *entschied* ich mich, mir vor dem Essen die Hände zu waschen, und obwohl es nie zu meiner Lieblingsbeschäftigung geworden war, war es ein Ritual, das ich einmal in der Woche voller Überzeugung befolgte – diesmal jedoch mit Wasser in Raumtemperatur und mit einem Handtuch.

Die Hälfte der Gäste beschloss, mir in die kleine quadratische Küche zu folgen. Ich füllte einen der Becher – mit Ausgussschnabel –, die wir neben dem Spülbecken aufbewahrten, mit Wasser und spürte, wie die Kühle über meine Handflächen und Handgelenke strömte. Zweimal wusch ich meine rechte Hand, zweimal meine linke. Ich kehrte ins Esszimmer zurück in eine Stille, die für diejenigen von uns aufrechterhalten wurde, die sich gewaschen hatten, und hob die beiden *Challa*-Brote gleichzeitig in die Luft. Ich atmete tief ein und sprach laut den Segen über sie, dann gab ich sie Hanna zum Anschneiden.

Wir arbeiteten uns durch die verschiedenen Gänge, über die Hanna und ich tagelang gegrübelt hatten, Gerichte, die für dreißig Gäste mit unterschiedlichen Ernährungsweisen geeignet waren.

Während wir in kleinen Gruppen rund um den Tisch aßen, uns unterhielten und Geschichten austauschten, vergingen die Stunden wie im Flug. Es war zweiundzwanzig Uhr, als wir den Hauptgang servierten; als wir immer beschwipster wurden, steigerte sich das Geplauder, der Raum wärmte sich auf, und das Gespräch ging immer mal wieder in Gesang über. Das waren die besten *Schabbes*-Essen.

Wir sangen dieselben Lieder, die mein Vater früher gesungen hatte: alte vertonte Gedichte über die Art und Weise, wie wir glauben und feiern. Ihre Melodien wurden über Generationen hinweg in den Familien weitergegeben, und nun gehörten sie uns. Der Raum bebte wie ein einziger großer Organismus. Hanna trommelte mit den Händen einen gleichmäßigen Takt auf den Tisch und andere klatschten vor Freude mit. Einige waren Ruf-und-Antwort-Lieder, bei denen der Arzt und ich die Führung übernahmen – wir waren nicht schüchtern. Das Ganze hatte ein Eigenleben entwickelt. Ein großer, unbefangener Rausch.

Unter uns war an diesem Abend ein Rabbiner, der aus Amerika zu Besuch in London war. Zwischen den Strophen wandte er sich mir zu: »Ich war noch nie an einem Tisch wie diesem, an dem der jüdische Geist und der Geist des Gay-Seins beide so lebendig sind«, sagte er.

Die Zeit verging, ohne dass wir es merkten. Kleine Gruppen führte ihre eigenen Gespräche, während andere sich von den Servierplatten, die den Tisch füllten, Nachschlag holten. Ich schaute mich um, sah mir an, wen ich alles zusammengebracht hatte, all die Freundinnen und Freunde, die alle wussten, was es heißt, dazuzugehören und gleichzeitig nicht dazuzugehören, und gönnte mir inmitten der um mich herum pulsierenden Gespräche einen ruhigen, einsamen Moment in

Gedanken. Ich war nicht mehr die einzige jüdische Lesbe an einem Tisch, ich versteckte mich nicht mehr, ich passte mich nicht mehr den Vorstellungen an, wie ich für G'tt, meine Familie oder sonst jemanden zu sein hatte. Ich hatte die Topografie einer Gemeinschaft verändert, indem ich anderen zeigte, dass eine charedische Welt Lesben einschließen kann, dass ein Kind erwachsen werden kann und weiß, was es heißt, anders zu sein und doch dabei zu bleiben; dass es weiß, dass das eine Möglichkeit ist. Ich war eine Aktivistin, wenn auch durch Zufall, aber eine Aktivistin allemal, und ich nahm Veränderungen vor, die Menschen noch lange nach mir zugutekommen würden.

Wir blieben bis zwei Uhr morgens am Tisch sitzen. Weinflaschen wurden geleert, Teller sauber ausgekratzt, dann neben dem Spülbecken gestapelt und vergessen. Der Raum um mich stand für ultimative Zugehörigkeit, und selbst als unsere Freundinnen und Freunde nacheinander in die Stille und Dunkelheit der frühen Morgenstunden Londons hinausströmten, blieb das Gefühl, das wir alle geschaffen hatten, bestehen.

Hanna und ich schlossen die Tür hinter unserem letzten Gast und lehnten uns gemeinsam dagegen. Wir schauten auf das Chaos, das den Tisch bedeckte und sich auf dem Boden ausgebreitet hatte, und beschlossen wortlos, alles bis zum Morgen liegen zu lassen. Wir gingen nach oben und fielen ins Bett.

Ich kannte Frieden.

Danksagungen

Mein größter Dank gilt Deborah Linton, die mir seit Beginn dieses Projekts zur Seite steht. Sie war meine Schreiberin, meine Vertraute und vor allem meine Freundin. Ohne dich, dein Talent für das Erzählen von Geschichten und deinen Blick fürs Detail, Deborah, gäbe es kein Buch.

Mein Dank gilt auch meiner Agentin Kate Evans, die an *(K)eine von euch* glaubte, als es nur eine Idee war. Ihre Anleitung war von unschätzbarem Wert, und ohne ihre Ermutigung wäre ich nicht hier.

Vielen Dank an Sharika Teelwah von Transworld, die die Kraft meiner Geschichte erkannt und sie in die Welt getragen hat, indem sie sie mit so viel Anmut und Respekt Verlagen anbot. Vielen Dank an K. C. Onuorah und Eva Maria Chacole, ebenfalls von Transworld, die meine Geschichte mit so viel Sorgfalt redigiert, beurteilt, hinterfragt und angehört haben.

Der Hilfsdienst Migdal Emunah war für mich ein Zufluchtsort, schon in den ersten Tagen, als wir uns in einem winzigen Raum in der Hendon Library trafen. Unter der Leitung von Yehudis Goldsobel gab mir Migdal Emunah zehn außergewöhnliche Jahre hindurch mein Leben zurück.

Ich danke Jo, Anne und dem Team der Polizei von Greater Manchester für die Untersuchung der von Todros Grynhaus begangenen Verbrechen und Brian und Alistair für die mit Würde und Anstand durchgeführte Strafverfolgung. Ich danke den Geschworenen, unbezahlten Mitgliedern der Öffentlichkeit, die sich hinsetzen und anhören mussten, was er getan hat. Ich werde nie vergessen, was ihr mir alle gegeben habt: meine Stimme.

Vielen Dank an Sally und das Team von Mavar, an J. von Salford Women's Aid, an die L'chaim Food Bank und an Simon. Alle, die geben, sollten so geben wie ihr.

Vielen Dank an alle, die mich als Kind kannten und die Gelegenheit nutzten, wieder Kontakt mit mir aufzunehmen. Ich habe von euch nichts als Liebe und Unterstützung erfahren, und das bedeutet mir die Welt.

Vielen Dank an meine liebsten Freundinnen und Freunde, ohne die ich heute wahrscheinlich nicht da wäre, wo ich bin: A. S., B. G., B. K., F. W., G. S., G. H., H. W., R. O., R. W., S. B. und Y. G. Für die Mahlzeiten, die Schultern zum Ausweinen und die allerklügsten Ratschläge. Ich hätte nicht mehr Glück haben können. Und vielen Dank an die Twisted Sisters – C. F., E. H. und R. H. Ihr alle habt so viele verschiedene Facetten meiner selbst gekannt und geliebt. Ich liebe euch alle.

Danke an Benjamin und die gesamte *frum*/ex-*frum* LGBT-*Schabbes*-Gruppe *chevre*. Ihr zeigt mir, wie Gemeinschaft aussehen soll.

An meine Familie der Nahamu-Treuhänder, aktuelle und ehemalige: Benjy, Benjamin, Daniel, David, Doreen, Leigh und Nicola – danke für eure Vision, Voraussicht, Kühnheit und vor allem für eure Freundschaft. Rashad, dich schließe ich als Ehrentreuhänder ein. Eve, du, Josh und die Kinder habt mir euer Zuhause und euer Herz geöffnet. Danke für eure Wärme, Geschwisterlichkeit und euren unendlichen Pragmatismus.

Judith und Jane, danke, dass ihr mich akzeptiert und unterstützt habt, dass ihr meine Vorbilder und lieben Freundinnen seid.

Den beiden Rabbinern in meinem Leben, J. und R., danke ich, dass ihr mir meinen Glauben bewahrt habt.

Danke an »Hanna«, dass du mir den Anstoß zu allem gegeben hast.

An meine wunderbaren, großartigen Kinder Noam, Talia und Roni. Ihr seid die Luft, die ich atme. Danke für eure Geduld, eure Großartigkeit und eure gut getimten Sprüche. Ich könnte nicht stolzer auf euch sein.

Danke auch den anderen, die mich herausgefordert, verletzt und denen ich zweifellos auch wehgetan habe. Mein Schmerz hat mich geformt.

An Mama, Papa und alle meine Geschwister: Danke, dass ihr es versucht habt, auch wenn es nicht genug war.

Glossar

Dieses Glossar bietet eine Auswahl von hebräischen und jiddischen Begriffen, die im Text vorkommen. Die Begriffe im Original aus dem englischen Sprachraum wurden bestmöglich an die Entsprechungen und Schreibweisen angepasst, die im deutschen Sprachraum gebräuchlicher sind.

Alija Auswanderung nach Israel

Bar-Mizwa Feier des religiösen Erwachsenwerdens eines jüdischen Jungen im Alter von dreizehn Jahren

Bat-Mizwa Feier des religiösen Erwachsenwerdens eines jüdischen Mädchens im Alter von zwölf Jahren

Bedeken Traditionelles Ritual, bei dem der Bräutigam die Braut vor der Hochzeit verschleiert

Bet Din Jüdisches Gericht, das religiöse und zivile Angelegenheiten klärt

Bima Podium oder erhöhter Platz in der Synagoge, von dem aus die Tora gelesen wird

Brit Mila Beschneidungszeremonie für jüdische Jungen

Challa Hefezopf, der am Sabbat und an Feiertagen gegessen wird

Chanukka Jüdisches Lichterfest, das an die Wiedereinweihung des Tempels in Jerusalem erinnert

Charedi Bezeichnung für orthodoxe jüdische Gemeinschaften mit einer besonders strengen Glaubenspraxis

Chrein Scharfer Meerrettich, manchmal mit Roter Bete, der traditionell zu Pessach und anderen jüdischen Festen serviert wird, oft als Beilage zu Gefilte Fisch

Chuppa Baldachin, unter dem eine jüdische Hochzeit stattfindet

Derech Weg oder Pfad, oft im übertragenen Sinne verwendet

Eschet Chajil »Tugendhafte Frau«, ein Lobgesang auf die ideale Frau aus den Sprüchen Salomos

Frum	Religiös oder fromm, beschreibt einen strenggläubigen Lebensstil
Gefilte Fisch	Traditionelles jüdisches Gericht aus pochiertem und gehacktem Fisch, oft als Vorspeise serviert
Get	Jüdischer Scheidungsbrief
Haschem	»Der Name«, ein respektvoller Ersatz für den G'ttesnamen
Jeschiwa	Jüdische Schule oder Hochschule für religiöse Studien
Jichud	Rückzug des Brautpaares in einen privaten Raum nach der Hochzeitszeremonie
Jom Kippur	Versöhnungstag, der heiligste Tag im jüdischen Kalender; Fastentag und Tag der spirituellen Reinigung und Erneuerung
Jom Tow	Ein »guter Tag«, Bezeichnung für Feiertage im jüdischen Kalender
Kalla	Braut im jüdischen Kontext
Keshet	Regenbogen; kann auch für Vielfalt stehen
Kiddusch	Segensspruch über Wein, der am Sabbat und an Feiertagen gesprochen wird
Kippa	Kleine Kappe, die jüdische Männer tragen
Kol be-ischa erwa	Ausdruck, der besagt, dass die Stimme einer Frau als verführerisch gilt
Koscher	Den jüdischen Speisegesetzen entsprechend
Masel tov	»Glückwunsch«, oft bei freudigen Anlässen verwendet
Mechiza	Trennwand, die Männer und Frauen voneinander separiert
Mikwe	Rituelles Tauchbad zur spirituellen Reinigung
Mizwa	Gebot oder gute Tat im jüdischen Glauben
Moredet	Rebellin oder widerspenstige Frau, oft im rechtlichen Kontext
Pas besalo	»Brot in seinem Korb«, Bezeichnung für jemanden, der zufrieden ist oder genug hat
Pejes	Schläfenlocken, die von einigen orthodoxen jüdischen Männern getragen werden
Pessach	Jüdisches Fest, das an den Auszug aus Ägypten erinnert
Purim	Jüdisches Fest, das an die Rettung der Jüdinnen und Juden im alten Persien erinnert
Rosch ha-Schana	Jüdisches Neujahrsfest

Schabbes	Jiddisch für Sabbat, den jüdischen Ruhetag, der am Freitagabend beginnt und am Samstagabend endet
Scheitel	Perücke oder Haarteil, die bzw. das von verheirateten orthodoxen jüdischen Frauen getragen wird
Schewa Brachot	»Sieben Segenssprüche«, die während der Hochzeitsfeierlichkeiten rezitiert werden; Bezeichnung für Feierlichkeiten in der Woche nach jüdischen Hochzeiten
Schidduch	Heiratsvermittlung oder arrangiertes Treffen zur Partnerfindung
Schkojach	Abkürzung für »Jischar kochacha«, was »Gute Arbeit« oder »Gut gemacht« bedeutet
Schomer	Wächter:in oder Bewahrer:in; kann auch eine religiöse Pflicht bezeichnen
Schtick Dreck	Abwertender Ausdruck für etwas oder jemanden von geringem Wert
Schtreimel	Pelzhut, der von verheirateten jüdischen Männern in bestimmten chassidischen Gemeinschaften getragen wird
Schul	Synagoge, als Ort des Studiums und der Bildung
Sem	Abkürzung für »Seminar«, wird oft für jüdische Mädchenschulen verwendet
Sijum	Feier anlässlich des Abschlusses (»Höhepunkts«) eines Studiums, oft eines Talmud-Traktats
Simcha	Freude oder Feier, oft im Zusammenhang mit religiösen Festen
Simchat Tora	Fest, das den Abschluss und Neubeginn des jährlichen Zyklus der Tora-Lesungen feiert
Sukkot	Laubhüttenfest, das an die Wüstenwanderung der Israelitinnen und Israeliten erinnert
Tallit	Jüdischer Gebetsschal
Zizit	Fransen an einem jüdischen Gebetsschal (Tallit) oder einem speziellen Kleidungsstück
Zniut	Bescheidenheit, oft in Bezug auf Kleidung und Verhalten

Vom Labyrinth menschlicher Gefühle

Coverabbildungen vorbehalten

Sandra Konrad

Fühlen, was ist

Wie wir den Mut finden, uns selbst zu vertrauen. Denkanstöße einer Psychologin.

Piper, 176 Seiten
ISBN 978-3-492-07312-7

Ob es uns gefällt oder nicht: Wir sind verletzlich, vor allem in unseren Gefühlen. Sie zu verstehen und anzuerkennen, fällt mitunter schwer. Doch nur, wer sich selbst nah ist, kann auch anderen nah sein. Zugewandt und Mut machend zeigt die Therapeutin und Bestsellerautorin Sandra Konrad wie wir das bewältigen können, was uns überfordert, Angst macht oder erschöpft, und wie wir unsere kostbare Lebenszeit mit Momenten füllen, in denen wir uns als authentisch, selbstwirksam und glücklich erleben.

PIPER

Leseproben, E-Books und mehr unter www.piper.de